新編 日本の城

中井 均

米子城跡（米子市教育委員会）

山川出版社

新編 日本の城 ——●目次

大坂城天守（中井 均）

凡例

1. 現在の城の原型が戦国時代後期以後に完成し、元和一国一城令以後も存続した城を基準に選択し紹介した。
2. 本文・見どころは著者が解説し、写真解説・地図等は、編集部が担当した。
3. 城の築城年は、現在の城の原型の起工年とした。
4. 国指定特別史跡は国特別史跡、国指定史跡は国史跡［数字は指定された年］、国指定重要文化財は国重文、県指定史跡は県史跡、県指定重要文化財は県重文、市指定史跡は市史跡、市指定重要文化財は市重文とした。
5. 城郭用語で頻出するものに関して、多聞櫓・惣構・桝形・縄張と表記した。
6. ひとつの城に複数の写真提供をしていただいた場合は、左下の（　）のなかに提供者名を表記した。

はじめに

城の本質は軍事的な防御施設である。日本では古代律令国家が北部九州に大陸からの来襲に備えて山城を構築し、東北には防御施設であるとともに官衙としての城柵が築かれた。国家が形成されると城は国家が築いたのである。ところが中世になると国家ではなく、武士が城を築くようになる。さらには寺社や百姓までもが城を構えるようになる。まさに中世は誰しもが身構える時代であり、城を構えることができたのである。

この中世城郭は南北朝時代に爆発的に築かれる。さらにその中心は山城となる。これは鎌倉幕府の正規軍が騎兵であったことによる。騎馬戦に対抗できる施設として山城が出現したわけである。南北朝時代はただ馬の登れない急峻な山に閉籠することが城郭であったが、応仁・文明の乱は戦いを恒常化させ、山城にも人工的な防御施設が構えられるようになる。即ち切岸、曲輪、土塁、堀切といった施設である。西国では15世紀後半になると石積みも設けられるようになる。

こうした中世の山城は基本的には山を切り盛りして築いていることより、近年では土の城と呼ばれ、まさに城の字の通り土から成るものであった。

天正4年（1576）に織田信長が築いた安土城は石垣、礎石建物、瓦葺からなる城で、戦国時代の山城とはまったく異なる構造の城であった。以後の日本の城郭は信長の安土城を踏襲し、石垣、礎石建物、瓦を伴う城へと大きく構造を変えていく。戦うだけであった防御施設は、信長の安土築城により統一政権のシンボルとして見せる城となる。まさに日本城郭史の革命的変化であった。

慶長5年（1600）の関ヶ原合戦で大名は論功行賞によって全国的に移動させられることとなった。そして新たな領地において新たな居城の築城が行なわれることとなる。これが近世城郭であり、慶応3年（1867）には全国で175城が存在した。戦国時代に約3～4万もあった城郭が175に

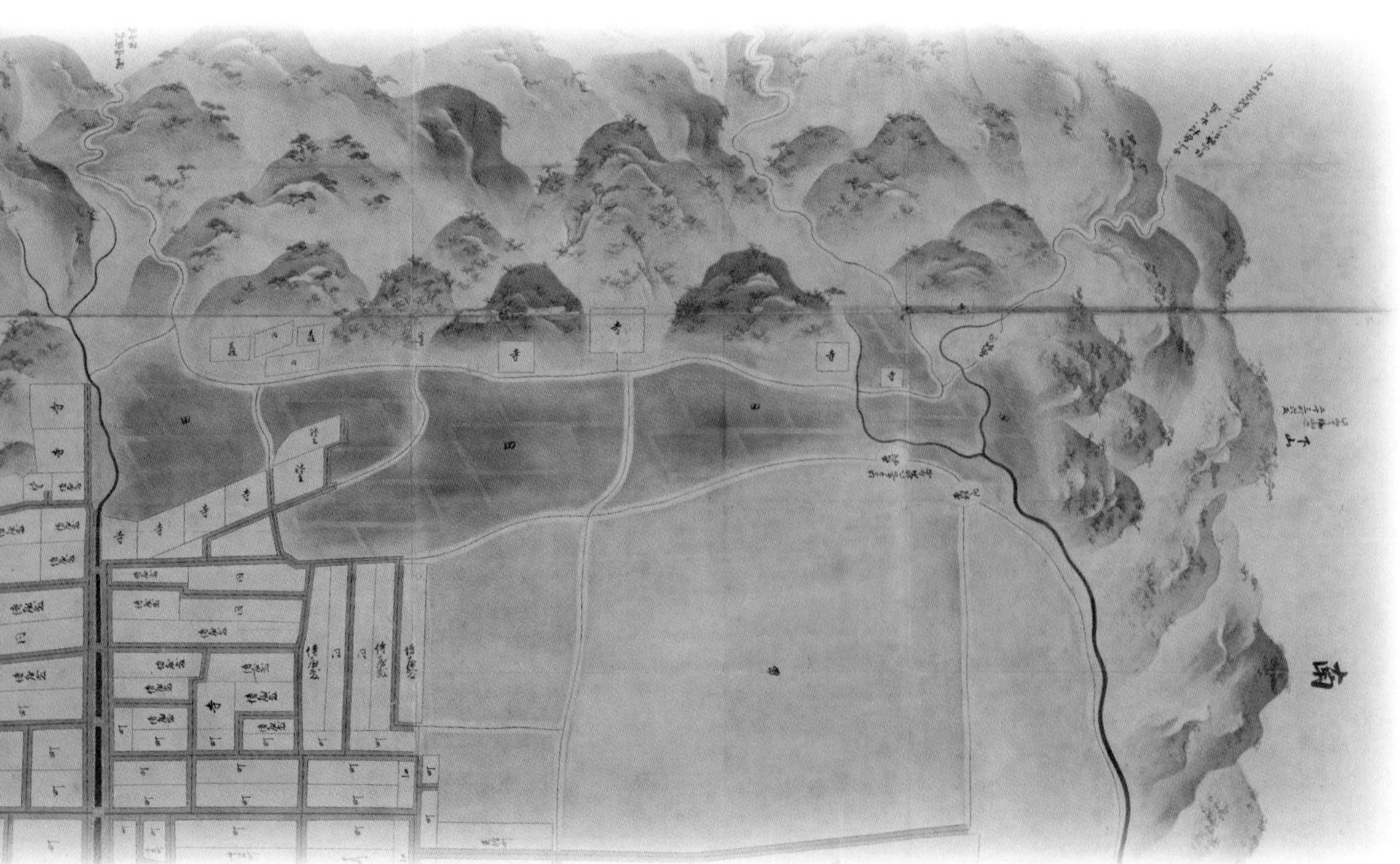

淘汰されたのである。幕府が築城を認め、藩が築いたという構造は近世の城郭が国家によって築かれたということができるだろう。このように日本の城郭は古代と近世は国家（公）が城を築いたのに対し、中世は誰でも（私）が城を築けたと言えよう。

　ところで近世城郭では中心に天守が築かれた。そのため城と言えば天守が代名詞となってしまう。戦国時代は土木施設であった城が、近世城郭では建築施設という印象が強い。しかし、近世城郭の本質も実は土木としての防御施設であったことは明らかである。正保元年（１６４４）に幕府が各藩に城絵図の提出を命じた。いわゆる正保城絵図と呼ばれるものであるが、城郭と城下町、さらには近傍の山や川なども描くように命じられた。それは、もし幕府に反旗を翻した際の城攻めに用いるためのものであった。絵図には多くの注記が記されているが、それは石垣や土塁の高さ、堀の幅や深さであり、土木施設に細心の注意の払われていたことがうかがえる。

　一方で絵図に描かれた建築物は天守は正確に描かれているが、櫓や門は正確さを欠いている。さらに御殿については描いたものは抽象的で、描かれない場合のほうが圧倒的に多い。こうした正保城絵図は江戸時代初期の城郭観、つまり城郭が土木としての軍事的防御施設であることを物語っている。

　正保城絵図で今一つ興味深いのは、本丸と記された横に「山城」、「平山城」、「平城」と記されている点である。現在ではよく海城とか、水城などと呼ばれる城でも三原城では平城と記しており、江戸時代には海城、水城などという区分は存在しなかった。さて、山城というと大和高取城、美濃岩村城、備中松山城が有名であるが、金沢城が山城だとはだれも思わないであろう。ところが正保城絵図の金沢城には（正確には正保城絵図の控図）本丸山城と記されている。同様に美作津山城、伊予大洲城も山城と記されている。現在の多くの城の本ではこれらは平山城に分類されているのではないだろうか。しかし、城の存在した江戸時代には山城と認識されていたのである。また、篠山城、会津若松城には平山城と記されている。これらは従来平城と認識されていた城である。このように正保城絵図は実際に城が存在していた時

「備中国松山城絵図」（正保城絵図／国立公文書館内閣文庫蔵）

代に立地をどう認識していたのかがわかる唯一の資料でもある。現在絵図は残っていないが、平山城の典型として紹介されている伊予松山城や彦根城なども実際は山城として認識されていたものと考えられる。

こうして各藩から提出された正保城絵図は江戸城の紅葉山文庫に収められた。明治維新によって江戸城に入った官軍がこの絵図のなかから会津若松城や仙台城の絵図を接取し、城攻めに用いたことはこの絵図が正確に描かれたものであることを示している。

また、元和元年（1615）に出された武家諸法度には新規築城の禁止とともに、城郭が破損した場合は必ず届け出て許可を得たうえでの修築が定められている。ところが寛永12年（1635）に出された寛永武家諸法度では石垣、堀の修築に関しては旧法と同じく幕府へ届けて許可を得てからの修築を定めているが、櫓・門などに関しては、例えば三重櫓であれば三重というように旧来通りであれば申請しなくてもよいと改正されている。ここでも江戸時代初期の城郭観が土木を重視していたことを物語っている。

そうした江戸の城郭観から城跡を訪ねてみよう。天守が残っていないから城ではなく城跡、では決してない。城跡には現在も石垣や堀といった土木施設は残されているものが大半である。まぎれもなく本物が残されているのである。

面白いのは新規築城が認められず、修築に関しても基本は元の通りとしていることより、元和以降は城の縄張（なわばり）に変化は一切ないことである。260年間平面構造は変わらなかったのである。

しかし、石垣の積み方は技術的に進歩する。崩れた石垣を補修する場合、同じ面に石垣を積むことになるのだが、その積み方は崩れる以前の技術より進んだもので積まれることとなる。つまり同じ石垣面に時代の違う石積みを見ることができるのである。こうした石の積み方の違いを見て回るだけでも城跡歩きは楽しい。

また、時代によって石材の違うものが用いられている城もある。和歌山城では築城当初は変成岩が用いられていたが、その後砂岩に変わり、さら

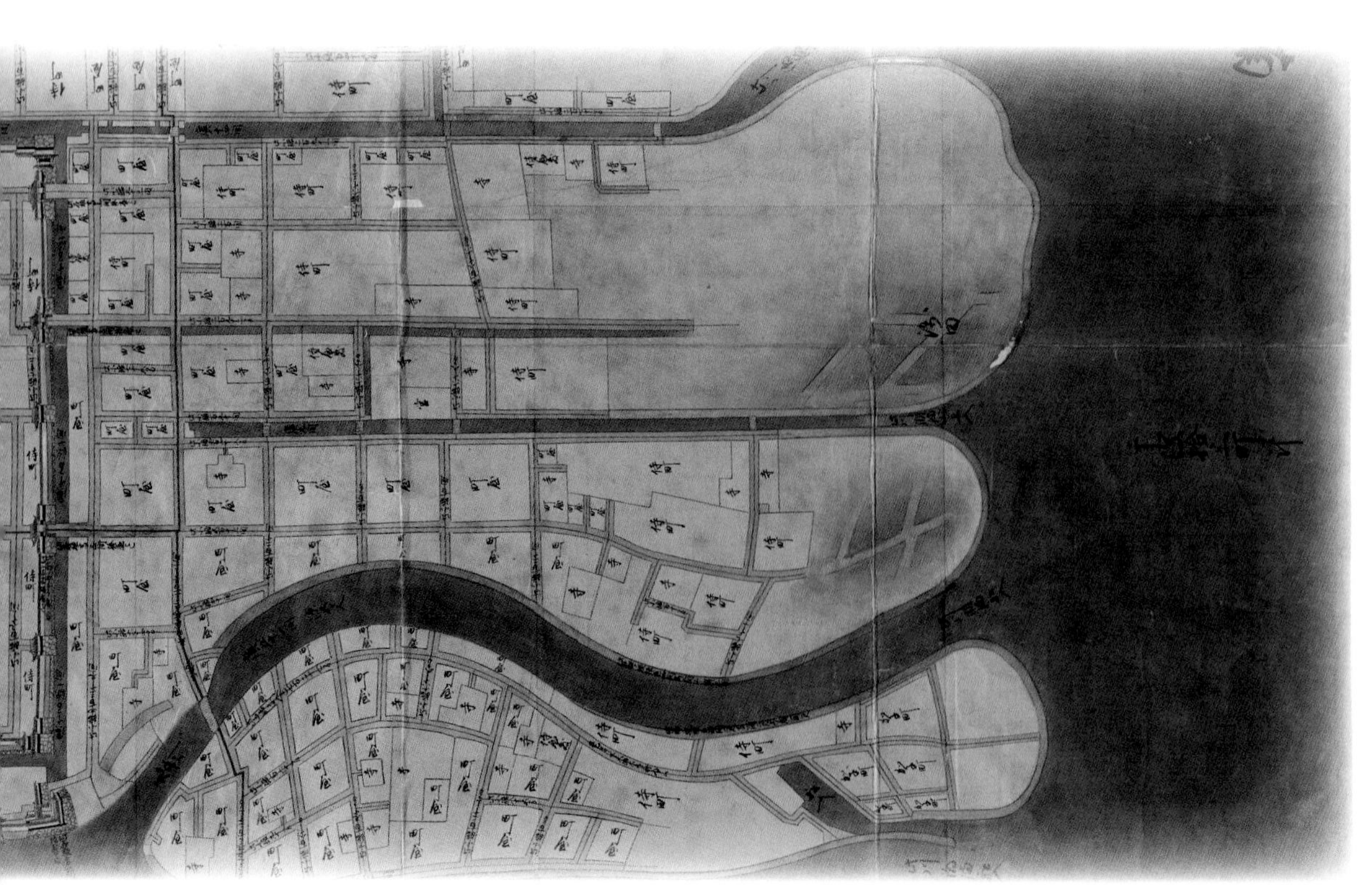

に熊野の花崗斑岩を用いている。彦根城でもチャート、湖東流紋岩、花崗岩と変化している。さらに用いられる場所によって石材を選んでいることも興味深い。虎口部分には巨石を用いて鏡石としているが、これは門という城への出入り口の象徴性を示すものである。大坂城本丸正面の桜門枡形正面には蛸石と呼ばれる36畳敷の巨石を鏡石として配置している。また、京橋口には清正石と呼ばれる巨石が配されている。上田城では真田石、名古屋城では清正石、今治城では勘兵衛石と呼ばれる巨石がやはり枡形に鏡石として配置されている。

このように石垣だけ見ても飽きることはないほど楽しい。石垣や土塁は城を支える単なる土台ではなく、城の生命線とも言える防御施設である。そうした防御施設をぜひ見てほしい。

なお、本書は２００９年に刊行された旧版を全面的に改訂したものである。わずか12年しか経っていない城郭を取り巻く環境は大きく変化している。本書の大きな特徴は指定文化財を全て掲載するということであるが、指定もこの12年で大きく変わった。その一番大きな変化は２０１５年に重要文化財であった松江城天守が国宝に指定されたことであろう。これで国宝の天守は５城となったわけである。

また、杵築城跡が国史跡に指定された。史跡指定に関しては戦国時代の城では岐阜城、水口岡山城跡、安宅氏城館跡群、湯浅党城館跡群なども指定されている。さらに復元に関しては水戸城大手門、鹿児島城御楼門、西尾城二の丸丑寅櫓、金沢城鼠多聞などが木造で再建されている。文化財指定や史跡指定、復元がこれほど行なわれる遺跡は他にはあるまい。お城がいかに地域にとって誇りとなる歴史資産であるかをよく示している。そうしたお城の持つ魅力を本書によって少しでも伝えることが出来たなら執筆者として望外の幸せである。

２０２１年７月

中井　均

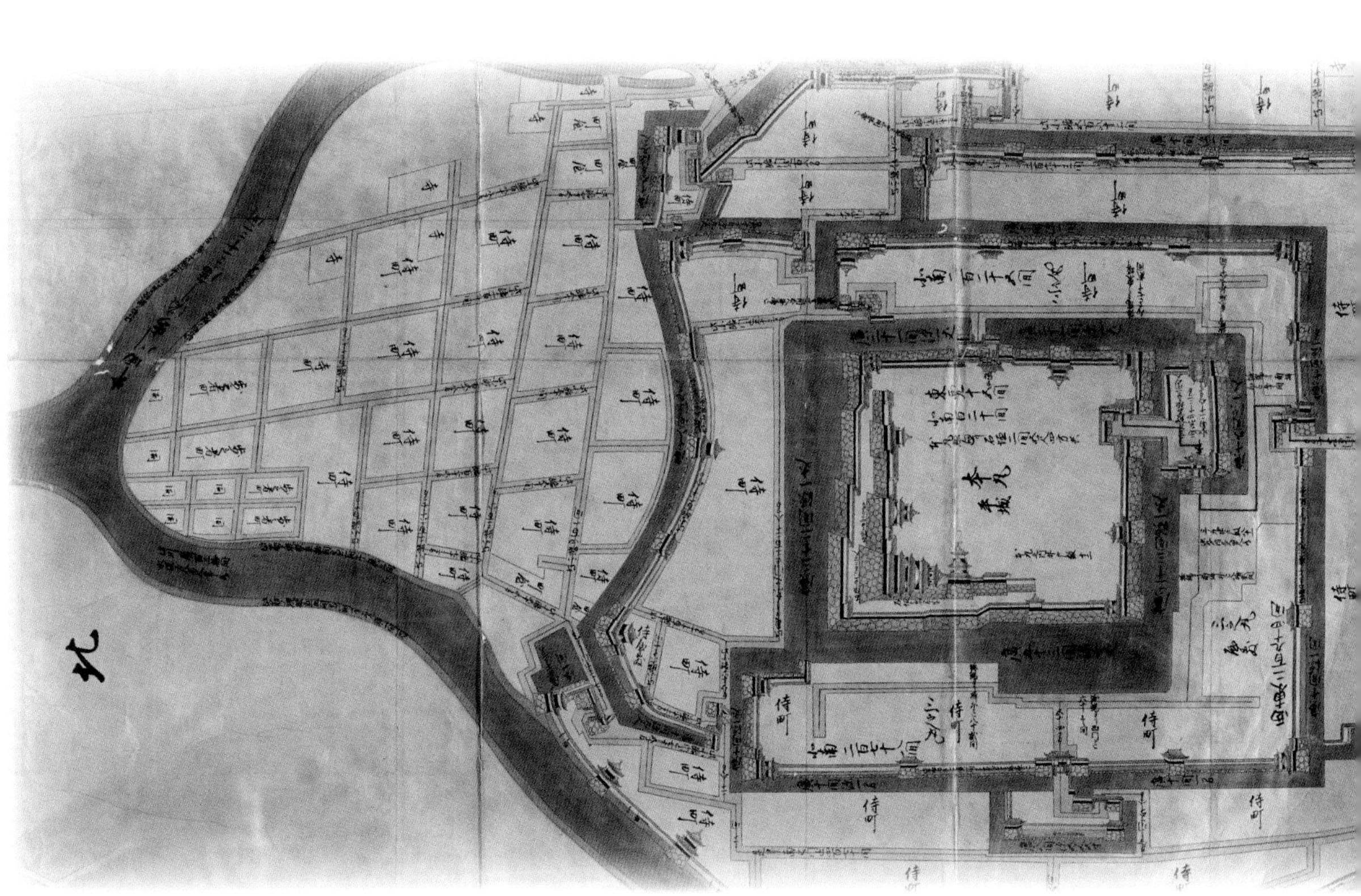

「安芸国広島城所絵図」（正保城絵図／国立公文書館内閣文庫蔵）

北海道

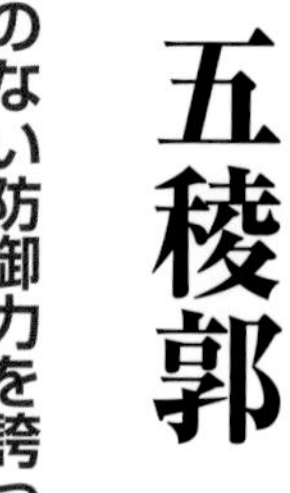

国特別史跡［1952］

五稜郭

死角のない防御力を誇った異色の城

幕府は箱館開港にともない箱館奉行所を西洋式築城によって築いた。これが五稜郭である。但しこれは形状からつけられた俗称にすぎず、正しくは亀田御役所土塁という。設計には伊予大洲藩士で箱館奉行支配諸術調所教授であった武田斐三郎があたった。その形状は17世紀にフランスのヴォーバンによって完成された稜堡式の構造で、５つの稜堡を星形に配置し、大手口にはさらに半月堡と呼ばれる堡塁が設けられた。こうした稜堡はヨーロッパ人によってアジア各地に築かれたが、五稜郭は日本人が設計、施工した点は注目される。

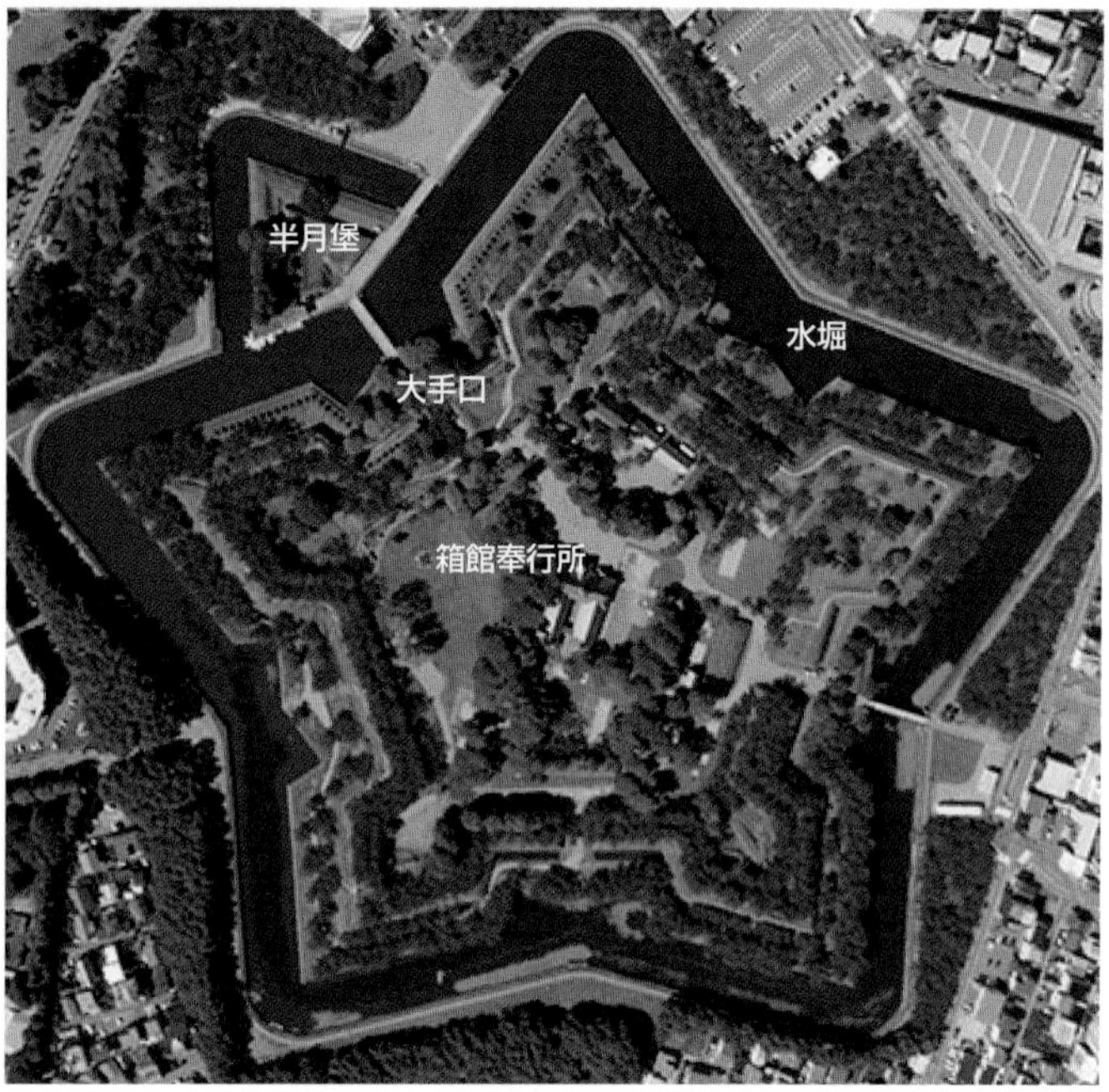

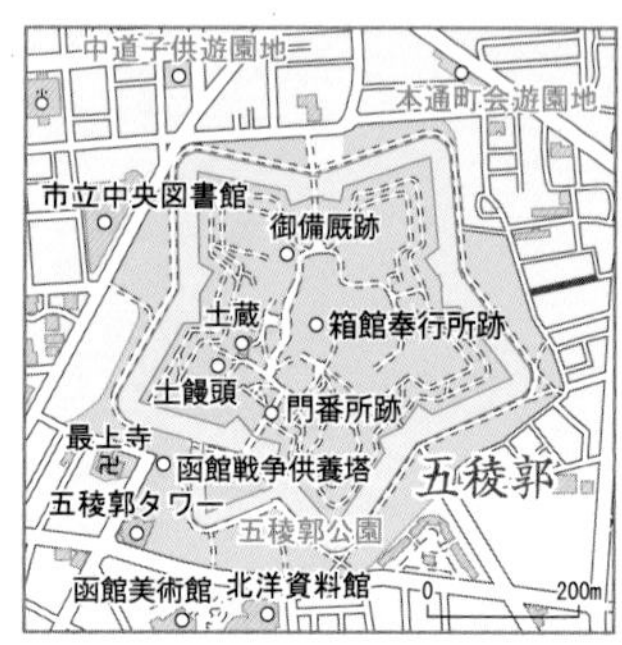

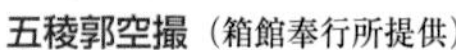

五稜郭空撮（箱館奉行所提供）
五稜郭の広さは、外周約 1.8 km、敷地は約 125,500 ㎡、土塁高約５～７ｍで、東京ドームの約３倍の大きさがある城郭である。堀で囲んだ五角形の星型の先端に、砲台を設置できるようになっていて、大手口には半月堡（写真左上）が築かれて、防備を強めている。

半月堡のある大手口
半月堡は、稜堡と稜堡の間に設置された堡塁で、大手口の防備を強固にするため構築された。いわば日本の城の「馬出」のような役割を担った。当初は５方向すべてに築かれる予定であったが、最終的に１カ所しかつくられなかった。

●築城年／安政４年（1857）　●築城主／徳川幕府　●所在地／北海道函館市五稜郭町
●交　通／ＪＲ函館本線函館駅下車。湯の川行き路面電車五稜郭公園下車。徒歩８分

復元された箱館奉行所
平成22年（2010）に古写真や文献史料・古図面などの調査を元に復元された。

復元された箱館奉行所の太鼓櫓（箱館奉行所提供）
時を知らせる太鼓を設置した櫓。

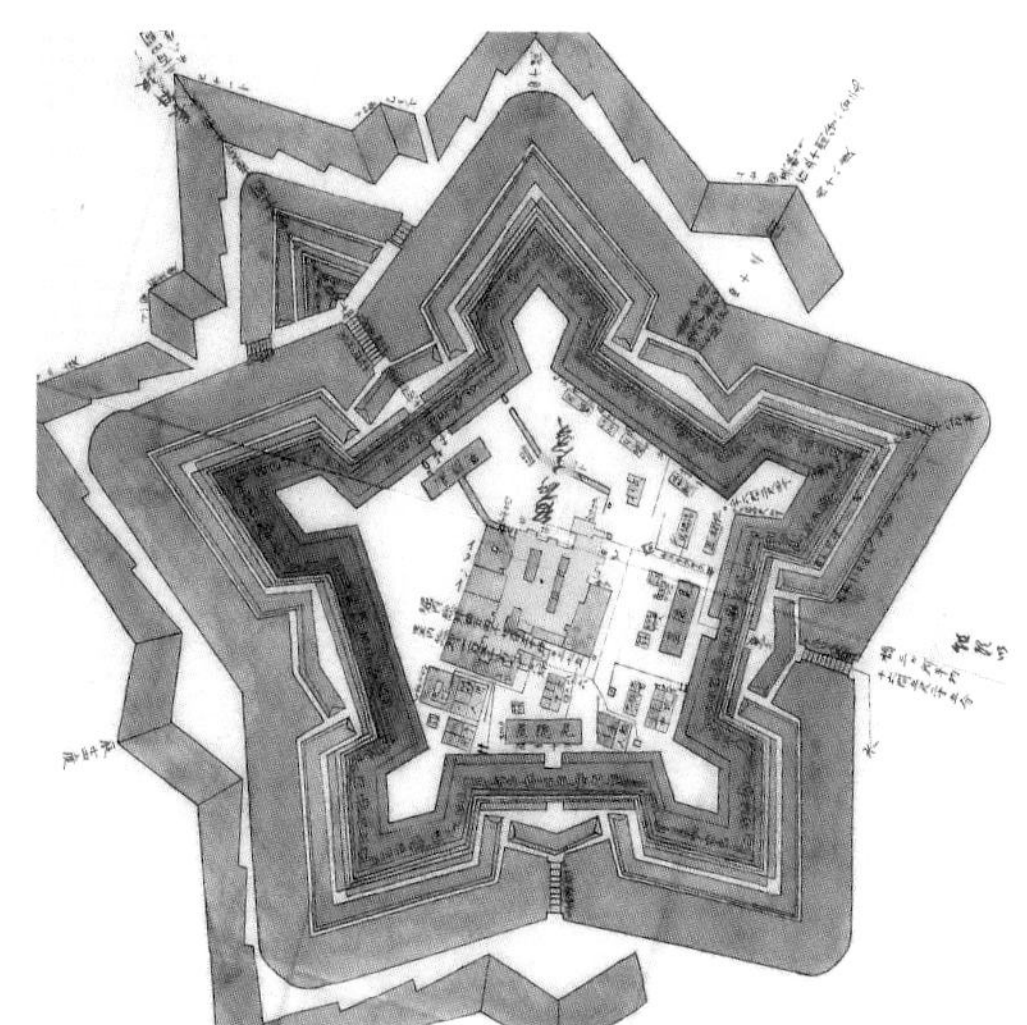
「五稜郭目論見図」（函館市中央図書館蔵）
役所や附属棟の配置が記載された図。

箱館奉行所（箱館市中央図書館蔵）
明治初期に撮影されたもの。五稜郭と共に元治元年（1864）に完成したが、箱館戦争の舞台となり、明治4年（1871）にわずか7年で解体された。

復元された箱館奉行所内部（箱館奉行所提供）

跳出石垣（写真／中井均）

◉見どころ

●石垣の石材は箱館山より切り出されたもので、見事な間知積となる。その天端には、石板を飛び出させて敵の侵入を防いでいる。これは**跳出石垣**と呼ばれ、五稜郭と龍岡五稜郭、人吉城にのみ認められる防御施設である。

●復元された**箱館奉行所**。

●箱館奉行所 Webサイト
所在地／函館市五稜郭町44-3

福山城（松前城）

国史跡［1935］・国重文

海からの攻撃に備えた幕末の城

松前藩は嘉永2年（1849）に城主大名となり、城郭が持てる身分となった。そこで当代随一の軍学者と謳われた高崎藩の市川一学に依頼して縄張が行なわれた。その特徴は海防に主眼を置いたもので、松前湾に向かって7門の砲台が設けられた。また軍学による築城は複雑に屈曲した石垣と、変形した桝形を設けた。しかし、背面には堀すら設けられず、明治元年（1868）の戦いで旧幕府軍はこの背面より攻めている。さらにこの時期標的にしかならない天守が構えられた。そこに松前氏が城主大名となった悲願を見ることができる。

天守と本丸御門（松前町教育委員会提供）
旧国宝に指定されていた福山城天守は昭和24年（1949）に焼失したが、昭和36年に外観復元された。本丸御門は国重文。城跡は松前公園となっている。

幕末期の福山城（函館市中央図書館蔵）
慶応3年（1867）の撮影。写真左から大手門、太鼓櫓、本丸御門、天守が見える。

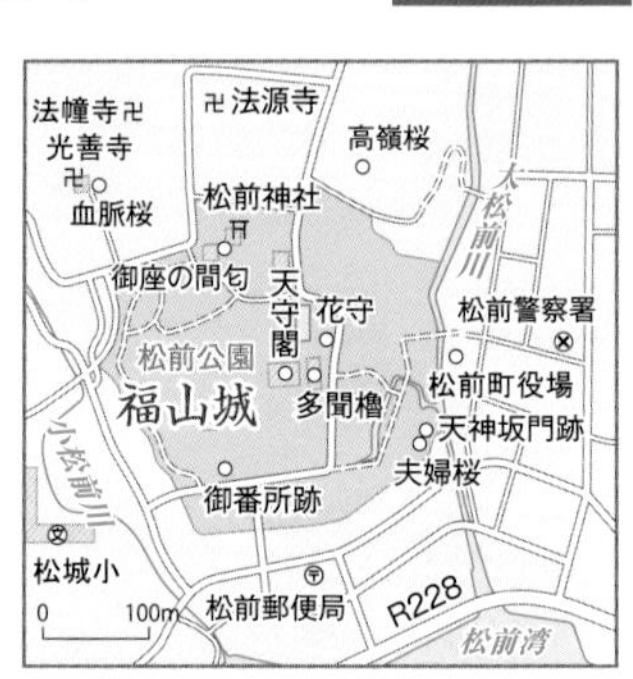

搦手二ノ門（写真／中井均）
平成12年（2000）に搦手口には高麗門形式の搦手二ノ門が再建された。門に入ると往時には桝形門になっており、櫓門形式の一ノ門が構えられていた。同時期に、外堀に架かる木橋と石橋も再建された。

天神坂門（写真／中井均）
三の丸に入る門で、平成14年（2002）に再建された。三の丸に入ると土塁に沿って7基の砲台が建ち並んでいた。

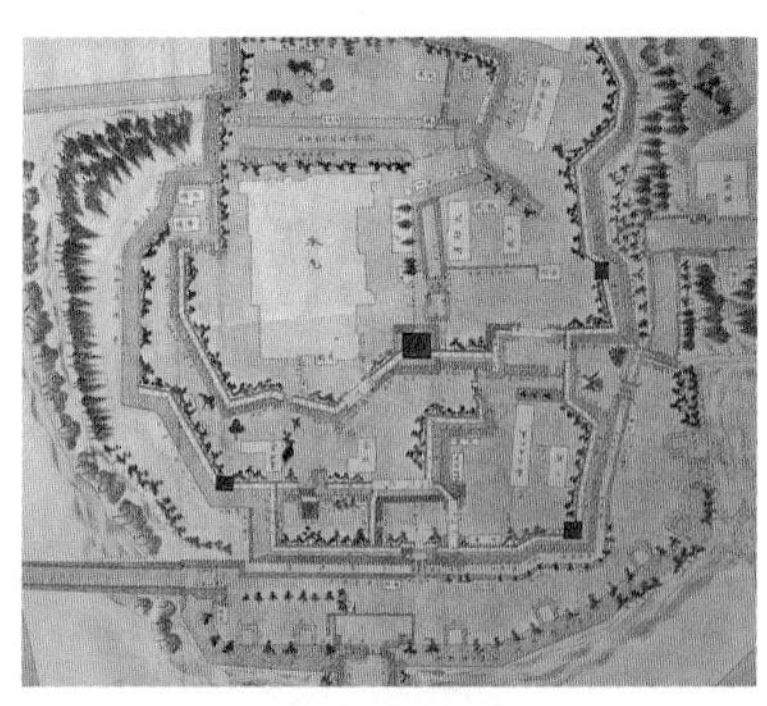

『**福山城見分図**』
（北海道大学付属図書館蔵）

◉見どころ

●幕末に築城された福山城は海防の城でもあった。洋上の敵に対して7門もの**砲台**が設けられていた。これらの砲台は発掘調査によって検出され、現在は整備されている。一方、背面に対しては堀すら設けられず、低い石塁と土塀のみで守られていた。旧幕府軍が攻め入ったのもこの背面からであった。

●石垣に注目すると**天守台**などでは六角形に加工された切石を積む、**亀甲積**を見ることができる。

七番砲台（写真／中井 均）

福山城空撮（松前町教育委員会提供）
本丸御門、復元天守はじめ高麗門2基、5番・7番砲台の復元などがある。

●**松前城資料館** Webサイト
所在地／松前郡松前町字松城114

●築城年／嘉永2年（1849）　●築城主／松前崇廣　●所在地／北海道松前郡松前町字松城　●交　通／JR海峡線木古内駅下車。松前行バス1時間30分松代下車。徒歩10分

国史跡［1965］

戸切地陣屋

外国船渡来に備えた松前藩の小要塞

安政2年（1855）、幕府は蝦夷地全域を直轄領とし、松前藩などの5藩に命じて警備をさせた。そこで松前藩は戸切地（へきりち）に陣屋を構えた。その形状は四稜郭となる稜堡式築城で、南東部の稜堡が突出して築かれており、そこに6基の砲座が設けられていた。石垣は用いられておらず、土造りではあるが、高さ3メートルにおよぶ土塁は見事である。明治元年（1868）、旧幕府軍の急襲に陣屋を守備していた松前藩兵は自ら火を放ち退却した。

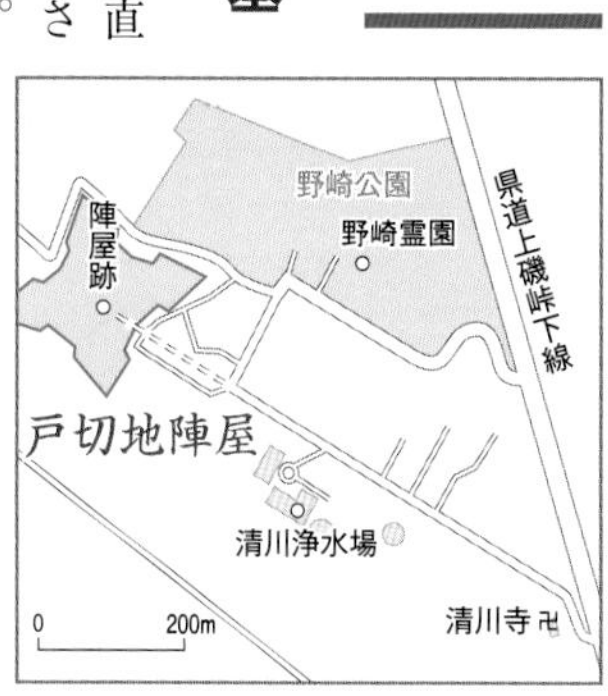

建物跡
砲台

戸切地陣屋空撮（北斗市教育委員会提供）
陣屋は函館湾の北西に位置し、標高約 71 m、比高約 20 mの台地に築かれた。陣屋からは函館湾内を見通せ、絶好の砲台と期待された。構造は四稜郭で、その一角（図右下）のみに砲台が設置された。6 基の砲座が添えられている。

平面表示された陣屋郭内跡（北斗市役所提供）
四稜の一角（写真右下）のみに砲台が設置された。

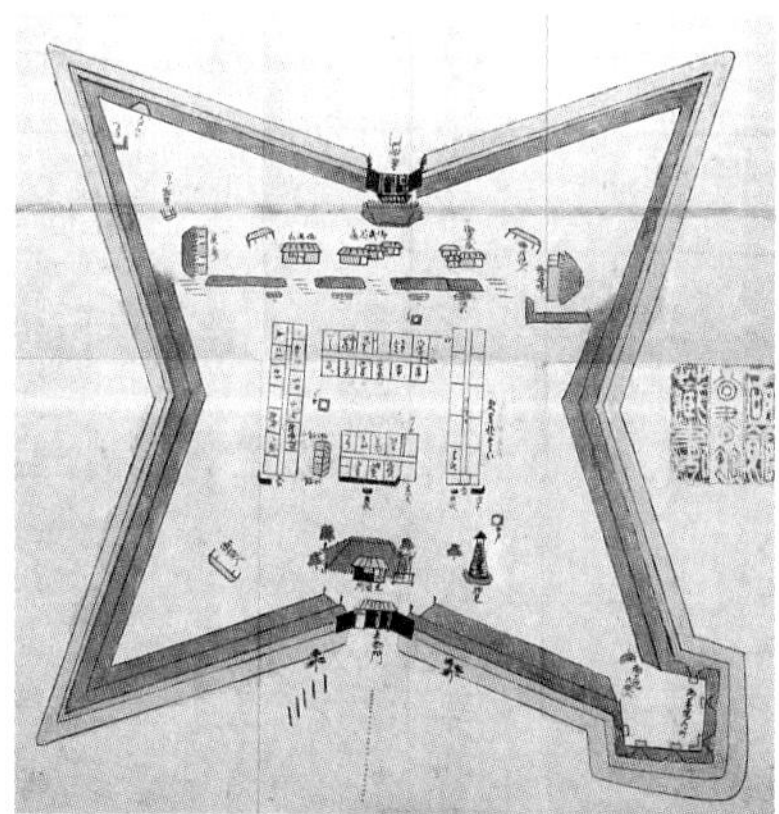

「戸切地陣屋絵図」
（函館市中央図書館蔵）

大手門（北斗市教育委員会提供）
平成13年（2001）、表御門跡には大手門が復元された。また、裏御門跡には搦手門が復元された。

◉見どころ
●国史跡に指定され、整備事業が行われており、大変見学しやすくなっている。**大手門**と**搦手門**は復元されている。土塁内部にある大砲の格納場所跡や火薬庫跡などが平面復元されている。

復元された搦手門（写真／中井 均）

郭内跡（北斗市教育委員会提供）

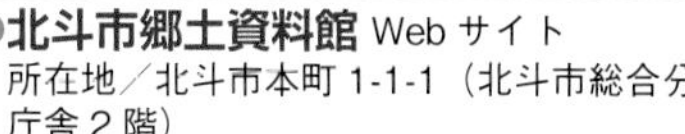

●**北斗市郷土資料館** Web サイト
所在地／北斗市本町 1-1-1（北斗市総合分庁舎２階）

●築城年／安政2年（1855）　●築城主／幕府の命で松前藩
●所在地／北海道北斗市野崎　●交　通／ＪＲ上磯駅下車。タクシーで10分

弘前城

国史跡〔1952〕・国重文

石垣造と土造が同居する巨大な城

大浦為信は豊臣秀吉の小田原攻めに参陣して所領を安堵されると、姓を津軽に改め、新たな居城の築城を開始した。これが弘前城で、本格的な工事は2代信枚によって慶長14年（１６０９）から開始され、わずか1年でほぼ完成した。その迅速さは建造物の大半を旧城の大光寺城や堀越城などから移築した結果である。当初本丸の南西角には五重の天守が構えられていたが寛永４年（１６２７）に落雷によって焼失し、以後天守は再建されず、文化7年（１８１０）にようやく幕府の許可を得て辰巳櫓を改修して天守の代用とした。

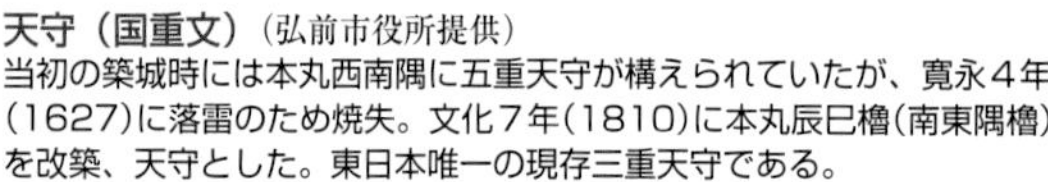

天守（国重文）（弘前市役所提供）
当初の築城時には本丸西南隅に五重天守が構えられていたが、寛永４年(1627)に落雷のため焼失。文化７年(1810)に本丸辰巳櫓(南東隅櫓)を改築、天守とした。東日本唯一の現存三重天守である。

南から見た弘前城（撮影／中田眞澄）
弘前城は、本丸、二の丸、三の丸、北の郭と築城当初の遺構がほぼ完全に残っている。現在の西堀は、築城当初は岩木川の流れを利用したものであった。城跡の面積は 49 万 ㎡。

●築城年／慶長８年（1603）●築城主／津軽為信・信枚　●所在地／青森県弘前市下白銀町
●交　通／ＪＲ奥羽本線弘前駅下車。バス市役所前公園入り口下車。徒歩２分

二の丸辰巳櫓（国重文）
慶長 16 年（1611）に建造された。

二の丸未申櫓（国重文）
慶長 16 年（1611）に建造された。

二の丸丑寅櫓（国重文）
慶長 16 年（1611）に建造された。

三の丸東門（国重文）
慶長 16 年（1611）に建造された。

二の丸東門（国重文）
慶長 16 年（1611）に建造された。

二の丸南門（国重文）
慶長 16 年（1611）に建造された。

北の郭北門（亀甲門）（国重文）
慶長 16 年（1611）に建造された。

三の丸追手門（国重文）
慶長 16 年（1611）に建造された。

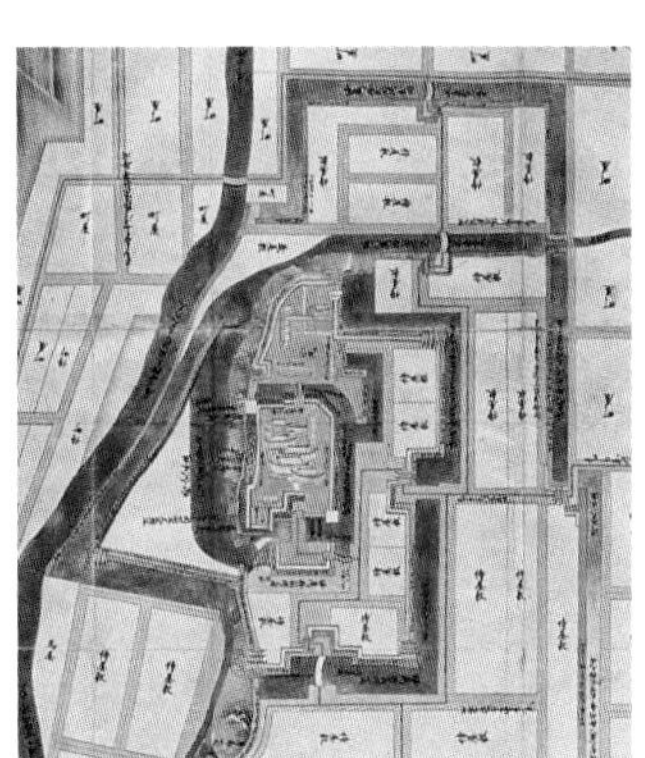

「津軽弘前城之絵図」
（正保城絵図／国立公文書館内閣文庫蔵）

本丸の水堀

明治初期に撮影された弘前城天守
（弘前市教育委員会蔵）
天守の右に多聞櫓、その後ろに本丸御殿の切妻屋根が見える。本丸御殿は明治6年（1873）に取り壊された。

◉見どころ

●弘前城の**天守**は実際には**御三階櫓**であり、あくまでも天守の代用にすぎない。その特徴はなんといっても堀に面した外観と本丸側の外観の意匠がまったく異なることである。堀側は**矢狭間**が切られるのみで、大変攻撃的な顔を見せている。これに対して城内側は三重とも壁面一杯に**格子窓**が設けられている。これは採光のためにできるだけ多くの窓を設けた結果である。

●弘前城は津軽為信が堀越城から移転して築城を始めた城であり、堀越城では築けなかった石垣を導入した築城であった。豊臣大名として石垣の城を渇望したのであった。その思いは嫡男信枚に受け継がれ、**本丸正面の桝形**には**巨石を鏡石**として配置している。

天守本丸側（国重文）
（写真／中井均）

（P13 の写真 / 弘前市役所提供）

●**弘前市立博物館** Web サイト
所在地／弘前市下白銀町 1-6 弘前公園内

岩手県

国史跡［1937］

盛岡城

奥州最大の石垣規模を誇る堅城

小田原に参陣して本領を安堵された南部信直は浅野長政の助言によって盛岡城の築城を開始する。その特徴は東北地方では最大の石垣造りの城郭であったことである。豊臣大名として総力を結集して総石垣として築いた結果である。ただ構造は古式であり、連郭式の縄張で、曲輪間に堀切を設けている。また桝形も不完全であり城道を屈曲させただけのいたって簡単な構造となっている。

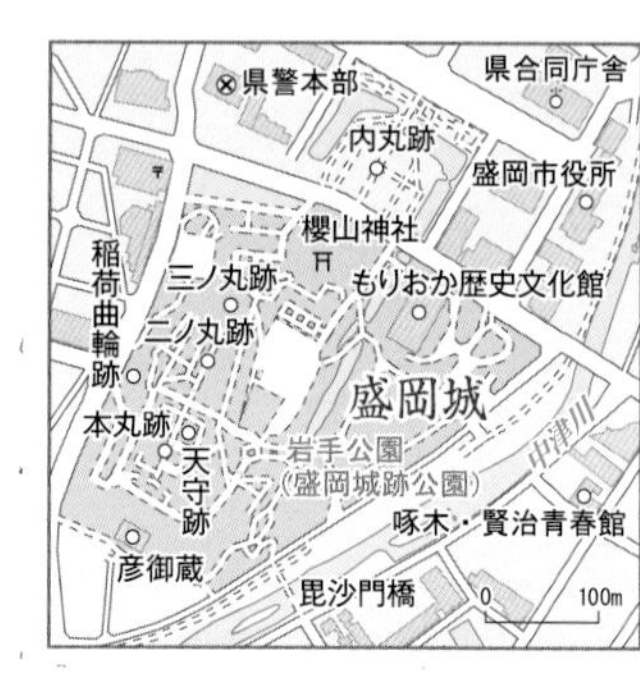

本丸遠望
盛岡城は「東北の石垣の三名城」の一つであり、城域のほぼ全てに高石垣が巡る。用いられている石垣の量は東北一である。当初本丸に築かれた天守は、寛永 11 年（1634）の落雷で炎上、のちに再建された歴史がある。

高石垣
（写真／中井均）

盛岡城空撮（写真／中田眞澄）
盛岡城本丸は南端（左側）に位置し、南北 55 m、東西 70 m ほどの規模がある。 本丸の北側に二の丸が位置し、南北 55 m、東西約 70 m、さらに北の三の丸は南北 45 m、東西 80 m ほどの広さを誇る。

明治 7 年に解体される直前の盛岡城本丸古写真（清養院蔵）
右に見える二重櫓越しに三重天守（御三階櫓）が見える。左には本丸御殿の一部が見られる。

◎見どころ

●城跡に残る**石垣**は一時期のものではなく、16世紀から19世紀におよぶものである。最も古いものは**本丸の東側下部**や**二の丸南・東側**などに残されている。**二の丸西面の石垣**は城跡中で最も高いものであるが、ここは延宝～貞享（1673～88）の大改修によって築かれたものである。

本丸と二の丸を仕切る空堀（写真／中井均）

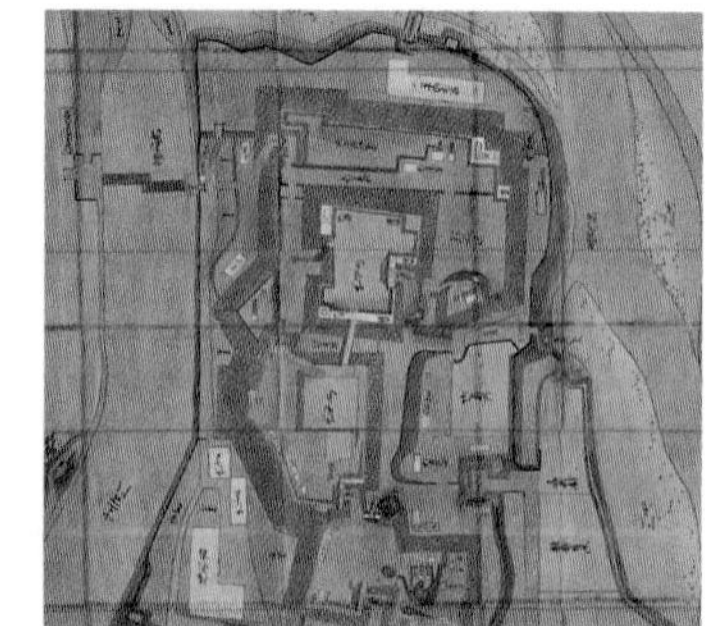

「明和三年書上盛岡城図」
（もりおか歴史文化館蔵）

●**もりおか歴史文化館** Web サイト
所在地／盛岡市内丸 1-50

●築城年／慶長 2 年（1597） ●築城主／南部信直 ●所在地／岩手県盛岡市内丸 ●交　通／ＪＲ東北新幹線盛岡駅下車。徒歩 15 分

宮城県

仙台城

国史跡［2003］

独眼竜政宗が築いた天険の牙城

慶長6年（1601）に伊達政宗が新たに築いた仙台城は現在の本丸部分である。南方には深い龍の口渓谷が、東から北にかけては広瀬川の段丘に守られた要害の地で、正保2年（1645）奥州仙台城絵図には「本丸山城」と記されており、明らかに山城として築かれた城であった。政宗は山上に造営された本丸御殿で生活していたが、2代忠宗は山麓に二の丸御殿を構えた。以後二の丸が仙台城の中核として、藩邸や藩主の私邸として機能した。

青葉山公園
仙台城
詰間跡
北壁石垣
政宗公騎馬像
北西石垣
大広間跡
懸造跡
社務所
西門跡
護国神社
宮城神社
青葉城資料展示館
本丸跡
青葉山
浦安宮
本丸会館
巽櫓跡
坤櫓跡
0　100m
埋門跡
広瀬川→

本丸鳥瞰図
（青葉城資料展示館蔵）
往時の本丸内の建物を復元している。

大手門脇櫓（角櫓）
（写真／中井均）
昭和42年（1967）に復元された。

大手門を望む（個人蔵）
明治25年（1892）以降の撮影。正面奥に仙台城のシンボルともなった巨大な大手門が見える。江戸時代の偉容を偲ばせる貴重な門として昭和6年（1931）に国宝に指定されていたが、昭和20年7月に脇櫓とともに戦災で焼失した。

「肯山公造制城郭木写之略図」
（宮城県図書館蔵）

◎見どころ

●本丸の南側は**龍の口渓谷**と呼ばれ、急峻で深い谷が天然の堀の役目を果たしており、ここからの城攻めは不可能である。唯一尾根が続く西側には近世城郭ではあるが**堀切**が3本にわたって設けられている。

●慶長5年（1600）の関ヶ原合戦後に仙台城を新たな居城として築城を開始した。その本丸東面の石垣で修理工事がおこなわれ、現在の石垣の背後から埋没した石垣が検出された。石垣は自然石を用いた**野面積み**で築かれており、これが**政宗によって築かれた当初の石垣**と考えられる。それが大地震で崩れてしまい、その前面に階段状の石垣を築いて崩落防止とし、その前面に築かれたのが現石垣であることが明らかとなった。

堀切（写真／中井均）

●仙台市博物館 Webサイト
所在地／仙台市青葉区国分町3-7-1

●築城年／慶長6年（1601）●築城主／伊達政宗　●所在地／宮城県仙台市青葉区川内　●交　通／JR東北本線仙台駅下車。バス青葉城址下車。徒歩2分

宮城県

白石城

市史跡［1982］

一国一城令後も存続した伊達の城

慶長5年（1600）、伊達政宗は上杉景勝領となった旧領白石を攻略し、関ヶ原合戦後には安堵された。慶長8年には伊達藩領南端の押さえとして重臣片倉景綱を配した。白石城は元和の一国一城令にも例外的に廃城とならず存続し、片倉氏が代々城主として入れ置かれた。本丸には天守に匹敵する大櫓が構えられ、仙台藩主が宿泊する御成御殿と政庁となる表御殿と城主片倉氏の私邸となる奥向御殿という三御殿からなる本丸御殿が本丸全面に造営されていた。

天守（写真／松井久）
呼び名は「大櫓」だが、「現存する高知城天守に匹敵する規模をもった三重三階の天守。平成7年（1995）に天守とともに大手一の門、大手二の門、土塀などが復元された。

天守三階内部（写真／松井久）
三階は物見櫓として使われた。

「御城並びに御城下分間絵図」
（白石市教育委員会提供）

大手二の門（写真／松井久）
復元された櫓門形式の本丸大手二の門。

◎見どころ

●**天守**以下の城郭建物はすべて平成7年（1995）に再建されたもので、現在城跡にはほとんど往時のものは残されていない。**旧東口門**が市内当信寺に、**旧厩口門**が延命寺に移築されている。

土塁（写真／中井均）

白石城空撮（白石市教育委員会提供）
比高20mの丘上にあり、本丸周辺には二の丸、中の丸、南の丸、巽曲輪が配置されていた。

●**白石城・歴史探訪ミュージアム** Webサイト
所在地／白石市益岡町1-16（益岡公園内）

●築城年／天正19年（1591） ●築城主／蒲生郷成
●所在地／宮城県白石市益岡町 ●交 通／JR東北本線白石駅下車。徒歩15分

久保田城

市名勝［2008］・市有形文化財

佐竹義宣築城の質実剛健な大城郭

久保田城の特徴はなんといっても土造りの城という点である。石材は虎口や土塁の基底部に2～3段積むのみで基本的にはすべて土塁によって構えられている。しかし本丸、二の丸、三の丸が3段構えとなり、その切岸は急峻で高く、土の城ではあるが決して貧相ではなく、むしろ壮観である。常陸の戦国大名佐竹氏の伝統的な築城としてとらえることができる。

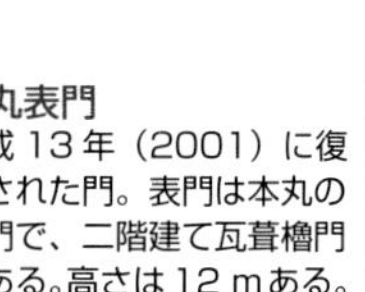

新兵具隅櫓
平成元年（1995）本丸新兵具隅櫓（御隅櫓）が復元された。

本丸表門
平成13年（2001）に復元された門。表門は本丸の正門で、二階建て瓦葺櫓門である。高さは12mある。

明治初年の久保田城（秋田市立佐竹資料館蔵）
本丸を撮影した古写真。左端に御隅櫓。

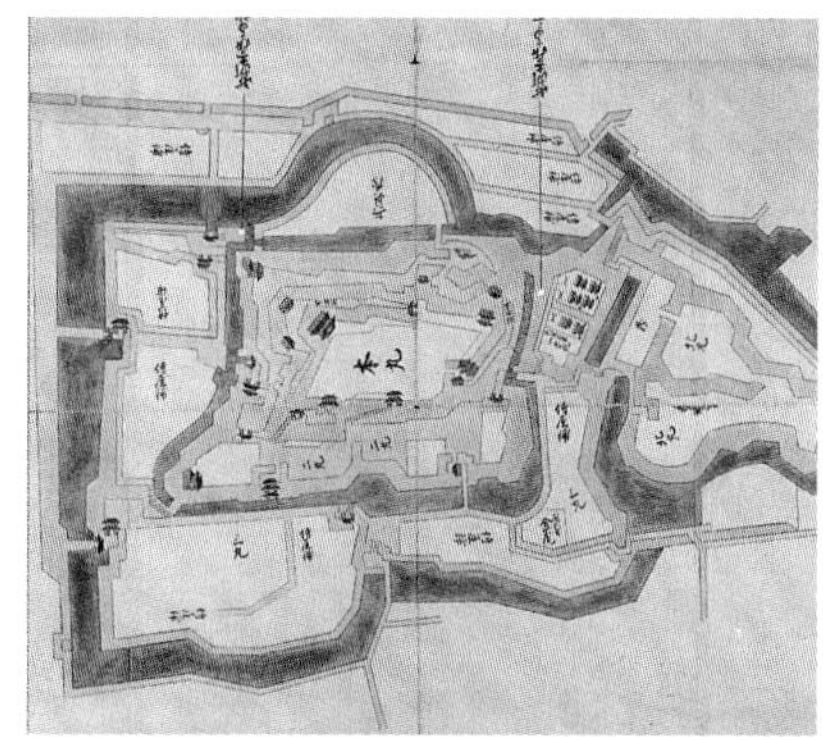

「出羽国秋田居城絵図」弘化四年
（秋田県公文書館蔵）

◎見どころ

●本丸の南西隅には**御出書院**という書院風の二階造りの**天守代用の櫓**が構えられていた。その櫓台は土塁造りではあるが石垣を凌駕する見事な**切岸**となっている。

御出書院櫓台の土塁（写真／中井均）

御物頭御番所（秋田市立佐竹史料提供）
本丸の御物頭番所は唯一残る現存建物である。本丸・二の丸は現在、千秋公園となっている。

●**秋田市立佐竹史料館** Webサイト
所在地／秋田市千秋公園1-4

●築城年／慶長8年（1603）　●築城主／佐竹義宣　●所在地／秋田県秋田市千秋公園　●交　通／JR奥羽本線秋田駅下車。徒歩5分

山形県

山形城

国史跡［1986］

中世の城を近世の城に拡張した城

最上四十八楯のひとつとして、斯波氏惣領の最上氏が居城としていた。最上義光は強力な戦国大名に成長し、山形城も近世城郭として大々的に整備された。この改修は文禄・慶長の役に義光が肥前名護屋に滞陣中に指示されている。その構造は典型的な輪郭式の縄張で、三重の堀が巡らされていた。最上氏改易後に入城した鳥居忠政によって門の位置などが改められるが、輪郭式の構造までをも改修するものではなかった。

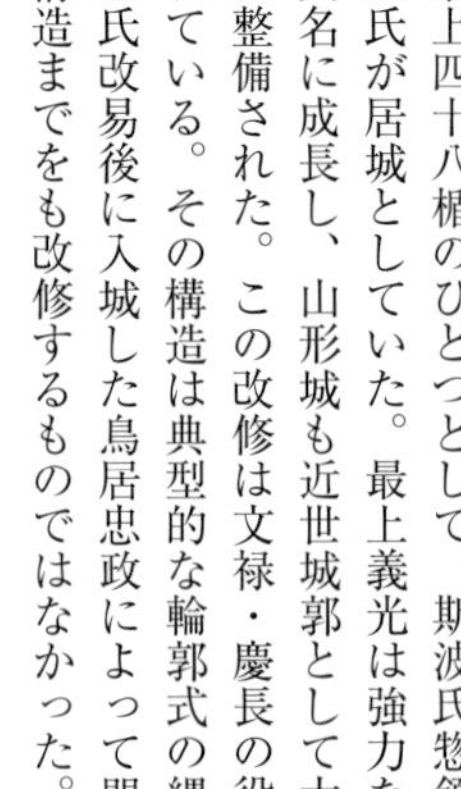

二の丸東大手門
（山形市役所提供）
平成７年（1995）に復元された門。

二の丸東大手門桝形
（写真／松井久）
大手橋を渡ると、手前の高麗門（外門）と左奥の櫓門（内門）から桝形を形成している。高麗門の左右には東櫓と西櫓で強固な門となっている。

二の丸東大手門古写真
（山形市役所提供）
明治初期の撮影。東大手門復元作業では貴重な資料となった。

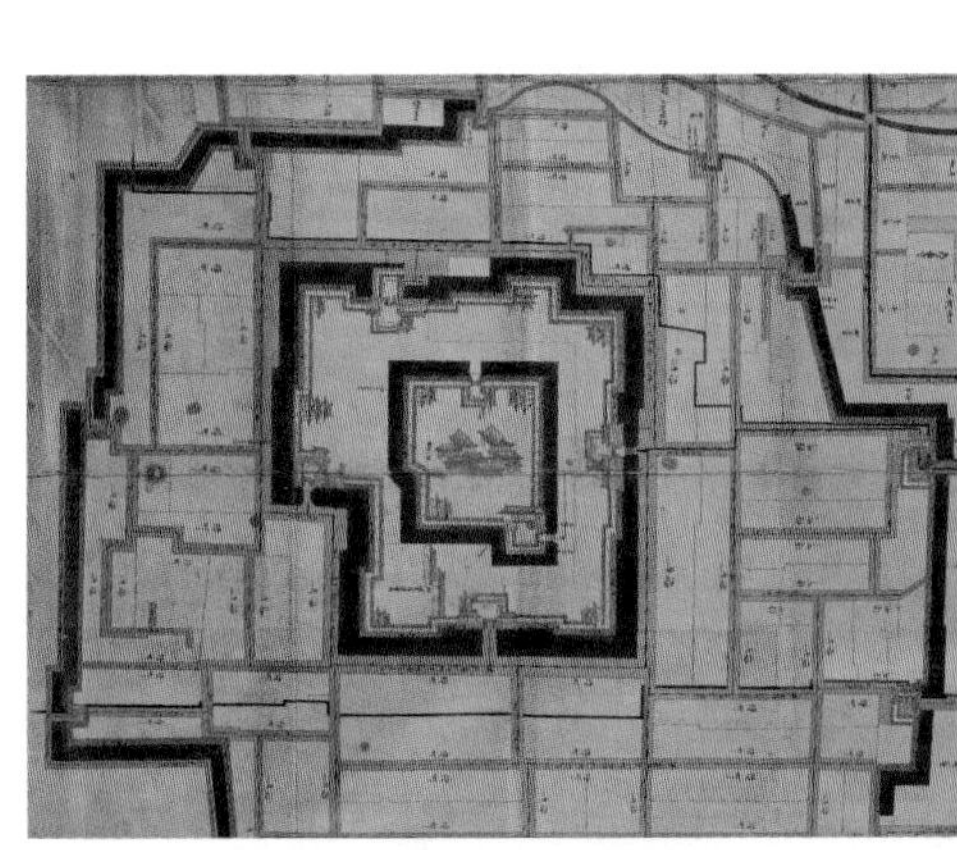

「出羽国最上山形城絵図」
（正保城絵図／国立公文書館内閣文庫蔵）

本丸一文字門
（写真／中井均）
平成26年（2014）に復元された一文字門と大手橋。

◉見どころ

●山形城では**虎口部分にのみ石垣**を用い、他はすべて土塁としている。石垣は本格的なもので、○や□など**築城工事の担当を示す刻印**を多く見ることができる。東北で石垣に刻印のあるところはほとんどなく珍しい。

●山形城二の丸北辺の土塁上には人頭大の円礫列が三角形にジグザグに配置されている。これは**土塀の基礎となる石列**で、三角形に折れ曲がる、**屏風折塀**が構えられていた。直線的な塀では正面の敵にしか対処できないが、三角形に折り曲げることで相横矢が掛かるようになる。土塁上で屏風折塀の存在がわかる唯一の事例である。

屏風折塀基礎の石列
（写真／中井均）

二の丸北大手門の石垣
（写真／中井均）

●**最上義光歴史館** Webサイト
所在地／山形市大手町1-53

●築城年／文禄年間（1592～96）　●築城主／最上義光
●所在地／山形県山形市霞城町　●交　通／ＪＲ奥羽本線山形駅下車。徒歩20分

山形県

鶴ヶ岡城

壮大な御殿を持つ、輪郭式の名城

鶴ヶ岡城は古くは大宝寺城と呼ばれ、武藤（大宝寺）氏の居城で戦国末期には最上氏と上杉氏の争奪の場となった。慶長6年（1601）、最上義光は庄内を加増され大宝寺城を隠居城とした。翌8年には鶴ヶ岡城と改称されるが、元和8年（1621）に最上氏は改易となり、代わって酒井宮内大輔忠勝が13万8000石で入城し、以後酒井氏12代の居城となる。酒井氏時代の鶴ヶ岡城は本丸、二の丸、三の丸が回字形に構えられた典型的な輪郭式の縄張で、二の丸大手には角馬出が、西御門には丸馬出が構えられていた。

本丸古写真（鶴岡市郷土資料館蔵）
明治初期の撮影。写真右の櫓門は本丸大手一の門（中の門）。その後方に本丸御殿の広間の屋根。左手前は渡櫓。城内の建物は明治８年（1875）に取り壊された。

土塁（写真／中井均）
本丸・二の丸・三の丸は土塁と塀に守られていた。今もその一部が残っている。

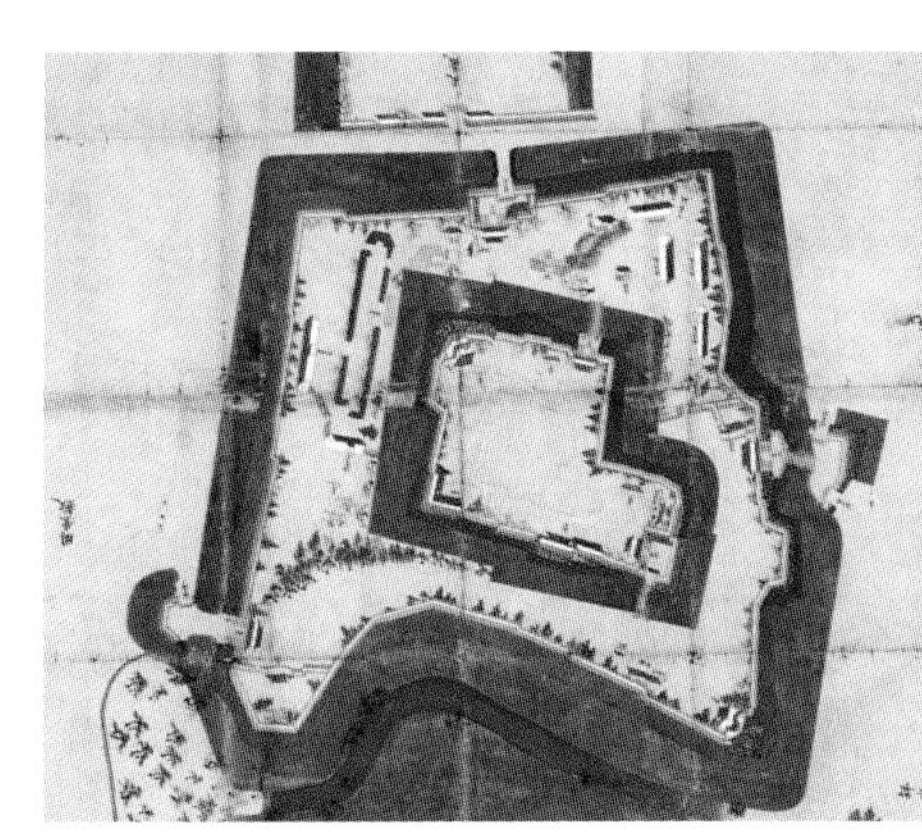

「出羽国庄内鶴ヶ岡城絵図」
（鶴岡市郷土資料館蔵）

鶴ヶ岡城空撮（鶴岡市役所提供）
本丸と二の丸が鶴岡公園として整備されている。

本丸角櫓跡と塀（写真／秋保良）

◎見どころ

●鶴ヶ岡城も典型的な**東北地方の近世城郭**で土造りの城であった。城門と櫓台にのみ低い石垣が築かれた。本丸北西隅と二の丸東南櫓には二階建ての御角櫓があり、**石垣石材**は鶴岡市郊外の金峰山の**花崗岩**が用いられている。

二の丸の復元石垣（写真／中井均）

●築城年／元和８年（1622）　●築城主／酒井忠勝　●所在地／山形県鶴岡市馬場町　●交　通／ＪＲ羽越本線鶴岡駅下車。徒歩30分

松山城

市史跡［1981］・県重文

方形の水堀と丸馬出に守られた城

松山藩は庄内藩初代藩主酒井忠勝の3男忠恒が2万石を分知され支藩として立藩され、中山に陣屋が構えられた。当初は陣屋であったが、3代忠休が若年寄となり5000石の加増と、御用金2000両が与えられ、城を構えることが許された。築城の設計には庄内藩の甲州流軍学者長坂十太夫正逸があたった。その縄張は本丸を南北と東から二の丸が囲み、それを南北と西から三の丸が囲い込む梯郭式の縄張であった。

大手門（現存・県重文）
（酒田市松山文化伝承館提供）
現存する松山城大手門は、寛政4年（1792）に再建されたもので、小藩にしては豪華な城門である。

十三間堀
（酒田市松山文化伝承館提供）
松山城の外堀に当たる。

松山城空撮（撮影／中田眞澄）
大手門周辺は、酒田市松山歴史公園として整備されている。

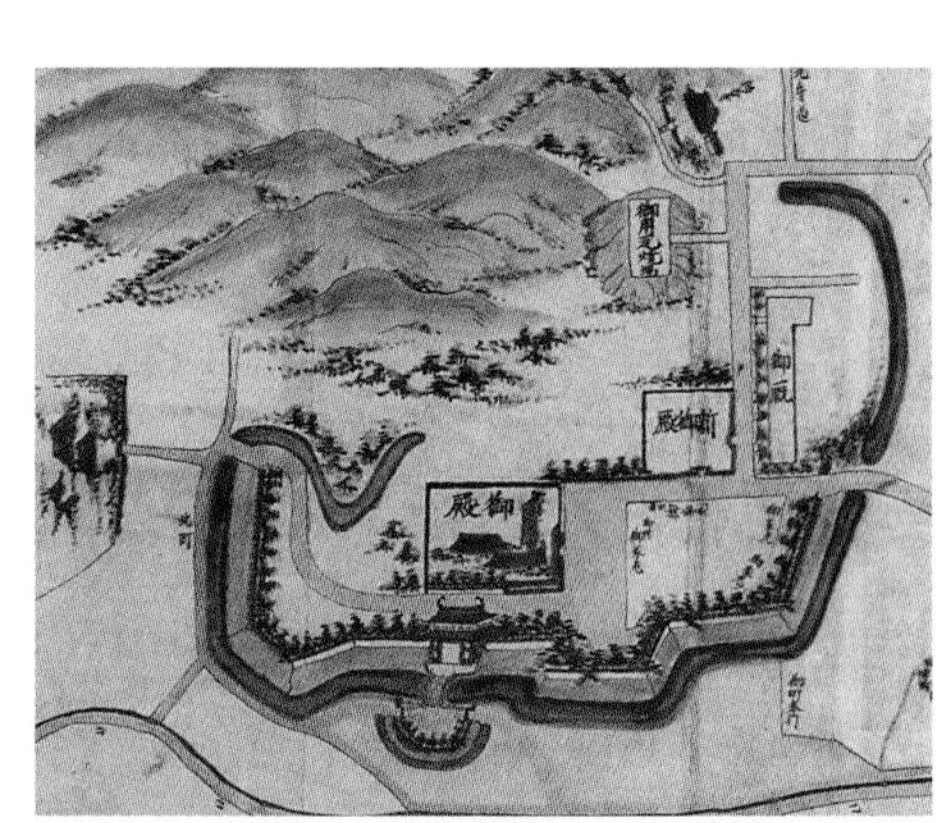
「松山城画図」
（山形県立博物館蔵）

大手門（写真／中井均）

◉見どころ

●現存する**大手門**は桁行5間、梁間3間、入母屋造り、桟瓦葺の櫓門で、寛政4年（1792）に再建されたもの。**山形県内に残る唯一の城郭建造物**として県重文となっている。

本丸土塁と堀跡（酒田市松山文化伝承館提供）

●**松山文化伝承館** Webサイト
所在地／酒田市字新屋敷 36-2

●築城年／安永8年（1779）　●築城主／酒井忠休　●所在地／山形県酒田市字新屋敷　●交　通／JR羽越本線余目駅下車。タクシー10分

山形県

市史跡［1963］

新庄城

戊辰戦争の戦火で落城した城

元和8年（1622）の最上氏改易により戸沢政盛が6万石で入封。寛永2年（1625）に築城された。長方形の本丸に馬出曲輪が前面に配され、それらを囲むように二の丸が配される聚楽第型の縄張で、鳥居忠政によるものと伝えられる。元和以後の新規築城である。本丸中央には天守も造営されたが、寛永10年（1633）に落雷で焼失。以後再建されなかった。本丸には武器櫓、大納戸櫓、小納戸櫓などが配されていた。戊辰戦争で庄内藩の攻撃を受け、焼失落城した。

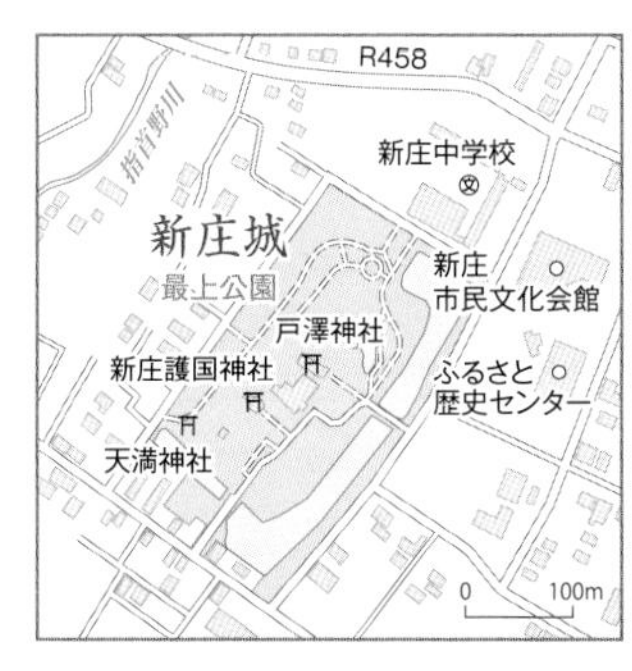

本丸土塁（写真／中井均）
石垣は、本丸と三の丸に設けられた五ヶ所の内桝形門周辺のみで、他はすべて土塁構造となっている。

本丸小納戸櫓跡（新庄市役所提供）

新庄城空撮（写真／中田眞澄）
本丸は最上公園となり、本丸の桝形石垣・土塁・堀が良好な状態で残っている。

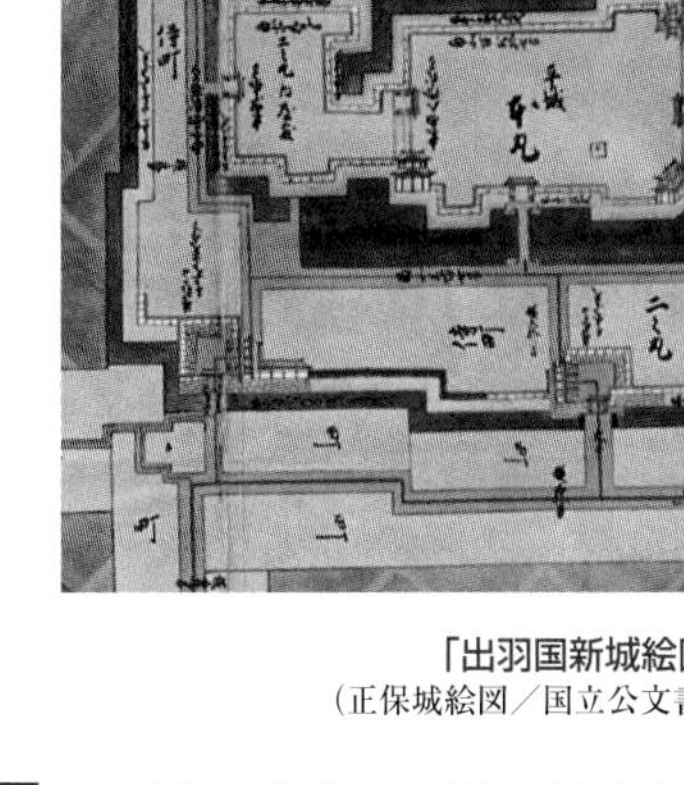

「出羽国新城絵図」
（正保城絵図／国立公文書館内閣文庫蔵）

本丸大手門の石垣（新庄市役所提供）

◎見どころ

●本丸と三の丸に設けられた5ヶ所の虎口には石垣が築かれたが、他はすべて土塁であった。そのうち唯一残るのが**本丸大手門の石垣**で、寛永期の切石による石垣によって築かれている。

明治初期の新庄城遠望（個人蔵）

●**ふるさと歴史センター** Webサイト
所在地／新庄市堀端町4-74

●築城年／寛永2年（1625） ●築城主／戸沢政盛 ●所在地／山形県新庄市堀端町 ●交通／ＪＲ奥羽本線新庄駅下車。バス公園前下車

山形県

米沢城

土塁と水堀に囲まれた上杉氏の城

米沢は伊達氏による奥羽支配の拠点であったが、慶長3年（1598）、上杉景勝が会津に入封すると、その重臣直江兼続が入れ置かれた。同5年の関ヶ原合戦で西軍に与した景勝は減封され米沢に移される。慶長13年に景勝は米沢城の大改修を行ない、慶長18年に完成した。以後上杉氏13代の居城となる。その構造は回字形のシンプルな輪郭式縄張であった。近年の発掘調査で二の丸の堀が堀内障壁として堀障子を構えていたことが確認された。

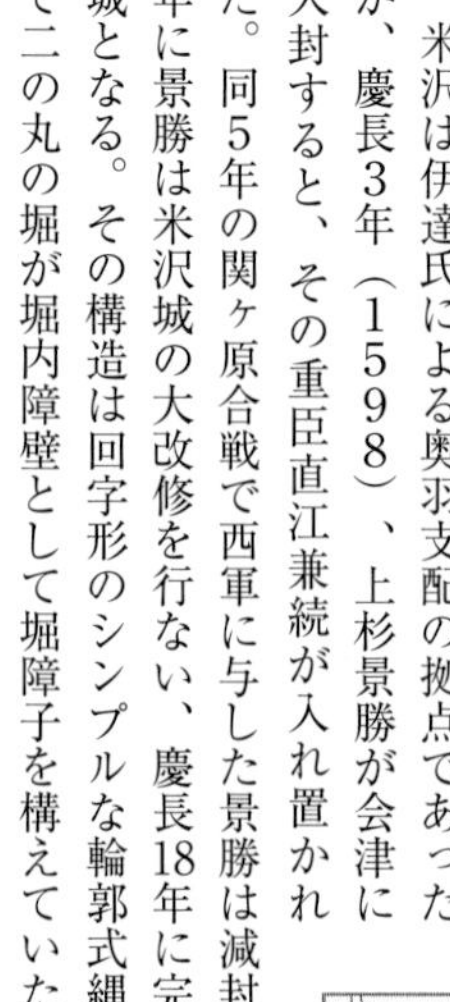

本丸と二の丸を結ぶ菱門橋（写真／石田多加幸）
本丸南出入り口の菱門橋。本丸を囲む内堀は、堀幅約 30 m を超える。

本丸にあった御三階櫓（米沢市立米沢図書館蔵）
明治５年（1872）の撮影。天守の代用として建てられた２棟の三階櫓の一つ。明治７年に取り壊された。

米沢城空撮（米沢市役所提供）
米沢城本丸跡には上杉神社が建立されている。

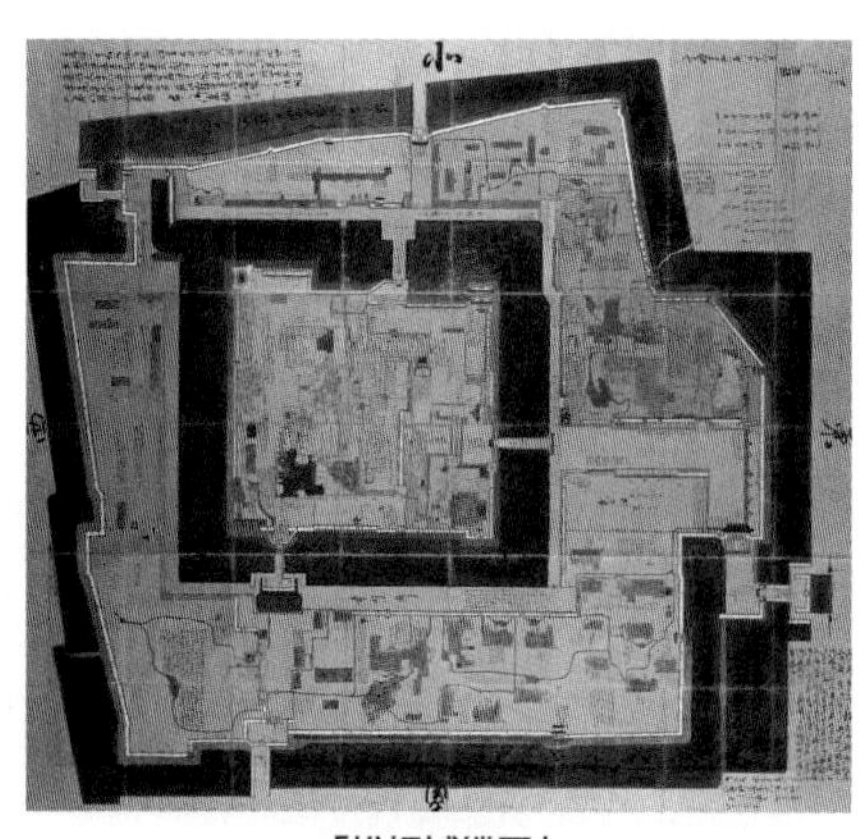

「松岬城堞図」
（米沢市上杉博物館蔵）

◎見どころ

●本丸の南東隅には巨大な**櫓台**が設けられ、**上杉謙信祠堂**が建てられていた。ここには甕に収められた上杉謙信の遺骸が祀られており、まさに軍神謙信によって守護されていた城であった。

本丸南東隅部櫓台（写真／中井均）

三の丸土塁（西條天満公園内）（写真／中井均）

●**米沢市上杉博物館** Web サイト
所在地／米沢市丸の内 1-2-1

●築城年／慶長 13 年（1608） ●築城主／上杉景勝 ●所在地／山形県米沢市丸の内 ●交　通／ＪＲ山形新幹線米沢駅下車。バス

福島県

国史跡〔2007〕

二本松城

自然の地形を巧みに活用した城

寛永20年(1643)に丹羽光重が10万700石で二本松に入封し、二本松藩を立藩する。以後二本松城は丹羽氏10代の居城となる。丹羽氏入城以前は会津の領主蒲生氏、上杉氏の支城として城代が入れ置かれていた。丹羽氏時代の二本松城は白旗ヶ峰の頂上に本丸が構えられたが、その北東隅には天守台を配し、東、西にも櫓台が配されており、本丸は連結式天守としての天守曲輪であった。二の丸は南山麓に構えられ、藩主の居館として機能していた。

山頂の本丸空撮(二本松市教育委員会提供)平成7年(1995)に天守台はじめ、本丸石垣が修復復元された。

二階櫓(二本松市教育委員会提供)昭和57年(1982)に箕輪門・多聞櫓とともに復元された。

天守台遠望(二本松市教育委員会提供)手前に箕輪門・二階櫓、三の丸。山上には本丸・天守台が見える。

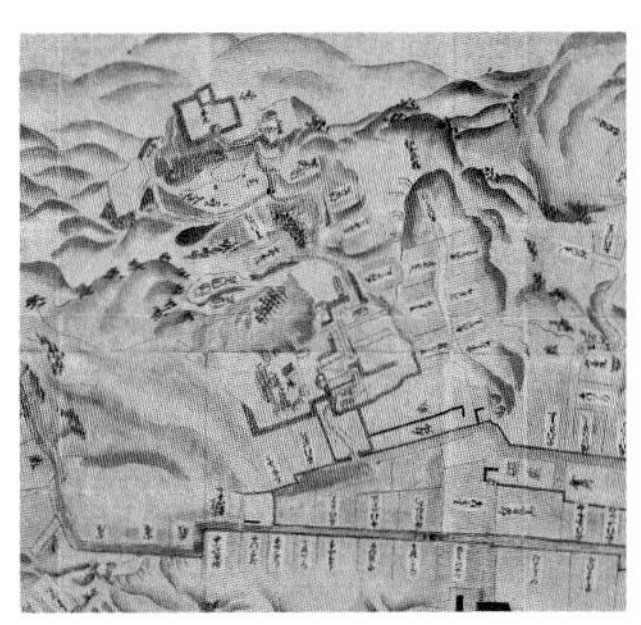

「奥州二本松城図」(国立国会図書館蔵)

◉見どころ

●本丸の南下部には幅15~21メートル、高さ13メートルにおよぶ**石垣(野面積石垣)**が残されている。粗割石を用い、緩やかな法面を持つこの石垣は慶長以前の蒲生氏段階に築かれたものである。

本丸石垣(写真/中井均)

二本松城古写真(二本松市教育委員会蔵)大正期(1912~26)の撮影。石垣上の建物は製紙工場。

●**二本松歴史資料館** Webサイト
所在地/二本松市本町1-102

●築城年/慶安2年(1649) ●築城主/丹羽長重 ●所在地/福島県二本松市郭内 ●交 通/JR東北本線二本松駅下車。徒歩15分

福島県

若松城

国史跡［1934］・県重文

東北随一の五重天守をもつ名城

古くは黒川城と呼ばれていたが、天正18年（1590）の奥州仕置により蒲生氏郷が会津に入部するとその居城として大改修が施され、若松城と改称された。蒲生時代の若松城には金箔瓦の葺かれた七重の天守が造営され、奥羽における豊臣政権の拠点として重要な城であった。寛永4年（1627）に加藤嘉明が入城し、さらにその子明成によって馬出に石垣を築いて出丸に改め、二の丸、三の丸以外はすべて石垣を築き、空堀を水堀に改めるなどの大改修を施し、ほぼ現存する若松城の構造となった。加藤氏改易後、保科正之が入城し、以後保科・松平11代の居城となるが、ほとんど改修は行なわれなかった。

若松城本丸現況（会津若松市役所提供）
写真右から昭和40年(1965)に外観復元された天守と走長屋、走長屋の屋根の上にわずかに見える屋根が鉄門、その左に平成13年（2001）に復元された南走長屋と干飯櫓。

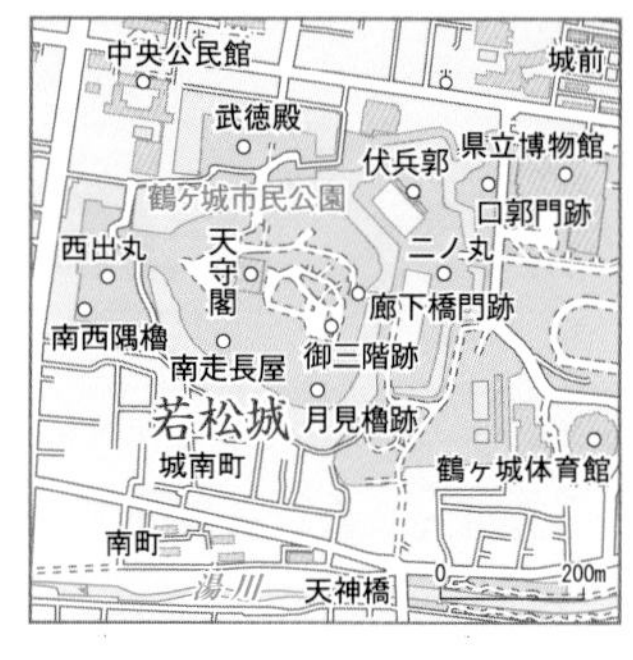

鉄門・走長屋・天守
（会津若松市役所提供）

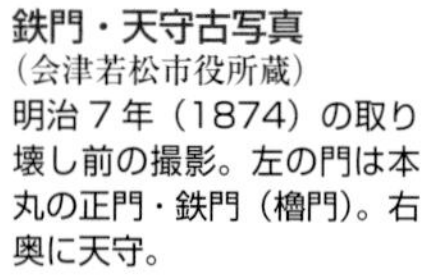

鉄門・天守古写真
（会津若松市役所蔵）
明治７年（1874）の取り壊し前の撮影。左の門は本丸の正門・鉄門（櫓門）。右奥に天守。

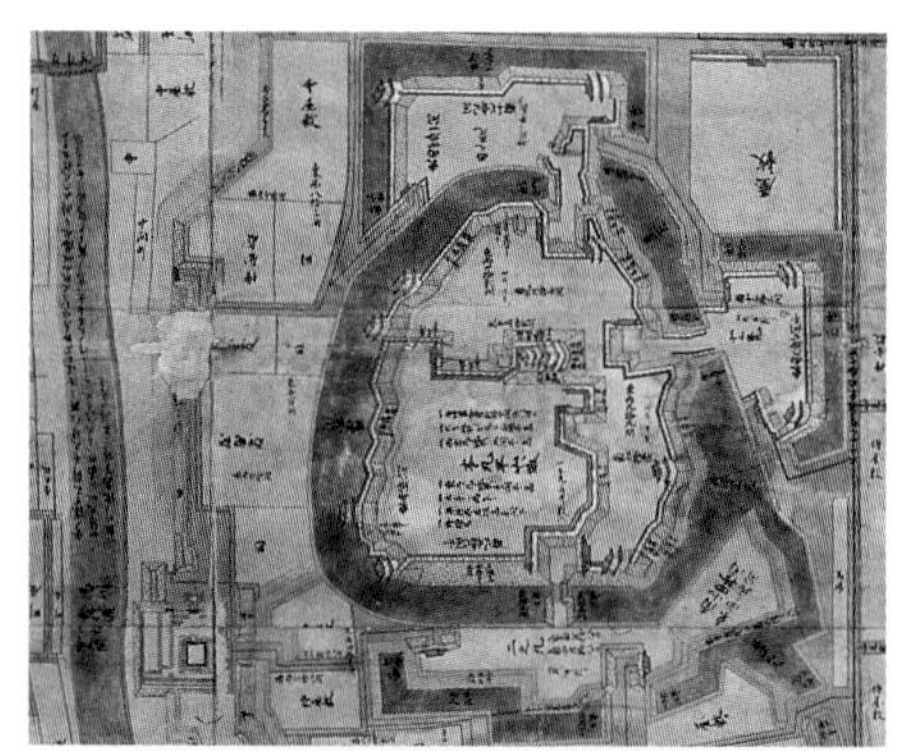

「陸奥之内会津城絵図」
（福島県立博物館蔵）

天守古写真（会津若松市役所蔵）
戊辰戦争で被弾し、壊れかけた天守。明治７年（1874）の取り壊し前の撮影。

天守（会津若松市役所提供）
昭和40年（1965）に外観復元された天守。

●築城年／文禄元年（1592）●築城主／蒲生氏郷　●所在地／福島県会津若松市追手町
●交　通／ＪＲ磐越西線会津若松駅下車。バスで鶴ヶ城北口下車。徒歩２分

若松城空撮（会津若松市役所提供）
本丸・二の丸・西出丸・三の丸の一部などの城跡は鶴ヶ城公園となっている。

廊下橋門の桝形（写真／中井均）
廊下橋門の両側の石垣は高さ 20 m を超す高石垣で築かれている。

御三階（会津若松市役所提供）
若松城で唯一現存する建物。市内の阿弥陀寺に移築されている。

◉見どころ

●若松城には多くの見どころがある。まず**石垣**であるが、**本丸東側の石垣**は城内でもっとも高く20メートルを超える。切石を**布積**したもので寛永期の修理によって築かれたものである。これに対して**天守台の石垣**は野面積に近く勾配も緩やかで、**蒲生氏時代の石垣**である。また本丸の周囲には土塁の上部にのみ石垣を築いた**鉢巻石垣**を見ることもできる。ところで門跡の石垣を注意深く観察すると石垣面に垂直に刻まれた溝が認められる。これは城門の柱を据えるためのもので大変珍しい。

●天守は本丸の中央に**独立式の天守台**を構えている。ところが天守台から続き櫓の石塁が南北に伸び、この石塁が本丸を二分する構造となっている。これは本丸に進入した敵が一気に展開できないように仕切るものである。豊臣秀吉の朝鮮出兵に際して築かれた倭城で多用され、国内では**徳川大坂城、二条城にも導入**されている。

天守台石垣（写真／中井均）

●**鶴ヶ城天守閣博物館** Web サイト
所在地／会津若松市追手町 1-1

福島県

国史跡［2010］

白河小峰城

奥州の要所に築かれた総石垣造の城

白河は奥州三古関の一つに数えられる要衝であり、古く南北朝時代に結城白川氏によって城が築かれた。天正18年（1590）の奥州仕置によって会津を支配した蒲生氏や上杉氏の時代には城代が置かれた。寛永4年（1627）に丹羽長重が10万余石で入封し、白河藩が成立するとその居城となった。丹羽氏による改修は阿武隈川の流れを付け替える大工事で、城はその阿武隈川を背後に控えた梯郭式の縄張で、本丸の北東隅には天守の代用となる三重御櫓が建てられていた。慶応3年（1867）に幕府領となり、戊辰戦争では藩主不在のまま新政府軍に攻められ、わずか1日で落城した。

本丸遠望（白河市役所提供）
慶応4年（1868）に起こった戊辰戦争によって焼失した三重櫓が平成3年（1991）に木造で復元された。

本丸三重御櫓と前御門
（白河市役所提供）
前御門は平成6年（1994）に木造で復元された。前御門の両側の高石垣は高さ約3.8mある。

清水門跡
（白河市役所提供）

「奥州白河城絵図」
（正保城絵図／国立公文書館内閣文庫蔵）

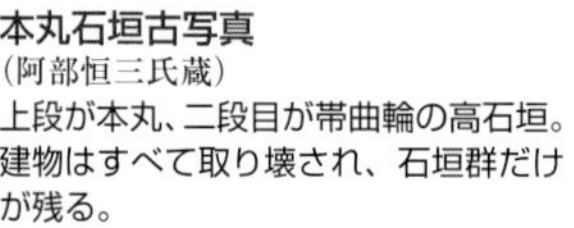

本丸石垣古写真
（阿部恒三氏蔵）
上段が本丸、二段目が帯曲輪の高石垣。建物はすべて取り壊され、石垣群だけが残る。

◎見どころ

●白河小峰城は盛岡城とともに東北きっての**石垣造りの城郭**であった。特に阿武隈川沿いの背面は帯曲輪と本丸の石垣が2段に重なり、また帯曲輪の石垣塁線には折が多用され、連続して横矢がかかるようになっている。さらに本丸の東にのびる丘陵北面には長大な石垣ラインが設けられている。**蛇尾の石垣**と呼ばれるもので、まるで万里の長城のようである。

本丸背面の石垣（写真／中井均）

白河小峰城空撮（白河市役所提供）

●**小峰城歴史館** Webサイト
所在地／白河市郭内1-73

●築城年／寛永4年（1627）　●築城主／丹羽長重　●所在地／福島県白河市郭内　●交　通／ＪＲ東北本線白河駅下車。徒歩10分

福島県

棚倉城

国史跡［2019］

茨城街道の要衝を抑える新城

丹羽長重が元和8年（1622）に5万石を以って棚倉に入封した。寛永2年（1625）に新たに築かれたのが棚倉城である。元和元年（1615）の武家諸法度以後の新規築城という極めて珍しい築城である。構造は平城で、長方形の本丸を取りかこむように二の丸が配置される輪郭式である。さらに二の丸の北から東側にかけて三の丸を配置した。本丸には二重櫓が4基構えられており、それぞれの櫓は多聞櫓で結ばれていた。慶応の戊辰戦争では板垣退助率いる官軍の攻撃を受け、1日で落城してしまった。

本丸土塁と水堀（棚倉町教育委員会提供）
本丸周囲には高さ約6.4ｍの土塁が巡っている。

棚倉城空撮（棚倉町教育委員会提供）
本丸内には本丸御殿、南北に桝形門のほか、4基の二重櫓が長屋で結ばれていた。

二の丸の石垣（棚倉町教育委員会提供）
土塁上に石垣が積まれた鉢巻石垣が見られる。

棚倉城本丸内古写真（棚倉町教育委員会蔵）
明治20年（1887）頃の撮影。

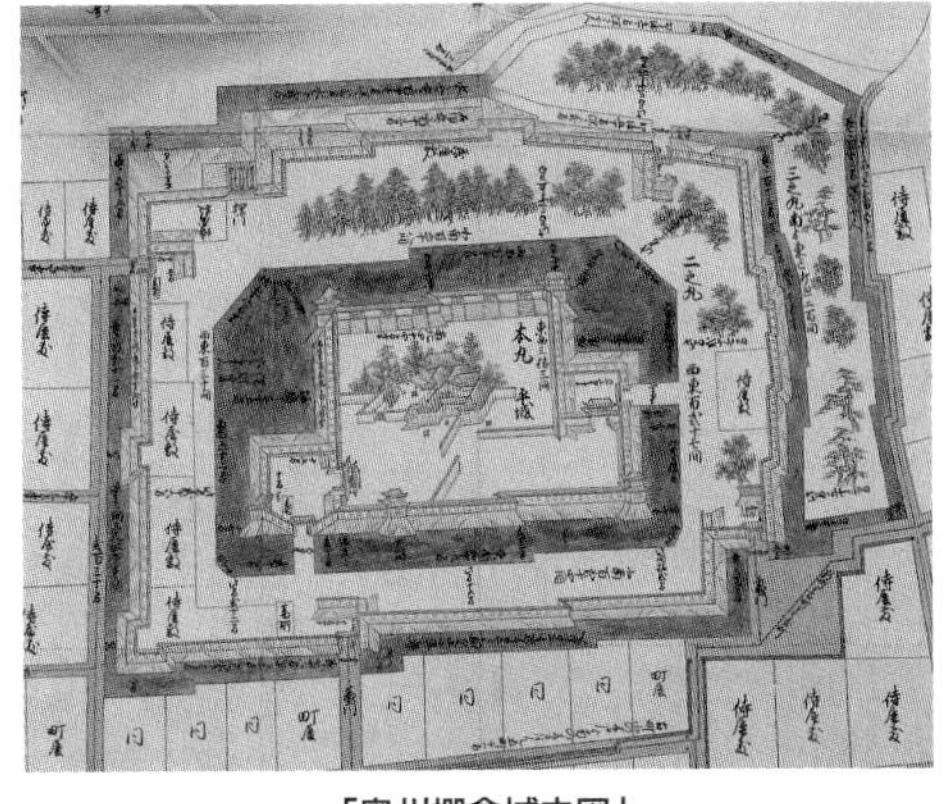

「奥州棚倉城之図」
（正保城絵図／国立公文書館内閣文庫蔵）

現存する二の丸南門（写真・石田多加幸）
棚倉城の城郭建築として唯一、長久寺の山門として現存する。

◎見どころ

●東北の城らしく普請の基本は土塁である。二の丸西面には約160メートルにわたり土塁上部に築かれた**鉢巻石垣**が残る。石材に玉石を用いた**野面積**である。近年の調査で石垣下部に硬質の石材が、上部に軟質の石材が使い分けられて積まれていることが判明した。

本丸土塁（棚倉町教育委員会提供）

●築城年／寛永2年（1625）　●築城主／丹羽長重　●所在地／福島県東白川郡棚倉町　●交　通／JR棚倉駅下車。徒歩約8分

福島県

市史跡［2001］

平城

奥州伊達政宗を牽制する押えの城

慶長5年（1600）の関ヶ原合戦で西軍に与した岩城氏は改易され、同7年に鳥居忠政が10万石で入封し、翌年より新たに築いたのが平城である。城は岩城氏の本城大舘城の位置する舌状台地の東端に位置し、本丸、水手曲輪、二の丸、大手曲輪、三の丸によって構えられている。本丸には御三階櫓など6棟の櫓と櫓門が配置されていた。明治維新後に城内の建物は全て破却され、本丸には民家が建てられていた。令和2年（2020）の発掘調査では本丸御殿跡が検出されている。

平城空撮（いわき市提供）
写真中央の小高い丘が平城。比高約20mの本丸にあった三階櫓は戊辰戦争で焼失した。城跡の整備が行われ、本丸跡は公園にするため整備中で、令和3年（2021）に公開する。

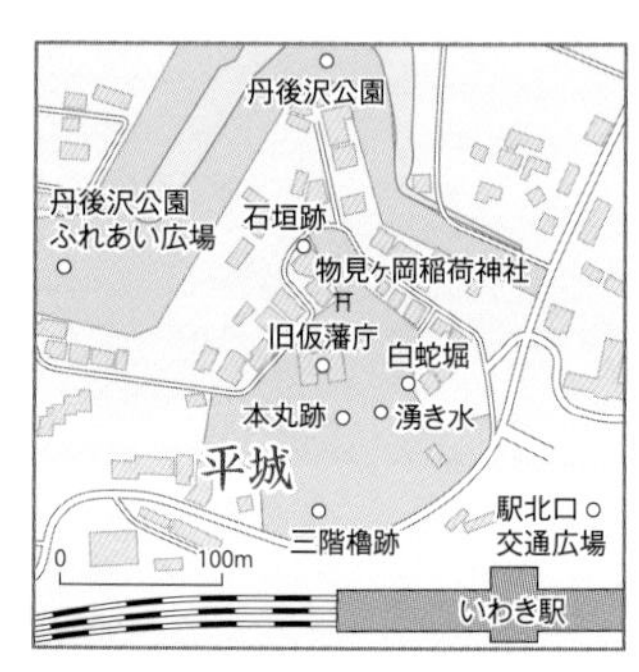

本丸水堀（写真／中井均）
平城本丸跡地は現在整備中のため見学はできない。

二の丸界隈（写真／中井均）
二の丸跡は個人所有に払い下げられているため、碑の立つ城跡への立ち入りはできないが、柵の外から見ることができる。

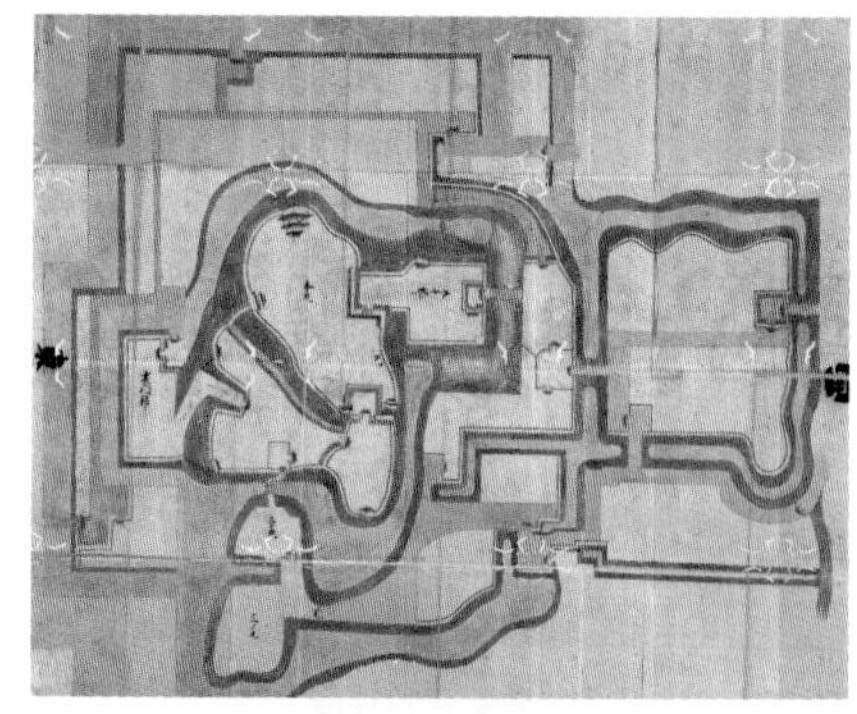

「奥州平城之図」
（『日本古城絵図』所収／国立国会図書館蔵）

◎見どころ

●明治以後徹底的に破壊され、城跡の遺構をほとんど残さない。唯一**塗師櫓の石垣**が残る。出隅部の石材は方形に切り出されたものであり、築石には粗割石を用いており、慶長8年（1603）の築城当初の石垣の可能性が高い。石垣上には二重櫓が建っていた。

塗師櫓石垣（写真／中井均）

丹後沢現況（写真／中井均）
平城の遺構は、石垣・土塁・水堀などが残っていて、一部は丹後沢公園となっている。

●築城年／慶長8年（1603）　●築城主／鳥居忠政　●所在地／福島県いわき市平字旧城跡　●交　通／JRいわき駅下車。徒歩8分

茨城県

水戸城

県史跡［1967］

徳川御三家、徳川水戸家の城

天正18年（1590）に秀吉の小田原攻めに参陣し、常陸領を安堵された佐竹義重、義宣父子は水戸城の江戸氏を追い払うと、自らの居城として大改修を施した。那珂川と千波湖に挟まれた洪積台地の先端に幾重にも堀切を設けて連郭式の縄張とした。慶長14年（1609）には徳川頼宣が入城し、御三家水戸家の居城となる。二の丸には櫓台をもたず、直接地面に建てられた三重五階の御三階櫓があった。櫓台がないため一階を著しく高くしたため、一重は内部が三階建てとなっていた。

復元された二の丸大手門（水戸市役所提供）
令和2年（2020）復元される。水戸城には本丸を挟んだ東西の二の丸に櫓門があったが、櫓門は建物の壁は全て漆喰でぬり込めない古式な形式であった。

二の丸大手門古写真（日本カメラ博物館蔵）
明治初期の撮影。

二の丸角櫓と続土塀（水戸市役所提供）
令和3年（2021）に復元された。

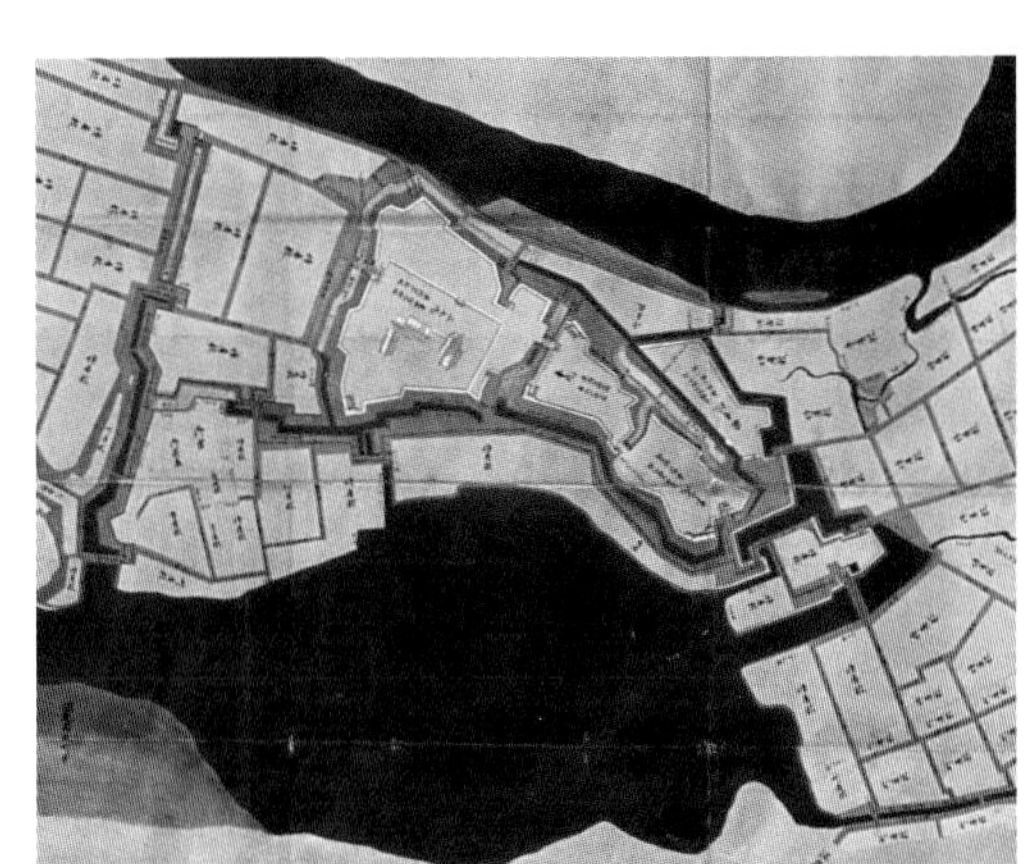

「常陸国水戸城絵図」
（正保城絵図／国立公文書館内閣文庫蔵）

◎見どころ

●水戸城の普請には石垣は一切用いられず、すべて土塁と空堀によって築かれていた。とりわけ曲輪を分離するために設けられた**空堀は規模壮大**で、石垣以上に迫力がある。

三の丸の土塁・空堀（写真／中井均）

水戸藩の藩校・弘道館の正門（国重文）（写真／松井久）
正門・正庁・至善堂が現存する（国重文）。

●**茨城県立歴史館** Webサイト
所在地／水戸市緑町2-1-15

●築城年／文禄2年（1593）●築城主／佐竹義宣　●所在地／茨城県水戸市三の丸　●交　通／ＪＲ常磐本線水戸駅下車。徒歩8分

茨城県

県史跡［1952］

土浦城

霞ヶ浦の自然地形を利用した水城

土浦城が近世城郭として体裁を整えるのは慶長5年（1600）に入封した松平信一による改修である。このとき外郭の西、北、南門が整備された。続く西尾忠永の段階で本丸の西、東櫓が造営され、大手門が櫓門に建て替えられた。その後貞享2年（1685）には松平信興による改修が行なわれたが、この改修は甲州流軍学によるものと伝えられる。その構造は回字形の輪郭式縄張であるが、塁線はいたるところで屏風折れとなり、外郭の虎口には馬出が設けられていた。

「御城絵図」
（土浦市立博物館蔵）

土浦城空撮（写真／土浦市立博物館提供）
土浦城の本丸・二の丸東・南部が亀城公園となっている。太鼓門（県重文）、高麗門（市重文）、本丸裏門、土塁・堀などが現存する。

本丸太鼓門古写真（土浦市立博物館蔵）
明治17年（1884）以前の撮影。

本丸西櫓（写真／中井均）
平成3年（1991）に復元された二重櫓。

太鼓門（写真／中井均）

◎見どころ

●現存する**太鼓門**は本丸の西面に配された大手門に相当する門である。櫓門としては珍しく四面に窓が配されている。県重文となっている。

本丸東櫓（写真／中井均）
平成10年（1998）に復元された二重櫓。

●**土浦市立博物館** Web サイト
所在地／土浦市中央 1-15-18

●築城年／慶長5年（1600）●築城主／松平信一 ●所在地／茨城県土浦市中央 ●交　通／ＪＲ常磐線土浦駅下車。バス亀城公園下車

茨城県

市史跡［1993］

笠間城

自然の断崖、谷を利用した山城

関東の名族宇都宮氏が慶長3年（1598）に改易されると蒲生秀行が宇都宮領主となり、笠間城には重臣蒲生郷成が配され、近世城郭に改修された。関ヶ原合戦後は譜代大名が入れ代わり城主となる。城の構造は中世城郭に天守曲輪部分のみを石垣によって築いたもので、その最上段には二重の天守が構えられていた。本丸の八幡台櫓は市内真浄寺に移築され現存している。茨城県指定文化財。

天守曲輪の石垣（笠間市役所提供）
笠間城は標高 182 m の佐白山に築かれた中世城郭を大改修した山城である。山頂部の天守曲輪付近は関東地方には珍しく石垣を設けている。

八幡台櫓（写真／中井均）
かつて笠間城本丸に建っていた櫓だが、明治13年（1880）に市内の真浄寺に払い下げられ、七面堂として移築、現存する（県重文）。

「常陸国笠間之城絵図」
（正保城絵図／国立公文書館内閣文庫蔵）

天守曲輪までの石段
（笠間市教育委員会提供）
本丸のさらに奥にある天守曲輪には天守台が残されている。

◉見どころ

●天守台に建つ佐志能神社の拝殿部材にはホゾ穴や塞がれた窓などが認められる。また内部は平屋であるにもかかわらず、柱が多く用いられ二階の建物であったことを示している。おそらく**笠間城の天守**をそのまま明治初年に改築したものと思われる。

佐志能神社拝殿（写真／中井均）

●**かさま歴史交流館井筒屋** Web サイト
所在地／笠間市笠間 987

●築城年／慶長３年（1598）●築城主／蒲生郷成 ●所在地／茨城県笠間市佐白山 ●交通／ＪＲ水戸線笠間駅下車。徒歩 30 分

宇都宮城

将軍御座所がある徳川譜代の城

関東7名城のひとつである宇都宮城は、戦国大名宇都宮氏の居城であったが、宇都宮氏は突如豊臣秀吉により改易されてしまう。慶長3年（1619）には蒲生秀行が入れ置かれ、さらに元和5年（1619）には本多正純が入れ置かれ、このときに近世城郭として大改修された。その構造は本丸を二の丸が囲い込み、その北・西・南外側にも曲輪が配置された。北端の曲輪には丸馬出が構えられていた。各曲輪は土塁によって構えられ、曲輪間には水堀が巡らされていた。天守は設けられず、本丸には清明台、富士見櫓など5基の二重櫓が配されていた。

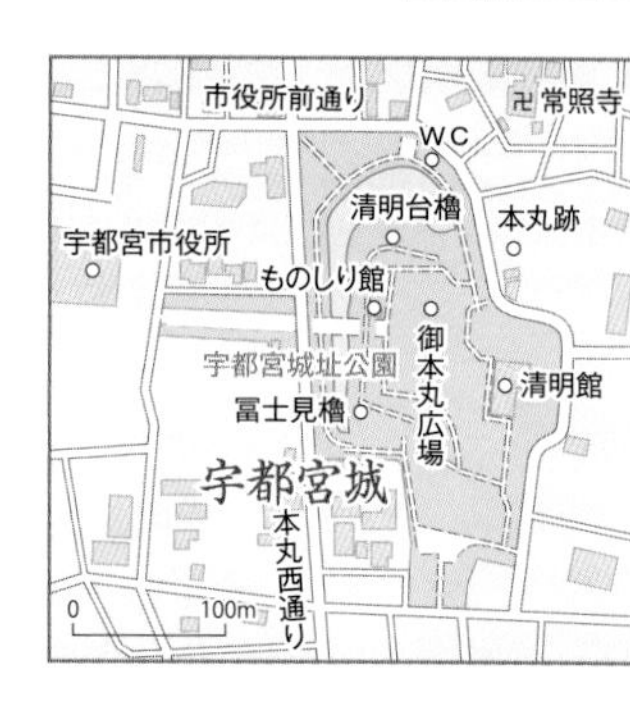

「宇都宮御城内外絵図」（宇都宮市教育委員会蔵）

復元された本丸富士見櫓（宇都宮市教育委員会提供）
平成19年（2007）に復元された。左奥に清明台（二重櫓）がある。

復元された本丸北西面（宇都宮市教育委員会提供）
城跡は市街地の中心に位置するため、一部土塁が本丸跡に残存するのみであった。しかし、市民を中心に復元される活動が高まり、平成19年（2007）に本丸土塁、堀と清明台、富士見櫓とそれを結ぶ土塀の復元が完成した。

◎見どころ

●戊辰戦争では争奪戦も繰り広げられ、二の丸御殿などが焼失している。また、明治以降徹底的に破壊されてしまい、城としての痕跡はまったく残されていない。平成19年（2007）に**土塁**から復元し、**清明台**と呼ばれる二重櫓と**富士見櫓**が木造で復元されている。また、絵図に描かれた本丸の屏風折塀も復元されている。

清明台（宇都宮市教育委員会提供）

本丸内古写真（石井敏夫氏蔵）
昭和30年（1955）頃の撮影。

●**栃木県立博物館** Webサイト
所在地／宇都宮市睦町2-2

●築城年／元和5年（1619）　●築城主／本多正純　●所在地／栃木県宇都宮市本丸町　●交　通／JR東北本線宇都宮駅下車。徒歩約20分

高崎城

市史跡［1981］・県重文

譜代の有力大名が城主となった城

高崎城は中世の和田城跡を利用して慶長3年（1598）に井伊直政によって築城された。烏川を背面に控えた後堅固の構えとし、その構造は本丸の前面に二の丸を、さらにその外側に三の丸を配置する梯郭式の縄張となる。本丸の西辺土塁上には天守の代用として御三階櫓が、4隅には二重櫓が配されていた。こうした構造は関東の譜代大名の城の特徴である。なお、発掘調査によって二の丸堀内に障壁として堀障子の設けられていたことが確認されており注目される。

旧本丸乾櫓（県重文）と旧三の丸東門（市重文）（高崎市役所提供）
現在城跡は本丸・二の丸はすべて失われ、三の丸の土塁・堀がわずかに残っている。旧大手門付近に旧本丸乾櫓と旧三の丸東門が移築復元されている。

明治初年撮影の本丸御三階櫓（深井正昭氏蔵／高崎市役所提供）
天守代用の三重櫓。明治期に取り壊された。

昭和前期の三の丸（高崎市教育委員会蔵）
昭和20年（1945）まで城内は兵営として使用された。

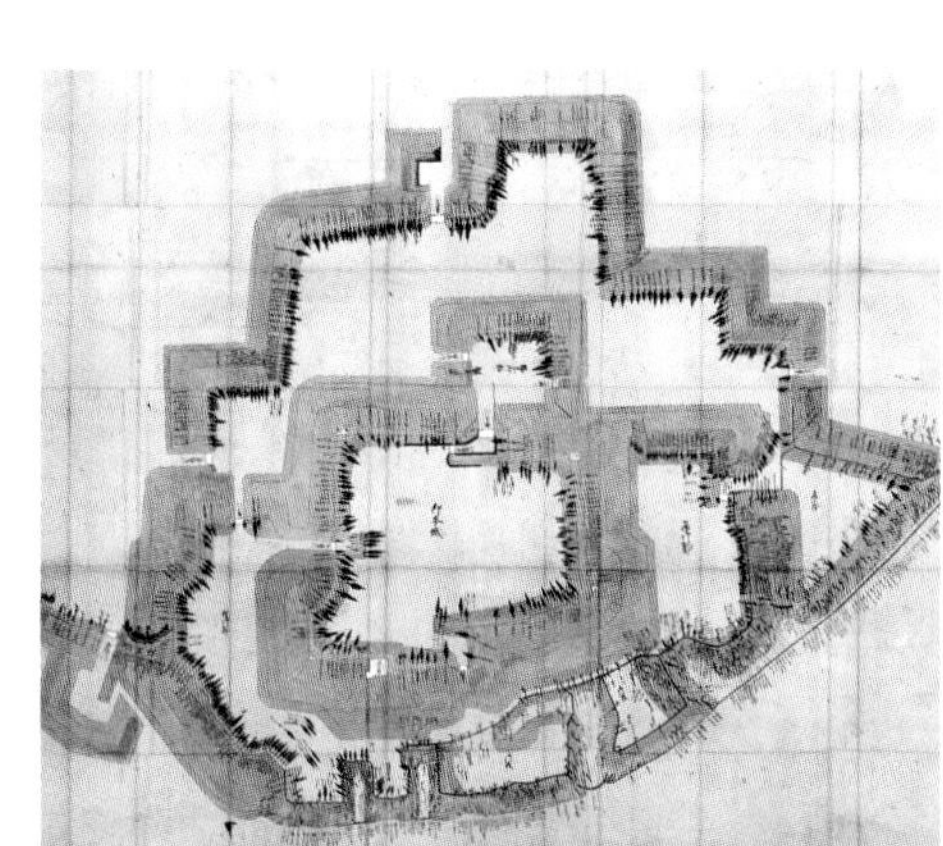

「文化十四年十一月　御城御土居通御植物木尺附絵図」
（高崎市教育委員会蔵）

◎見どころ

●本丸、二の丸は完全に市街地と化しており、何ら遺構を残さないが、三の丸南面には**土塁**が残る。その高さは5メートルにもおよぶもので石垣に決して劣るものではない。また三の丸東面には塁線を突出させた**横矢桝形**も残されている。

三の丸の土塁（写真／中井均）

旧本丸乾櫓（高崎市役所提供）

●**群馬県立歴史博物館** Webサイト
所在地／高崎市綿貫町992-1

●築城年／慶長3年（1598）　●築城主／井伊直政　●所在地／群馬県高崎市高松町　●交　通／ＪＲ高崎線高崎駅下車。徒歩10分

埼玉県

川越城 県史跡［1925］

江戸の背後を守る幕閣重鎮の城

天正18年（1590）の徳川家康関東移封に伴い、家康は重臣酒井重忠を川越城に配した。以後江戸城防衛の拠点として譜代大名が配置された。寛永16年（1639）に城主となった松平信綱によって近世城郭へと大改修が施された。その基本構造は土塁と水堀になっていた。特に西大手と南大手には丸馬出が設けられ、本丸背後の新曲輪の塁線は屏風折れが連続して構えられていた。天守は設けられず、本丸南西隅に三重三階の富士見櫓がそびえていた。

本丸御殿（写真／松井久）
嘉永年間（1848～54）に再建された御殿の玄関･大広間（県有形文化財）、家老詰所（移築）が現存する。関東地方では唯一の御殿遺構である。

本丸御殿古写真
（岡村久敬氏蔵）
明治３年（1870）、城内の建物は払い下げ取り壊しとなるが、本丸御殿のみ破却を免れた。

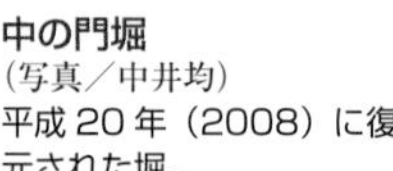

中の門堀
（写真／中井均）
平成20年（2008）に復元された堀。

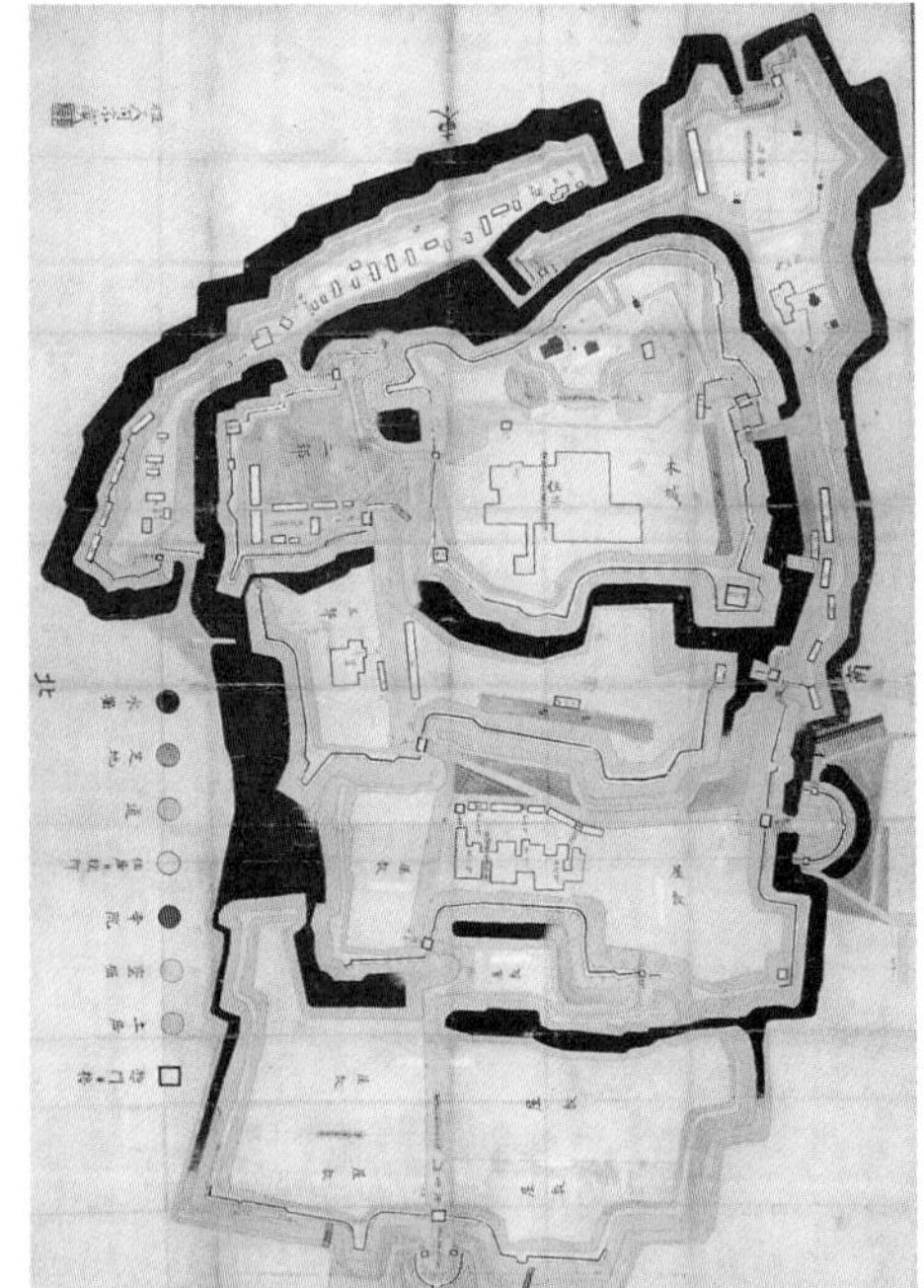

「川越城図」
（川越市立中央図書館蔵・川越市立博物館提供）

◎見どころ

●川越城跡はほとんど痕跡を残していないが、唯一**富士見櫓の櫓台**が残されている。本丸の南西隅部に突出して設けられた櫓台で、周囲に土塀を巡らせ、その中に三重三階の櫓が構えられていた。

富士見櫓台跡（写真／中井均）

●**川越歴史博物館** Webサイト
所在地／川越市久保町11-8

●築城年／寛永16年（1639）　●築城主／松平信綱　●所在地／埼玉県川越市郭町　●交　通／東武鉄道東上線川越駅、ＪＲ川越線川越駅下車。バス博物館下車

埼玉県

岩槻城

県史跡〔1925〕

広大な沼を天然の水堀とした城

太田道灌によって築かれた岩槻城は、戦国時代後北条氏一門の城となる。徳川家康の関東移封にともない江戸城の支城として代々譜代大名が配された。岩槻城が構えられた台地の周囲は沼地となっており、浮城と称された。その縄張は梯郭式で、各曲輪間は深くて幅の広い空堀によって隔てられていた。城下と結ぶ唯一の虎口となる大手口の前面には巨大な丸馬出が構えられていた。

城内現況（写真／中田眞澄）
城跡の一部は岩槻公園となり、裏門や黒門が移築されている。
写真は沼地を利用した池に架かるハツ橋付近。

黒門（さいたま市役所提供）
藩主居宅の長屋門といわれる。昭和45年（1970）に岩槻公園の現在地に移築された。

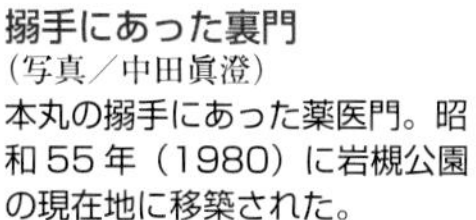

搦手にあった裏門
（写真／中田眞澄）
本丸の搦手にあった薬医門。昭和55年（1980）に岩槻公園の現在地に移築された。

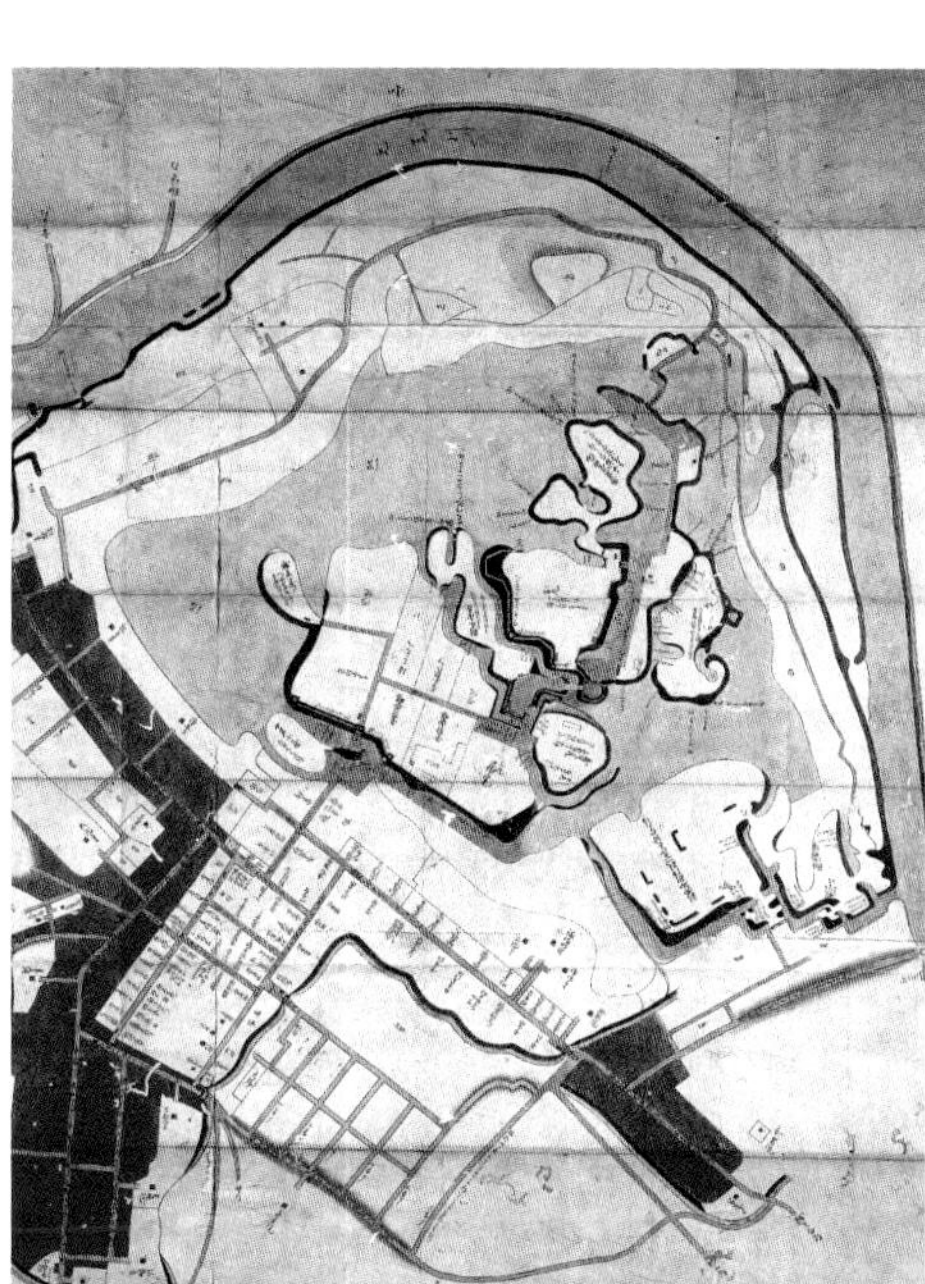

「岩槻城惣絵図」
（大田正孝氏蔵・さいたま市立博物館提供）

◎見どころ

●中心部は市街地となりほとんど遺構を残さないが、広大な水堀の外郭に構えられた**新曲輪と鍛冶曲輪の土塁と空堀**が残る。折れの付く深い空堀は遊歩道となっている。

新曲輪空堀（さいたま市役所提供）

●**岩槻郷土資料館** Webサイト
所在地／さいたま市岩槻区本町2-2-34

●築城年／長禄元年（1457）●築城主／太田道真・道灌 ●所在地／埼玉県さいたま市岩槻区太田 ●交　通／東武野田線岩槻駅下車。徒歩15分

千葉県

佐倉城

市史跡［1962］

土造りで築かれた徳川譜代の城

佐倉には千葉惣領家の本城が構えられていた。この千葉氏の城は本佐倉城と呼ばれている。現在の佐倉城の地に最初に城が築かれたのは慶長15年（1610）に封じられた土井利勝によるものである。江戸時代は譜代大名の居城となるが城主は目まぐるしく入れ替わっている。その構造は鹿島川と高崎川に挟まれた台地先端に本丸を置き、北方に二の丸、さらに総曲輪を配し、東方の台地続きに三の丸を配したL字状の縄張となる。それぞれの曲輪間には深くて広い空堀が巡らされ、二の丸椎木門の前面には巨大な角馬出が構えられていた。また本丸の北西には関東では珍しく天守が設けられていた。

佐倉城空撮（佐倉市教育委員会提供）
城跡の主要部は佐倉城趾公園となり、椎木曲輪は国立歴史民俗博物館敷地となっている。本丸をはじめ主要部の土塁や空堀は現存している。

復元された馬出の空堀（写真／石田多加幸）
椎木門の北側（外）に構えられていた長辺約 121 m、短辺約 40 m の方形の馬出。

大手門古写真（菅谷義範氏蔵）
明治3年（1870）頃の撮影。三の丸の東に構えられていた門。

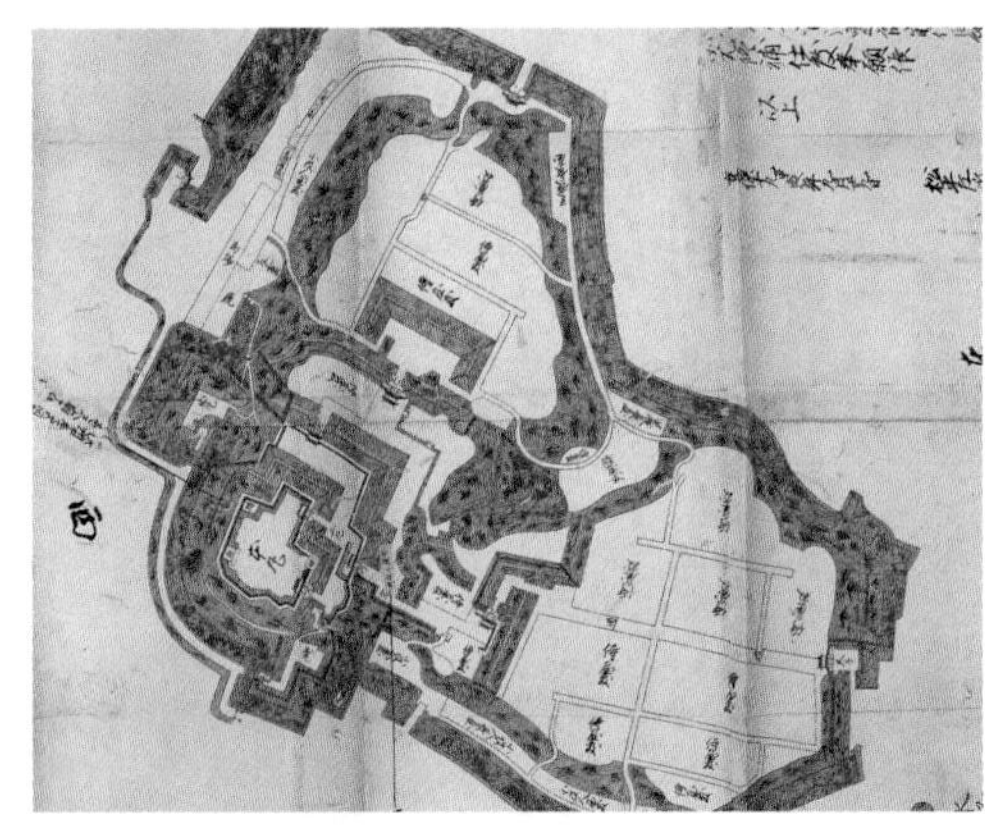

「下総国佐倉城図」享保十九年（1734）
（西尾市教育委員会蔵）

◎見どころ

●本丸以下の主要曲輪は鹿島台地上に構えられているが、本丸の背面は防御を強固なものとするために、台地直下に台地を囲い込むように**水堀**が巡らされている。水堀は自然地形に沿って掘られているが、本丸の南西下と北西下の2ヶ所には**出丸**と呼ばれる方形に突出した**出桝（横矢桝形）**が構えられている。これによって本丸背後からの敵に対して**横矢**がかかるようになっている。いずれもほぼ完全に残されており必見の遺構である。

本丸直下の水堀（写真／中井均）

●**国立歴史民俗博物館** Web サイト
所在地／佐倉市城内町 117

●築城年／慶長 16 年（1611）　●築城主／土井利勝　●所在地／千葉県佐倉市城内町　●交　通／ＪＲ総武本線佐倉駅下車。徒歩 25 分

東京都

江戸城

国特別史跡［1963］・国重文

日本最大規模の城であった天下城

天正18年（1590）の関東移封にともない徳川家康が居城としたのが江戸城である。しかしこの段階で家康は戦国時代の江戸城をほとんど改修しなかったようである。江戸城が近世城郭として整備されるのは家康が征夷大将軍となった慶長8年（1603）から実施された改修によってである。それまでの土造りの城が、この段階で将軍の城として石造りの城へと改修されたのであるが、その普請は西国の外様大名28家を助役として動員した天下普請によるものであった。続く2代将軍秀忠は江戸城北部に神田川を通し、内桜田門より清水門をはじめ内郭の諸門を整備した。さらに3代将軍家光は惣構えを完成させている。天守は家康によって建てられたが、秀忠はこれを取り壊して新たな天守を造営し、家光は父の建てた天守を解体して新たな天守を竣工させるなど、将軍の代替わりごとに造営されている。

本丸富士見櫓（写真／中田眞澄）
明暦3年（1657）の江戸大火によって天守が焼失後、その代用ともなった櫓。関東大震災で倒壊破損したが復元された。

本丸北桔橋門（写真／中田眞澄）
西方から見た北桔橋門の高石垣。高麗門と土塀が復元されている。

三の丸巽櫓（写真／中田眞澄）
全国でも最大級の二重櫓。桜田巽櫓とも称される。関東大震災で倒壊破損したが復元された。

◉見どころ

●明暦3年（1657）の江戸大火により家光の造営した日本最大の天守は焼失してしまった。この火災で天守台の石垣も焼け爛れてしまう。このため直ちに天守台石垣の修理が開始された。工事を担当したのは加賀の前田家で、焼失前には高さ7間であったものが6間に縮小されて再建された。しかしその上に天守は再建されることはなかった。**巨大な切石を用いた天守台**は圧巻。本丸は見学可能であり、この天守台は江戸城見学では必見である。

天守台石垣（写真／中田眞澄）

●江戸東京博物館 Webサイト
所在地／墨田区横網1-4-1

●築城年／慶長8年（1603）●築城主／徳川家康 ●所在地／東京都千代田区千代田ほか ●交　通／JR東海道本線東京駅下車。徒歩5分

北の丸
北桔橋門
天守台
本丸
汐見坂門
平川門
二の丸
大番所
下乗門
御書院門
百人番所
中の門
三の丸
大手門
桔梗門

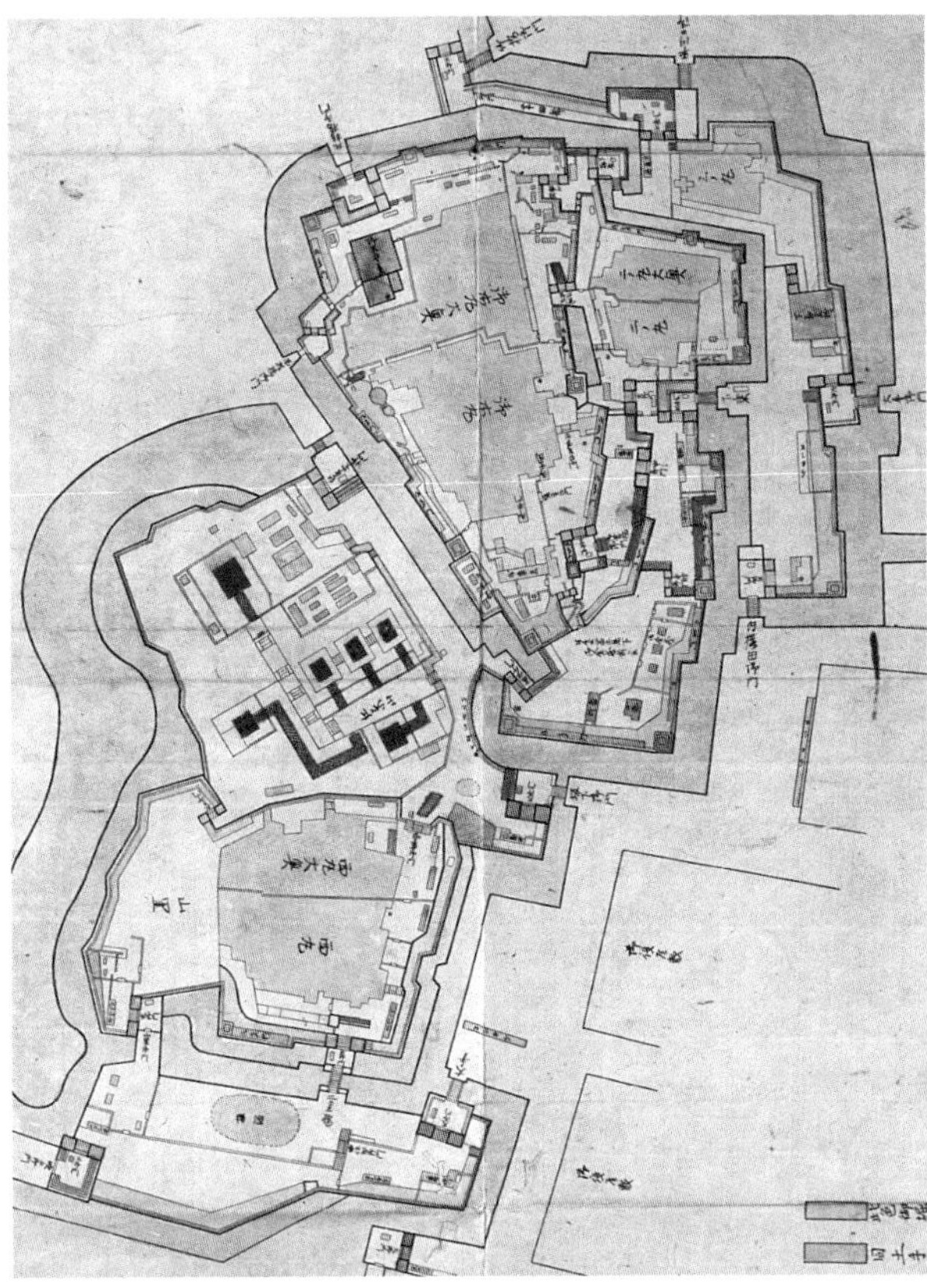

「江戸御城之絵図」
(東京都立中央図書館蔵特別文庫「東京誌料」)

18世紀初期の城内を描いた図と推定される。本丸、二の丸、三の丸、西の丸、紅葉山など、吹上の御庭を除く江戸城内のほぼ全域を描いた絵図。本丸・二の丸・西の丸御殿は、黄色(表・中奥)とピンク(大奥)に色分けされている。

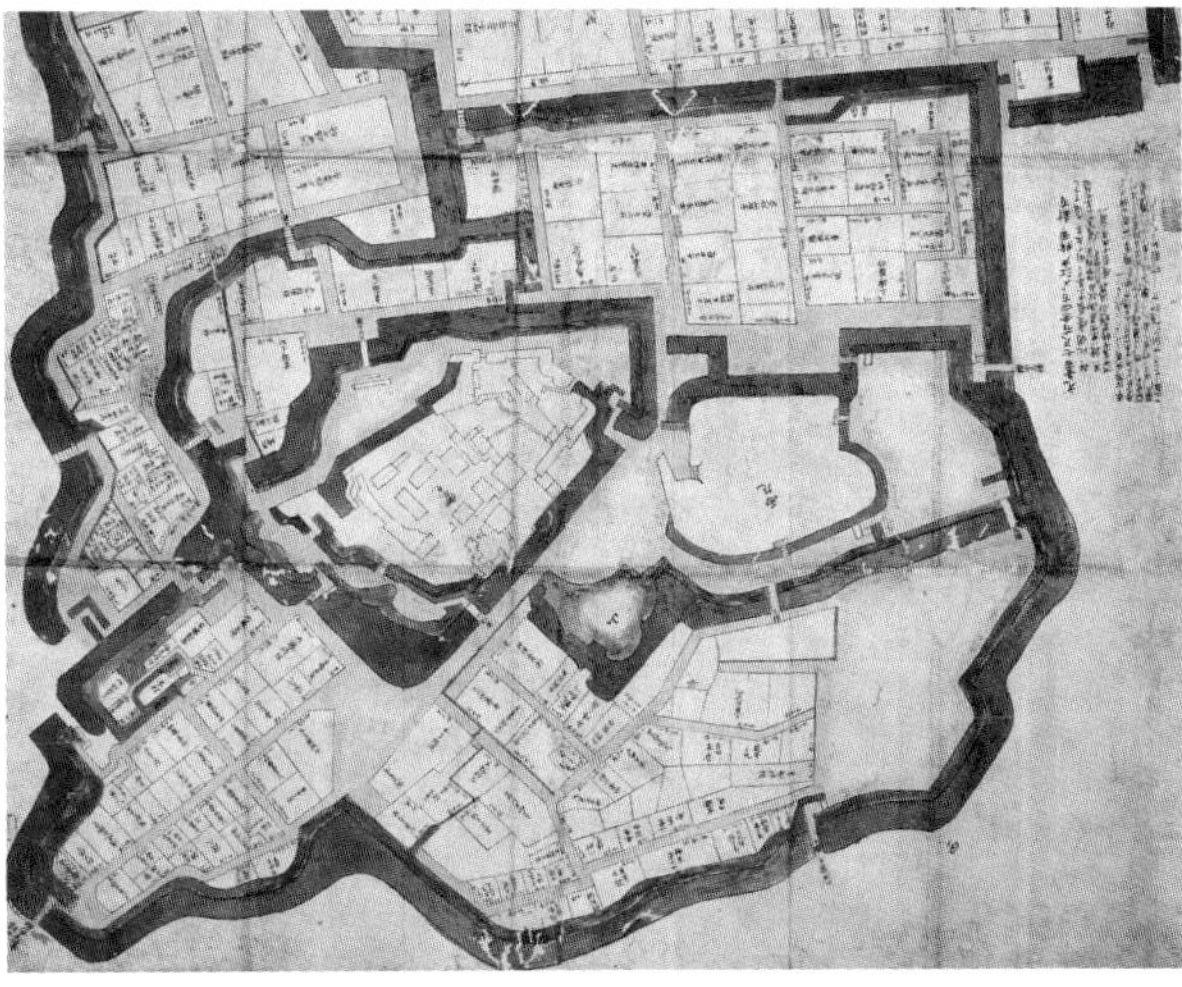

「慶長江戸絵図」 慶長十三年(1608)
(東京都立中央図書館蔵特別文庫「東京誌料」)

中枢部を望む(写真/中田眞澄)
右やや左方に大手門。大手門を通り過ぎると、右には二の丸御殿があった二の丸。左には三の丸がある。本丸方向に進むと下乗門の石垣が見える。下乗門の石垣を通り過ぎると、左に百人番所、その右奥に中の門の石垣が見える。中の門を過ぎると御書院門跡を通り、本丸、そして巨大な天守台を見ることができる。

大手門桝形空撮（写真／中田眞澄）
江戸城の正門。門は桝形構えで、桝形の外の門は二の門（高麗門）、内の門は一の門（櫓門）。城門を内外二重に構え、防備としている。

大手門（写真／中田眞澄）
江戸城の正門。三の丸に位置する桝形門。関東大震災や戦災で倒壊破損したが昭和 38 年（1963）に復元された。櫓門は 22 間× 4.2 間。

外桜田門桝形空撮（写真／中田眞澄）
桝形の北面（左上）は土塀を回さずに開放して水堀越しの的場曲輪からも攻め手に攻撃できるようにしてある。

外桜田門（国重文）（写真／中田眞澄）
西の丸下から突出した門で寛文 3 年（1663）建造の門。櫓門は大手門よりやや小規模で 19 間× 4 間。

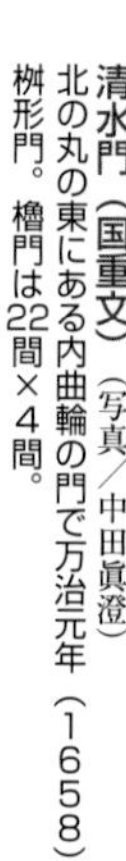

清水門（国重文）（写真／中田眞澄）
北の丸の東にある内曲輪の門で万治元年（1658）建造の桝形門。櫓門は22間×4間。

伏見櫓
多聞櫓

西の丸伏見櫓（写真／中田眞澄）
西の丸の西南にある櫓で、関東大震災で倒壊破損したが、付属する多聞櫓とともに解体・復元された。伏見櫓は５間×６間の二重櫓で、規模的には江戸城の櫓ではさほど大きくない。

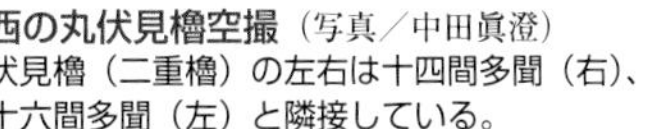
西の丸伏見櫓空撮（写真／中田眞澄）
伏見櫓（二重櫓）の左右は十四間多聞（右）、十六間多聞（左）と隣接している。

半蔵門桝形空撮（写真／中田眞澄）
吹上の西方の桝形門で、現在は桝形の高麗門のみが残る。

田安門（国重文）（写真／中田眞澄）
北の丸にある桝形門で、寛永１３年（1636）建造の門。櫓門は１９間×４間。

国史跡【1938】

小田原城

北条5代の関東支配の中心拠点の城

関東の雄、後北条氏2代氏綱により後北条氏の本城となったのが小田原城である。後北条氏時代の小田原城は現在の小田原城の西方にある八幡山古郭周辺が中心部であった。さらに天正年間(1573~92)には城下町を囲い込む総延長9キロメートルにおよぶ惣構が構えられた。天正18年(1590)に後北条氏が滅ぶと、関東には徳川家康が移封され、小田原城には大久保忠世、忠隣が入れ置かれた。この段階で小田原城は石垣を用いた近世城郭へと改修されるが、忠隣が改易されると一時期廃城となり破壊されてしまう。寛永9年(1632)に稲葉正勝が新たに小田原城主となると本格的な改修工事が実施される。この改修で城域は旧三の丸内に縮小され本丸、二の丸、南曲輪が配置された。規模は縮小されたがこれらの曲輪はすべて石垣によって築かれた。

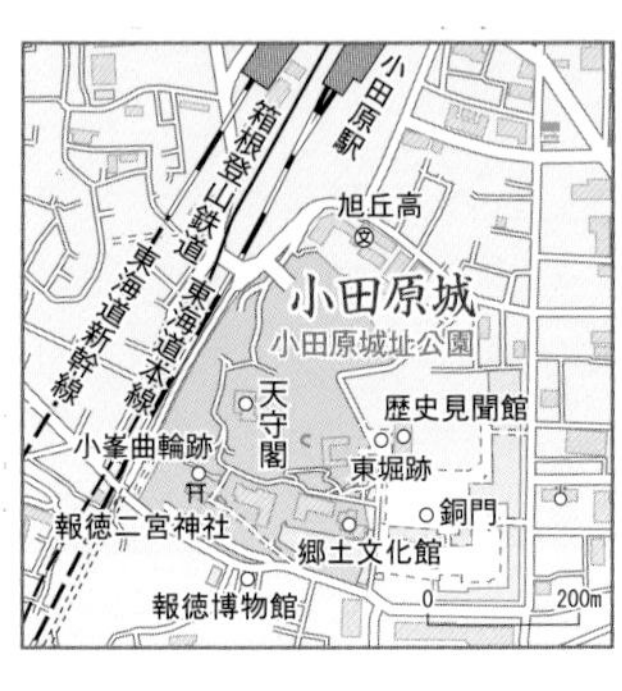

小田原城天守（小田原城天守閣提供）
宝永3年（1706）に再建された天守の雛型と伝えられる模型や絵図を参考に昭和35年（1960）に外観復興された天守。三重天守であるが規模は非常に大きい。

二の丸平櫓（小田原市役所提供）
櫓は関東大震災で倒壊破却したが昭和9年（1934）に復興した。

二の丸馬出門（小田原市役所提供）
小田原城の大手筋に位置し、二の丸を守る重要な門であった。関東大震災で倒壊破却したが平成21年（2009）に復元された。

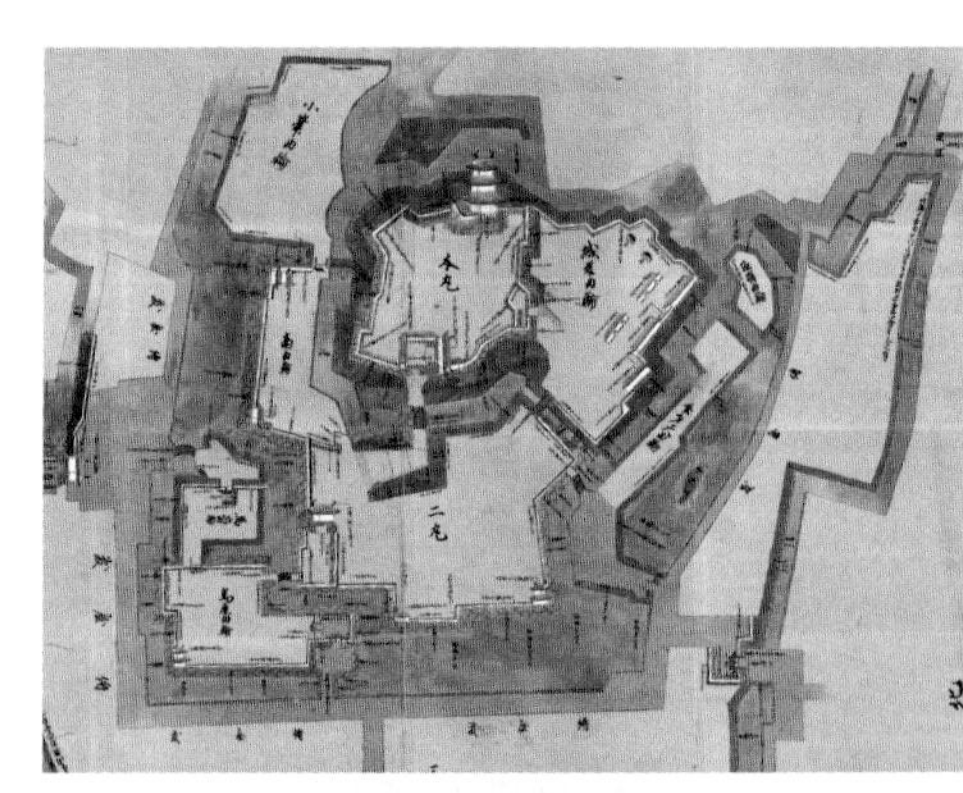

「相州小田原城図」
（『日本古城絵図』所収／国立国会図書館蔵）

小峰御鐘ノ台大堀切東堀（小田原市役所提供）

◎見どころ

●小田原城は後北条氏によって築かれた戦国時代の城郭遺構と、近世城郭遺構が同居する極めて珍しい事例である。特に後北条氏時代の遺構が八幡山に点々と残されている。なかでも**小峰御鐘ノ台に残る大堀切**は八幡山を切断する巨大なものである。この西方を遮断する堀切は稲荷森惣構堀にも良好に残されている。一方、平地部では江戸口見附付近に**蓮上院土塁**が、早川口には二重戸張と呼ばれる**二重土塁**が残されている。

●築城年／寛永9年（1632）●築城主／稲葉正勝　●所在地／神奈川県小田原市城内
●交　通／JR東海道本線小田原駅下車。徒歩15分

小田原城空撮（小田原城天守閣提供）
やや右寄りに三重天守が見え、本丸の常盤木門、二の丸の銅門、馬出曲輪の馬出門などが要所を押さえる。これらが近世小田原城としての縄張であり、天守の後方に中世小田原城の中核であった八幡山古郭が広がる。

二の丸銅門桝形（小田原市役所提供）
門は明治５年（1872）に取り壊されたが、平成９年（1997）に旧来の原材、工法で復元された。

二の丸銅門古写真（メトロポリタン美術館蔵）
明治３年（1870）頃の撮影。右の一の門（高麗門）の屋根には、左手の桝形内門（櫓門）から連なる土塀の一部が残っている。

●**小田原城天守閣** Web サイト
所在地／小田原市城内 6-1

新潟県

国重文

新発田城

三方の湿地帯を利用した平城

慶長3年（1598）に越後の太守となった堀秀治の与力であった溝口秀勝によって築かれた。その後移封もなく、新発田城は溝口氏12代の居城となった。城の構造は、菱形の本丸を二の丸と古丸が取り囲み、二の丸南方に三の丸が取り付く輪郭式と連郭式を合体させた縄張となる。本丸西端の天守に相当する三階櫓は明治5年（1872）に解体されたが、その最上層の屋根はT字型の入母屋となり、大棟には3尾の鯱が載るきわめて特異な構造の櫓であった。平成16年（2004）に古写真をもとにこの三階櫓は木造によって再建された。

旧二の丸隅櫓（国重文）（新発田市教育委員会提供）
現存する唯一の櫓。もともとは二の丸にあったが、昭和35年（1960）に現在建つ本丸鉄砲櫓跡に移築された。

本丸表門と辰巳櫓古写真（新発田市教育委員会蔵）
明治初期の撮影。写真左に本丸表門。櫓門の規模は3間×9間。右奥に辰巳櫓。櫓の規模は5.5間×4.5間。

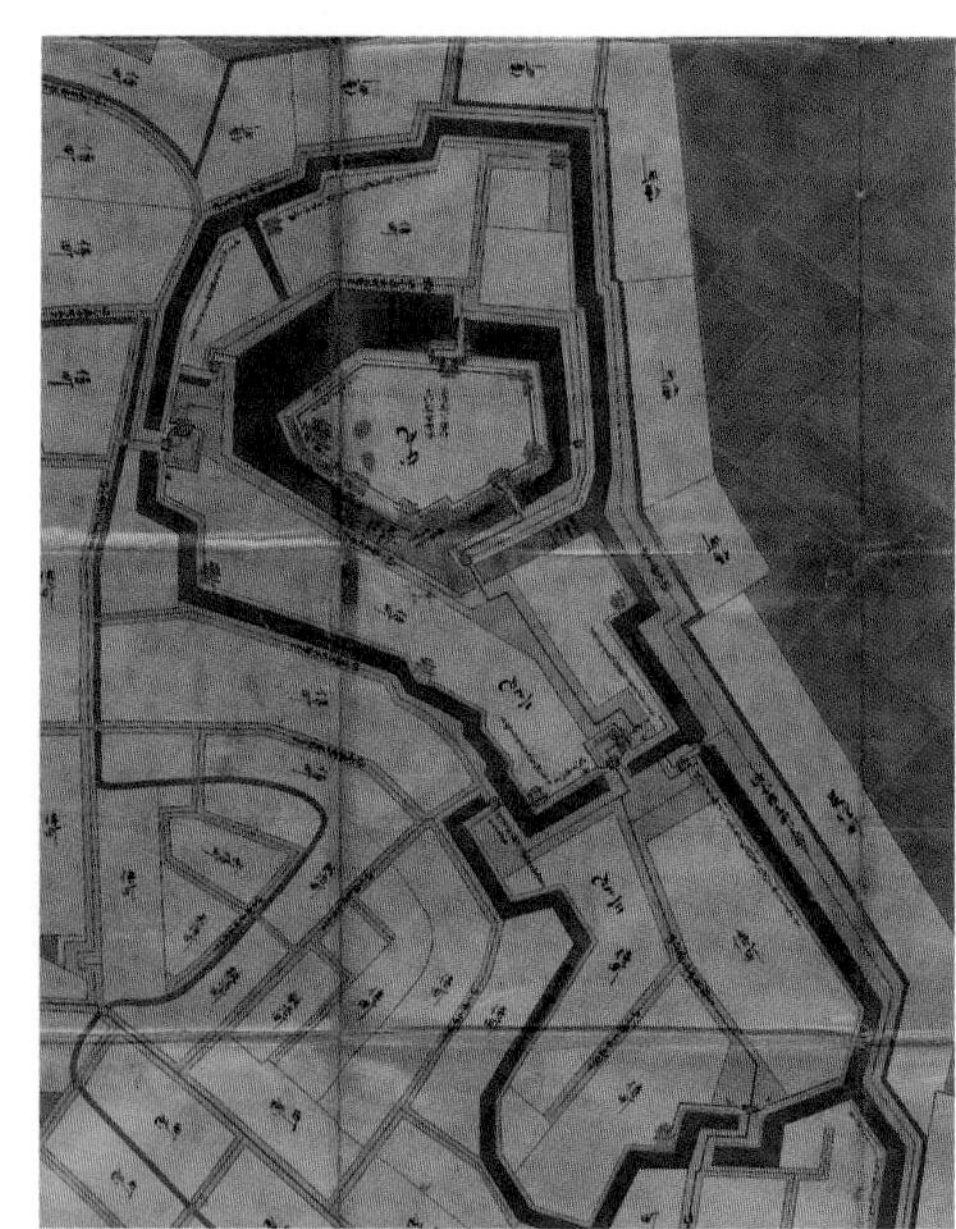

「越後国新発田之城絵図」
（正保城絵図／国立公文書館蔵）

新発田城空撮（写真／中田眞澄）
写真右に見えるのは本丸表門と辰巳櫓。本丸表門（国重文）の左側に旧二の丸隅櫓（国重文）、さらに左に御三階櫓が見える。

●築城年／慶長3年（1598）　●築城主／溝口秀勝　●所在地／新潟県新発田市大手町
●交　通／ＪＲ羽越本線新発田駅下車。徒歩20分

御三階櫓（新発田市教育委員会提供）
新発田城内で最大の櫓。櫓の規模は6間×5.5間。延宝7年（1679）に本丸西櫓を2階から3階に改造し三階櫓と称して天守代用の櫓とした。平成16年（2004）に復元された。

辰巳櫓（新発田市教育委員会提供）
辰巳櫓は平成16年（2004）に復元された。

現存する本丸表門（国重文）と復元された辰巳櫓
（新発田市教育委員会提供）

◎見どころ

●現存する**本丸表門**は梁間3間、桁行9間の規模の櫓門で、享保17年（1732）に造営されたものである。櫓門は石垣塁線から1間ほど控えて建てられており、両側の土塀より合横矢がかかるようになっていた。また、櫓門の前面には**石落**が設けられており、本丸虎口に押し寄せた敵に対して頭上より攻撃できるようになっていた。櫓門は内部見学が可能であり、この石落を見ることができる。

本丸表門（国重文）
（写真／中井均）

●**新発田市立歴史図書館** Webサイト
所在地／新発田市中央町4-11-27

新潟県

高田城

県史跡［1954］

天下普請によって築かれた城

慶長5年（1600）、堀秀治は居城を春日山より福島へ移す。秀治の子忠俊が改易されると越後には徳川家康の6男忠輝が入封する。当初福島に入城するが、慶長19年（1614）に新たに居城として築いたのが高田城である。築城は13大名が助役として動員された天下普請で、わずか4ヶ月で完成した。その特徴はなんといっても縄張のすべてを土塁によって築いた点である。さらに平野に築かれた弱点を克服するため、広大な水堀を巡らせていた。

上越教育大附小
上越総合技術高
城東中
上越市立歴史博物館
上越教育大附中
小林古径記念美術館
三重櫓
本丸跡
高田局
本丸番所跡
榊神社
高田城址公園
WC
高田城
野球場
0　250m

三重櫓（写真／石田多加幸）
平成5年（1993）に復元された。

高田城空撮（写真／中田眞澄）
本丸の一部・二の丸・三の丸の主要部が高田公園になっている。

極楽橋（高田市役所提供）
二の丸と本丸をむすぶ橋で、平成14年（2002）に復元された。

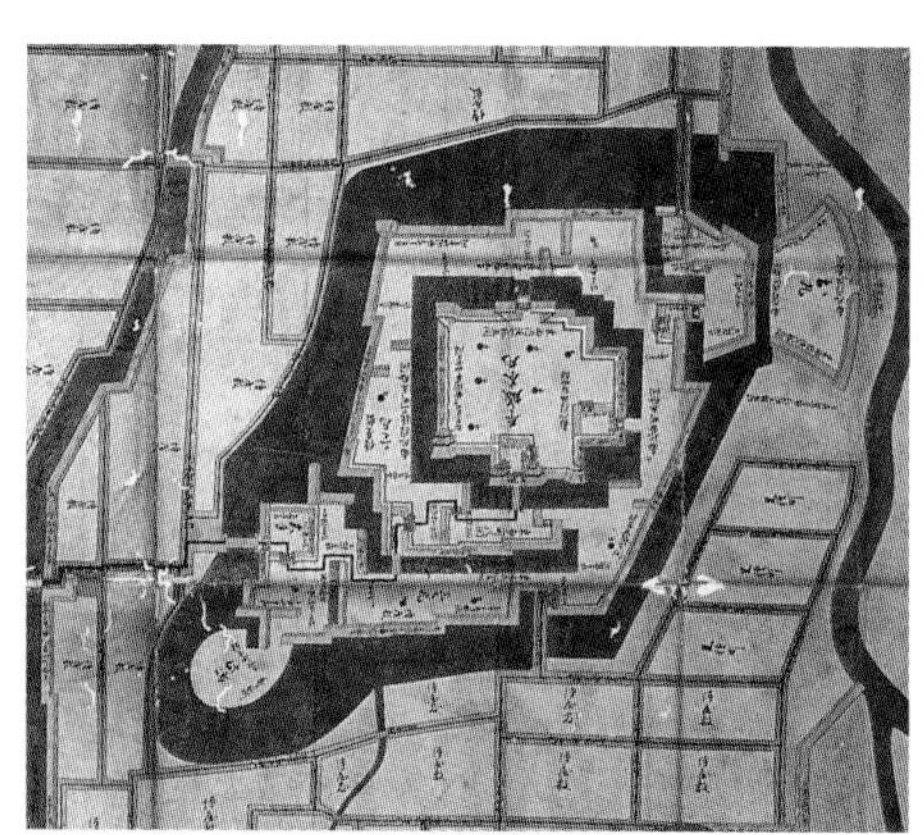

「高田城下絵図」
（上越市立高田図書館蔵）

水堀（写真／松井久）

◎見どころ

●丘陵を利用した場合、高低差によって防御力を高めることができるが平城ではそれができない。このため**深くて広い水堀**を築いた。高田城でも池と見紛う広大な水堀が残されている。

高田城古写真（個人蔵）
明治後期の撮影。

●**上越市立歴史博物館** Web サイト
所在地／上越市本城町 7-7

●築城年／慶長 19 年（1614）●築城主／松平忠輝　●所在地／新潟県上越市本城町　●交　通／ＪＲ信越本線線高田駅下車。バス高田公園入口下車

新潟県

村上城

国史跡［1994］

山頂に三重天守が聳えた近世城郭

慶長3年（1598）の上杉氏の会津転封に伴い村上勝頼が入城し、石垣による改修が施され、近世城郭として整備される。以後も堀直寄が山麓の惣構を整備し、松平直矩による修築が施されて現状の構造となった。その構造は山城部と山麓部に分かれる。山城は本丸、二の丸、三の丸からなるが非常に狭小である。西山麓には三重の水堀によって居館と武家屋敷が配置されているが、まるで山麓部に別の城郭が築かれているような構造となっている。

城跡遠望（村上市教育委員会提供）
標高 135 m の臥牛山上に本丸・二の丸・三の丸が築かれている。

御鐘門跡の石垣（村上市教育委員会提供）

天守台の石垣（写真／中井均）

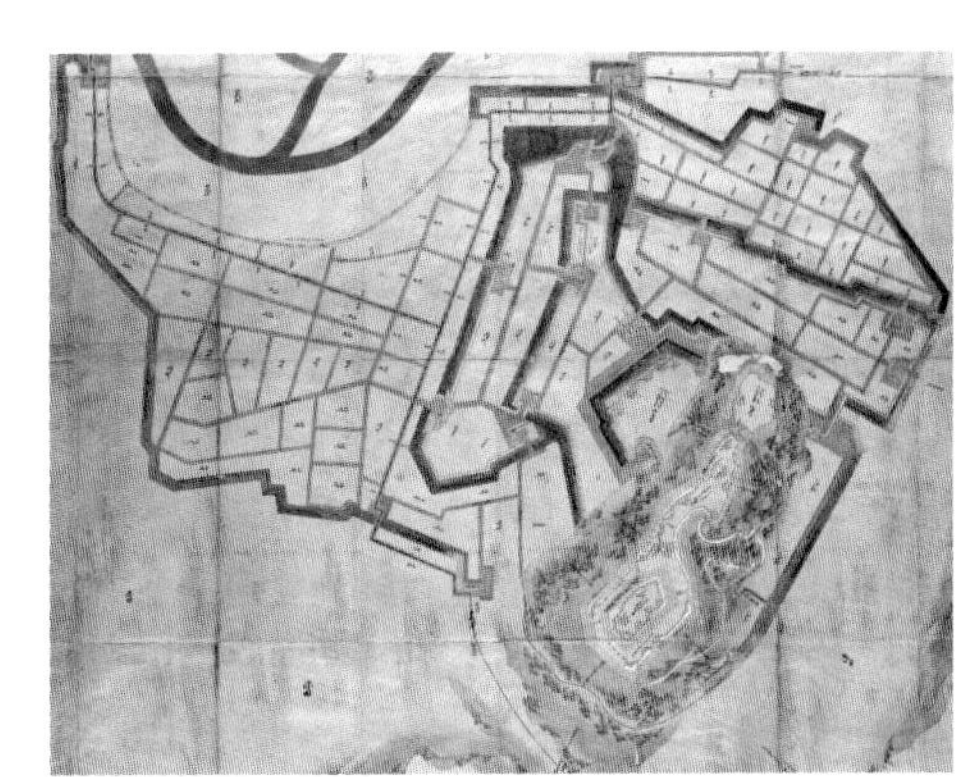

「越後国村上城之絵図」
（正保城絵図／国立公文書館内閣文庫蔵）

◉見どころ

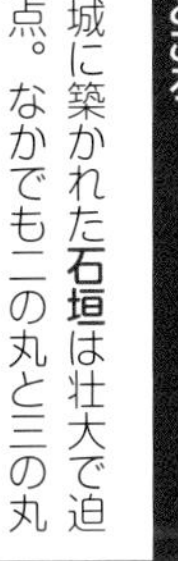

●山城に築かれた**石垣**は壮大で迫力満点。なかでも二の丸と三の丸を仕切る**四ツ御門**は、山麓居館および搦手からの登城口にもあたる4方向に向くという構造の門であった。現存石垣が残されている。

四ツ御門跡の石垣（写真／中井均）

二の丸御鐘門跡の石垣（村上市教育委員会蔵）
昭和初期の撮影。

●**おしゃぎり会館** Web サイト
所在地／村上市三之町 7-9

●築城年／慶長 3 年（1598）●築城主／村上勝頼　●所在地／新潟県村上市本町　●交　通／ＪＲ羽越本線村上駅下車。タクシー

富山県

国有形文化財

富山城

加賀の支藩富山前田家13代の居城

富山城は天正9年（1581）、上杉氏に対する備えとして佐々成政によって近世城郭へと改修された。しかし成政が豊臣秀吉に敗れると富山城も廃城となる。のちに加賀藩の支藩として富山藩が成立するとその居城となった。城の構造は方形の本丸の南方に二の丸を、西方に西出丸を、東方に東出丸を馬出状に配置する縄張となっている。基本的には土塁によって築かれているが、二の丸虎口、本丸南側虎口、本丸東側虎口部分のみ石垣によって築かれている。

模擬天守　（写真／中井 均）
本丸への入り口である鉄御門の多聞櫓石垣の高石垣上に昭和29年（1954）模擬天守が建てられた。

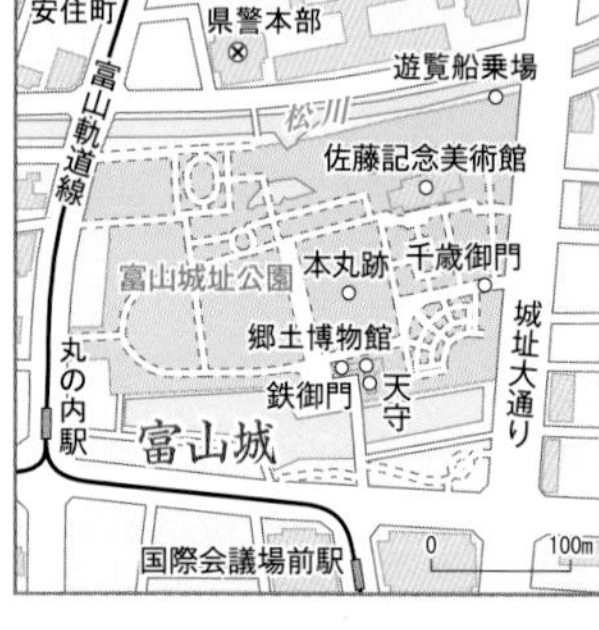

多聞櫓石垣
（写真／中井 均）
築城当初は多聞櫓と二重櫓が築造される予定であったが、幕府の許可が下りず、建てられなかった。

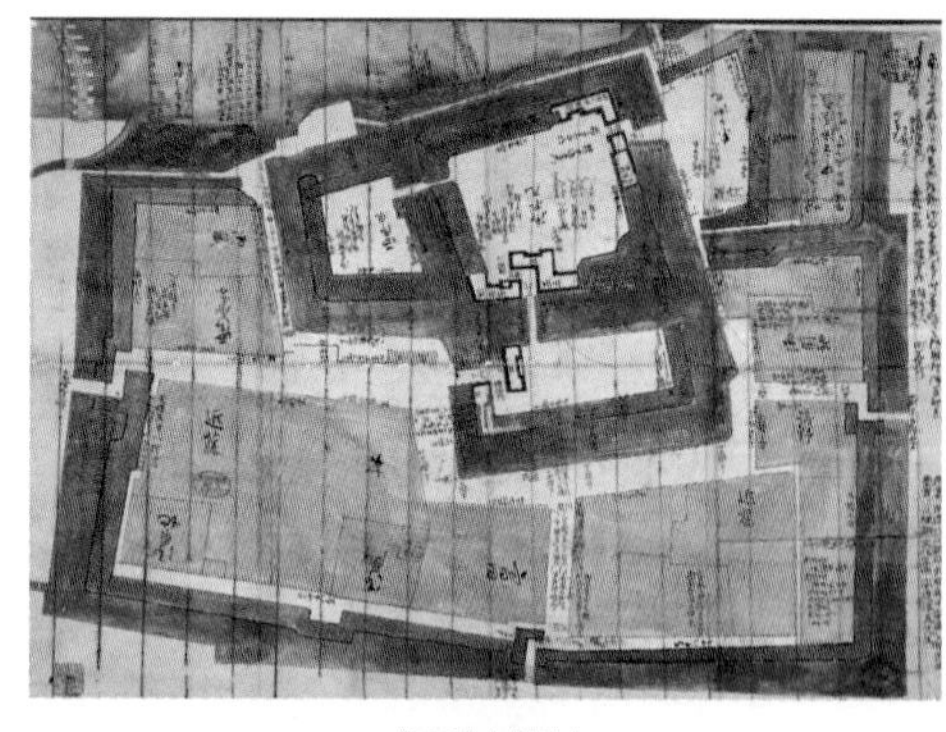

「富山城図」
（富山県立図書館蔵）

明治初期撮影の二の丸御門
（富山県立図書館蔵）

◎見どころ

●現在建つ天守は昭和29年（1954）に建てられた**模擬天守**である。この天守の建つ場所が本丸南側の虎口である**鉄御門**の桝形部分である。この桝形正面の石垣には**鏡石**として**巨石**が配されている。

本丸鉄門の石垣（写真／中井均）

唯一の現存遺構・千歳御門（写真／松井久）
藩主の隠居所・千歳御殿の正門。平成20年（2008）に城址公園に移築された。

●**富山市郷土博物館** Web サイト
所在地／富山市本丸1-62

●築城年／天正9年（1581）　●築城主／佐々成政　●所在地／富山県富山市本丸　●交　通／ＪＲ北陸本線富山駅下車。徒歩20分

富山県

高岡城

国史跡［2015］

初代加賀藩主・前田利長の隠居城

慶長14年（1609）に焼失した富山城から移り住むために前田利長によって築かれたのが高岡城である。その縄張は高山右近があたったと伝えられている。元和元年（1615）の一国一城令によって廃城となる。高岡城は長方形の本丸の前方に馬出状の小曲輪が付属する構造で、豊臣秀吉の聚楽第に類似する。高岡城ではさらにこの東側に鍛冶丸、明丸、民部丸が一列に配されていた。これらの曲輪は広大な水堀で囲まれていた。

水堀（写真／石田多加幸）
本丸・二の丸・三の丸・小竹藪・明丸・鍛冶丸の主要部が高岡古城公園となり、そのため築城時の水堀・土塁・石垣がほぼ完全に近い形で残っている。

高岡城古写真
（高岡市立博物館蔵）
明治後期の撮影。明治８年（1875）に高岡公園とされた。西堀にある中之島には橋が架かり日本庭園の風情がある。

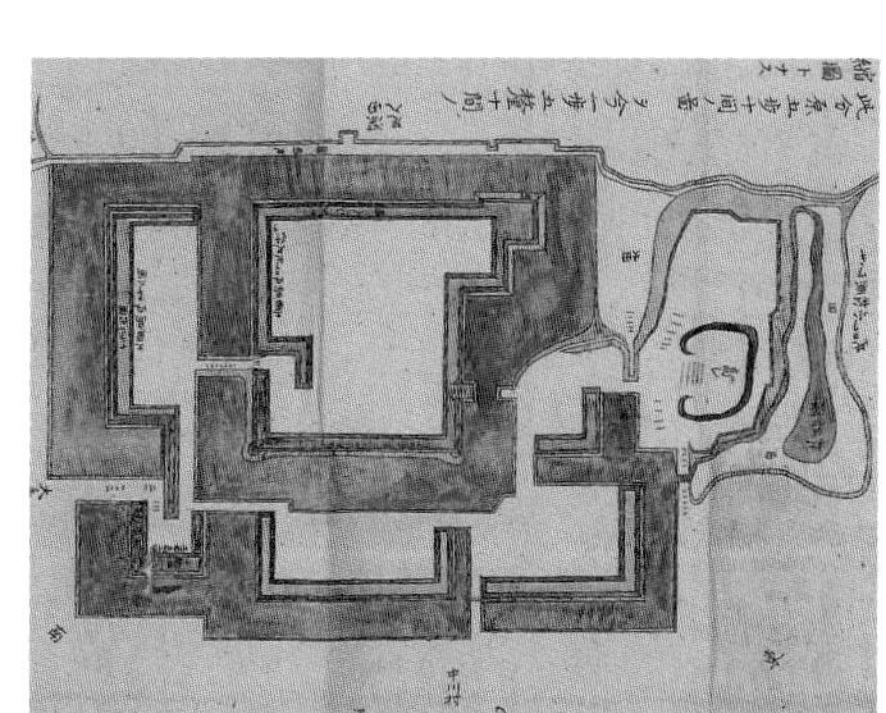

「高岡城之図」
（金沢市立玉川図書館蔵・高岡市立博物館提供）

高岡城空撮
（高岡市立博物館提供）

◎見どころ

●高岡城は**土塁**によって築かれているが、唯一本丸と二の丸を結ぶ**土橋の両側面は石垣**によって築かれている。この石垣には数多くの刻印が認められる。

本丸と二の丸を結ぶ土橋の石垣（写真／中井均）

駐春橋から南外堀を望む（高岡市立博物館提供）
満々と水をたたえる内堀・外堀は古城公園の面積の約３分の１を占める。

●**高岡市立博物館** Web サイト
所在地／高岡市古城 1-5

●築城年／慶長 14 年（1609）　●築城主／前田利長　●所在地／富山県高岡市古城　●交　通／ＪＲ北陸本線高岡駅下車。徒歩 10 分

国史跡［2008］・国重文

金沢城

前田利家を祖とする北陸の巨城

佐久間盛政は加賀一向一揆の拠点であった金沢御堂を改修して居城とした。賤ヶ岳合戦で加賀を加増された前田利家はこの金沢城に入城する。その改修は嫡男利長が行ない、蓮池堀、いもり堀、白鳥堀が掘削され、高石垣が築かれた。この縄張を行なったのは高山右近であったという。小立野台地の突端部に本丸、東の丸、付壇を階段状に連郭に配し、その南方に水堀によって区画された鶴の丸、二の丸、三の丸、新丸、藤右衛門丸が梯郭に配置される縄張となり、これらを蓮池堀などが外堀として囲い込んでいる。天守は文禄年間には造営されていたが、その姿を伝える資料はまったく残されていない。慶長7年（1602）に天守が焼失すると、跡地には翌年に御三階櫓が造営された。三階櫓は残された絵図より三重五階と推定され、最上層には廻縁と高欄が巡る超大型の櫓であったことがうかがえる。

復元された河北門二の門（写真／中井均）
金沢城三の丸の正門である河北門。石川門、橋爪門とともに「三御門」と呼ばれ、御殿に至る要所を固めた。平成22年（2010）に復元された。

復元された河北門一の門（写真／中井均）
上り坂（河北坂）の先に河北門の一の門（高麗門）がある。金沢城三の丸の正門で、二の門と桝形門形式の堅固な城門である。右奥に見えるのは二の丸菱櫓。

石川門（国重文）（金沢市役所提供）
金沢城搦手の正門（桝形門）。石川門は天明8年（1788）に再建された門。石垣上の海鼠壁の塀が特徴である。

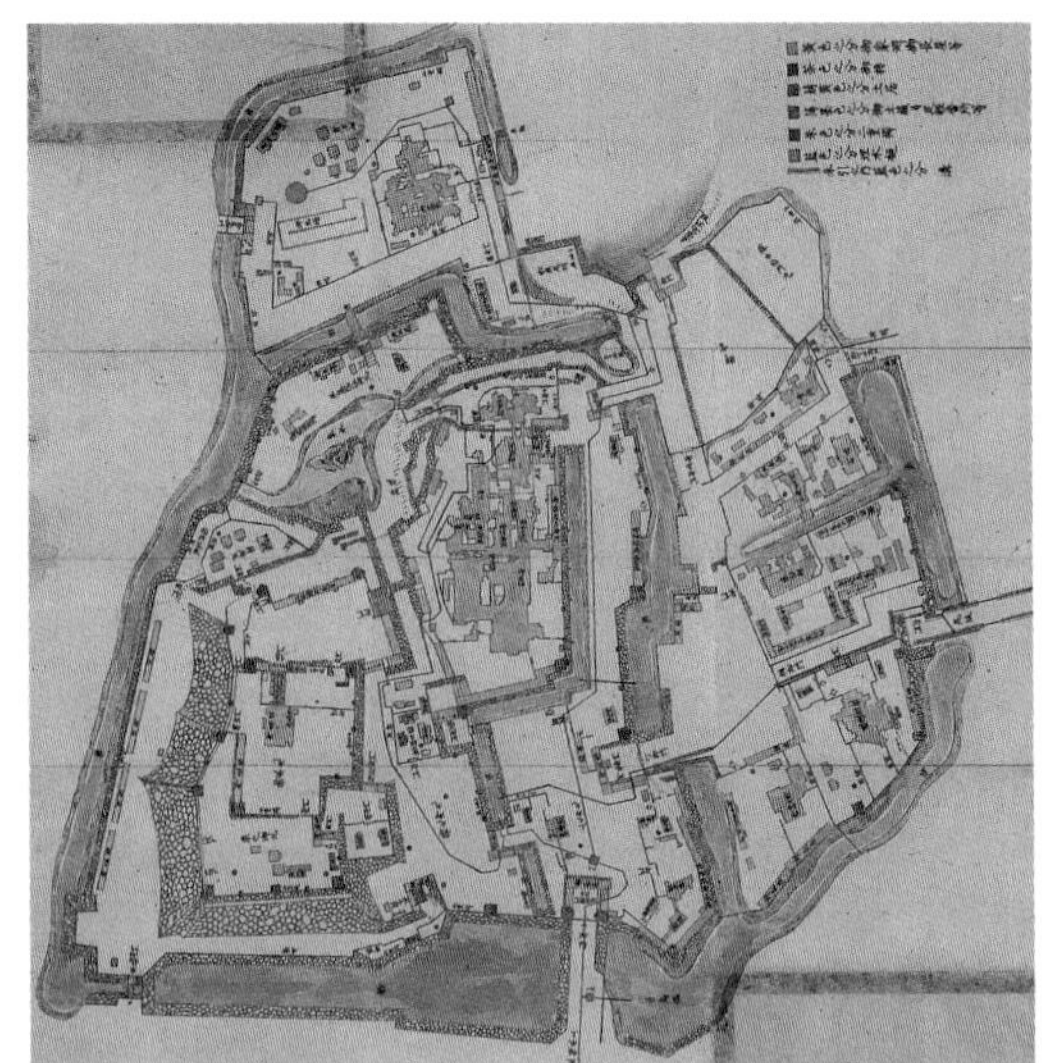

「金沢城図」
（金沢市立玉川図書館蔵・石川県金沢城調査研究所提供）

三十間長屋（国重文）（写真／中井均）
本丸附壇にある三十間長屋は、安政5年（1858）に再建された2階建ての土蔵で、屋根は南面入母屋造、鉛瓦葺、壁面を海鼠壁とするのは、石川門と同様である。

土蔵（国重文）
（金沢市役所提供）
鶴丸倉庫とも称する。武具蔵として利用された土蔵。全国の城郭内土蔵の中でも最大である。

●築城年／慶長4年（1599）●築城主／前田利家 ●所在地／石川県金沢市丸の内
●交　通／ＪＲ北陸本線金沢駅下車。バス兼六園下下車。徒歩5分

金沢城空撮（金沢城・兼六園管理事務所提供）
平成 13 年（2001）に復元された菱櫓・五十間長屋・橋爪門続櫓は、文化 6 年（1809）の二の丸火災後に再建された形である。近年には三の丸河北門の復元、いもり堀の水浄化、橋爪門二の門の復元、玉泉院丸庭園の再現が行われた。

鼠多聞と鼠多聞橋（木橋）（石川県観光連盟提供）
鼠多聞橋は、玉泉院丸と金谷出丸を隔てる水堀に架かる城内最大規模の木橋であった。

鼠多聞（石川県観光連盟提供）
令和 2 年（2020）に復元された鼠多聞は、金沢城の西側の玉泉院丸に位置し、木橋（鼠多聞橋）により接続された金谷出丸（現在の尾山神社境内）からの出入口であった。

鼠多聞内部（石川県観光連盟提供）
二重櫓門の鼠多聞二階内部。

◎見どころ

●金沢城の特徴はその建物の大半が**海鼠壁と鉛瓦、唐破風付出格子**という華麗な外装に仕上げられていることである。現存する石川門、菱櫓、多聞櫓、三の丸土塀、三十間長屋はすべてこうした意匠によって造営されている。もちろんこうした意匠は美しいだけではなく、海鼠壁は漆喰壁の下部の腐食を防止するものであり、鉛瓦は寒冷地では普通の燻瓦では爆ぜるため導入されたものである。

●**金沢城が山城**というと驚くかもしれないが、正保城絵図の控えとみられる金沢城絵図に、「本丸山城」と記されている。江戸時代人は山城と認識していたのである。石川門や大手門からはイメージし難いが、**本丸辰巳櫓を下から見上げる**と、3段に段築した石垣は山城を彷彿させる。また、**玉泉院丸からみた数寄屋丸の景観**も山城そのものである。

石川門の鉛瓦（写真／中井均）

●**石川県立歴史博物館** Web サイト
所在地／金沢市出羽町 3-1

復元された二の丸菱櫓・五十間長屋・橋爪門続櫓・橋爪門（金沢市役所提供）
橋爪門は、二の丸大手の正門である。その橋爪門を見下ろす位置にある櫓が橋爪門続櫓（三重三階）。橋爪門続櫓は橋爪門桝形を見張る物見櫓である。橋詰門続櫓と菱櫓を結ぶ多聞櫓が五十間長屋（二重二階）で、武器等を保管する倉庫として使用されていた。ここに見る復元された建物群は、戦後建てられた木造城郭建築では最大の規模である。

二の丸菱櫓（金沢市役所提供）
菱櫓石垣の高さは約 11.7 m。二の丸の大手と搦手を見張る防衛の要のため、堀に面した壁には石落しが設けられている。

二の丸櫓群古写真（長崎大学附属図書館蔵）
明治初期の撮影。明治 14 年（1881）の火災で石川門と三十間長屋と鶴丸倉庫を残して城内の建物が焼失。二の丸櫓群も焼失した。

二の丸菱櫓（右）・五十間長屋（左）（金沢市役所提供）
二の丸外側の櫓面は、格式と威厳を示すために唐破風出窓屋根の石落しが設けられ、美しい外観を誇っている。

二の丸菱櫓出窓石落し
（金沢市役所提供）
入母屋破風出窓屋根の石落しで、唐破風屋根の石落しとともに格式がある。

二の丸菱櫓の格子窓
（金沢市役所提供）

橋爪門続櫓

五十間長屋

橋爪門

二の丸橋爪門と橋爪門続櫓（写真／松井久）
復元された橋爪門と橋爪門続櫓（三重三階）。橋爪門続櫓の右方は五十間長屋（二重二階）。

五十間長屋から見た橋爪門
（写真／松井久）
右端の建物は橋爪門続櫓。橋爪続櫓とともに五十間長屋から橋爪門を防御する形になっている。

橋爪門遠望（写真／松井久）
菱櫓方向から見た橋爪門。左の敷地は三の丸。

二の丸橋爪門桝形
（金沢市役所提供）
右に橋爪門の一の門、左の櫓門は橋爪門の二の門。

二の丸橋爪門の二の門
（金沢市役所提供）

二の丸橋爪門続櫓の切石積み
（写真／中井均）
金沢城の石垣に使用される石は、その大半が城の南東にある戸室山周辺から産出される戸室石を用いている。橋爪門続櫓や桝形の石垣は、表面を丁寧に整形した石を、隙間無く積み上げる切石積みと呼ばれる技法で積まれている。

二の丸橋爪門の二の門（攻城団提供）
二の丸内側から見た二の門（櫓門）。橋爪門は、薬医門形式の一の門と、櫓門形式の二の門からなる桝形門で、城内最大級の規模を誇る。平成 13 年（2001）に橋爪門続櫓と一の門が復元され、平成 27 年に二の門が復元された。

辰巳櫓台の石垣（写真／中井均）
東の丸の南に位置する辰巳櫓台の石垣は明治時代に崩れたため三段積みに修復された。

石川門周辺の高石垣（写真／石田多加幸）
石垣の手前は、かつての満々と水をたたえた城内最大級規模の「百間堀」跡。明治 43 年（1910）に埋め立てられ、一部は道路となった。石川門周辺の高石垣の打込接をはじめ、金沢城を歩くと様々な種類の石垣を見ることができる。

大手門石垣（写真／中井均）

打込接の石垣（写真／中井均）

切込接の石垣（写真／中井均）

石川県

市史跡［1963］

小松城

金沢城の倍の城域を誇る隠居城

寛永16年（1639）に加賀藩3代前田利常は家督を長子光高に譲り、小松城を隠居城として修築した。元和の一国一城令によって新城の築城が厳しく規制されているなかで、加賀・能登2ヶ国の大名の隠居城として許可されたのであろう。利常没後は城代、城番が置かれた。低湿地に築かれた曲輪は湖沼に浮かぶ島のようであり、それぞれが細長い曲輪や木橋によって結ばれていた。曲輪を巡る水堀は広大で、本丸の南、北側では50メートルもあった。

天守台石垣（写真／中井均）
五重天守が建つ広さの天守台に二重三階の数寄屋造の櫓が建っていた。

小松城空撮（小松市役所提供）

二の丸鰻橋門（写真／石田多加幸）
小松城唯一の現存遺構。明治5年（1872）、小松城が破却されたとき来生寺に移築された。市指定文化財。

「小松御城中并侍屋敷町共之絵図」
（金沢市立玉川図書館蔵・石川県金沢城調査研究所提供）

◉見どころ

●本丸に残る**天守台は切石積**によって築かれている。側面に井戸屋形を構えていた「ほぞ」や、天端に巡らされていた塀の柱穴など興味深い遺構が残されている。天守は造営されず、二階御亭と呼ばれる寄棟造の二重三階の櫓が構えられていた。

天守台の井戸屋形のほぞ（写真／中井均）

天守台石垣の石段（写真／石田多加幸）

●**小松市立博物館** Web サイト
所在地／小松市丸の内公園町 19

●築城年／寛永 16 年（1639）　●築城主／前田利常　●所在地／石川県小松市丸の内町　●交　通／ＪＲ北陸本線小松駅下車。バス

福井県

小浜城

県史跡［1956］

45年を費やして完成した城郭

関ヶ原合戦の功により若狭一国を賜った京極高次は後瀬山城に入るが、すぐさま新たな居城として、小浜城の普請にとりかかる。小浜湾のデルタでの築城は難工事を極め、高次の代では完成せず、城郭と城下が完成したのは築城開始より45年後の正保2年（1645）頃であった。2つの河川に挟まれた中洲の中央に水堀で囲んだ方形の本丸を設け、回字状に外郭が巡る輪郭式の縄張であった。外郭は仕切られて二の丸、三の丸、北の丸、三の丸として機能していた。

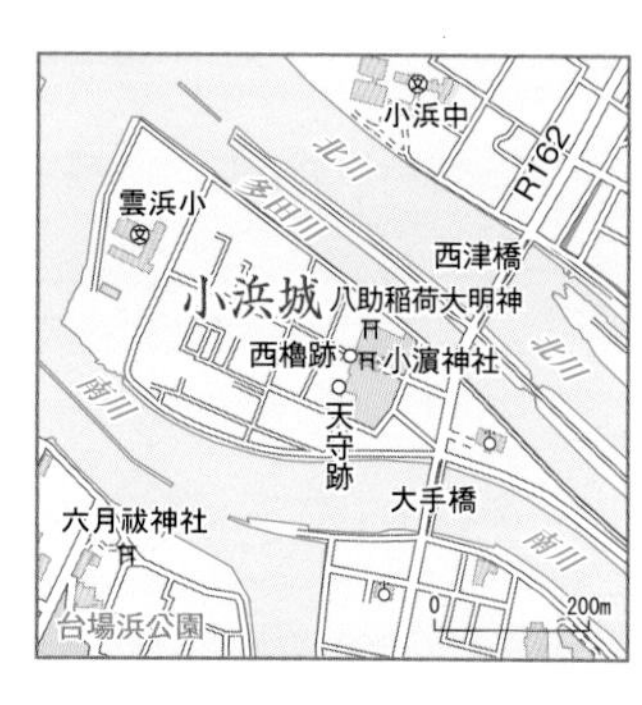

明治初期に撮影された三の丸大手橋古写真（井田晴彦氏蔵）

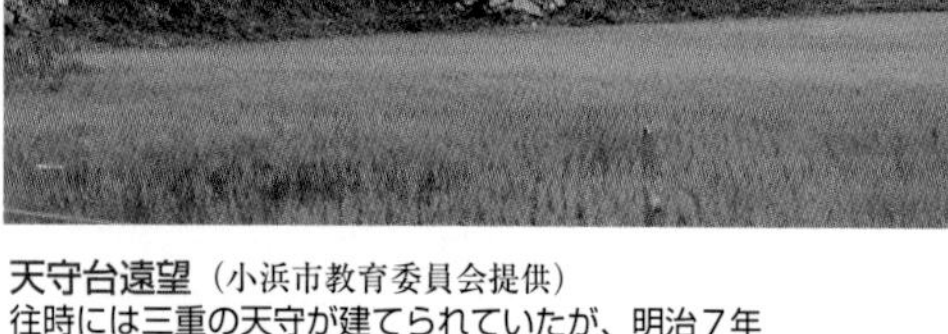

天守台遠望（小浜市教育委員会提供）
往時には三重の天守が建てられていたが、明治７年（1874）に破却された。

小浜城空撮（小浜市教育委員会提供）

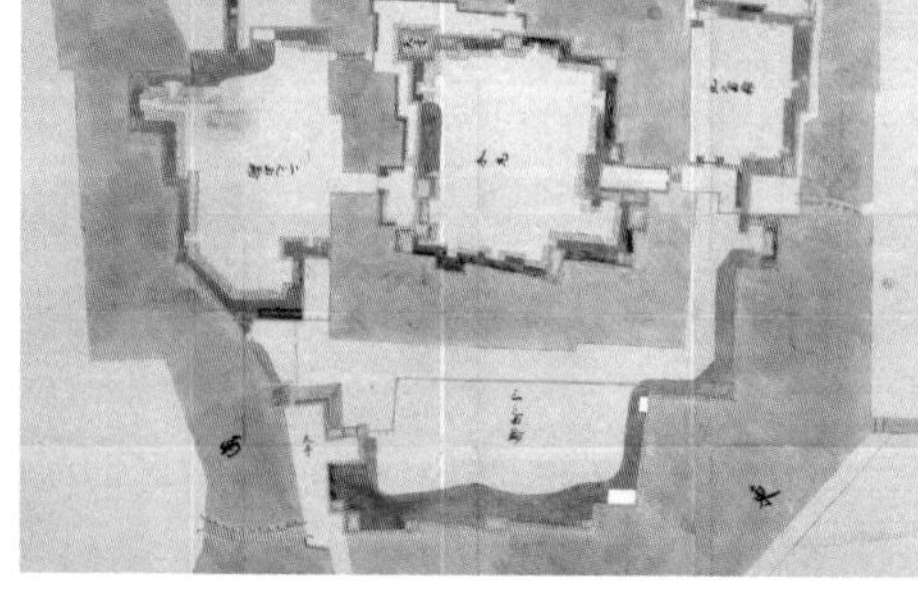

「若狭国小松城絵図」
（『日本古城絵図』所収／国立国会図書館蔵）

◎見どころ

●**現存する天守台**には三重三階の天守が建てられていた。その設計は幕府の大工頭中井正純があたった。中井家が大名の居城に関わることは極めて異例のことであり、時の藩主酒井忠勝がいかに幕府に信頼されていたかがうかがえる。

天守台石垣（写真／中井均）

天守台石垣（小浜市教育委員会提供）

●福井県立若狭歴史博物館 Webサイト
所在地／小浜市遠敷 2-104

●築城年／慶長６年（1601）●築城主／京極高次　●所在地／福井県小浜市城内　●交　通／ＪＲ小浜線小浜駅下車。バス

福井県

福井城

家康の次男秀康を藩祖とする大城郭

関ヶ原合戦後に越前に入封した結城秀康は柴田勝家の北ノ庄城を改修して福井城の築城を行なった。その縄張は徳川家康が行なったといわれている。福井城は本丸を中心に二の丸、山里丸、三の丸が回字状に配置される輪郭式の縄張で、徳川幕府の城に多く認められる。本丸北西に構えられた天守台は2段の石垣で構成され、下段は腰曲輪となり、上段に四重五階の天守が建っていた。平成19年（2007）に御廊下橋、平成30年に山里御門が復元された。

山里口御門御廊下橋（福井県庁提供）

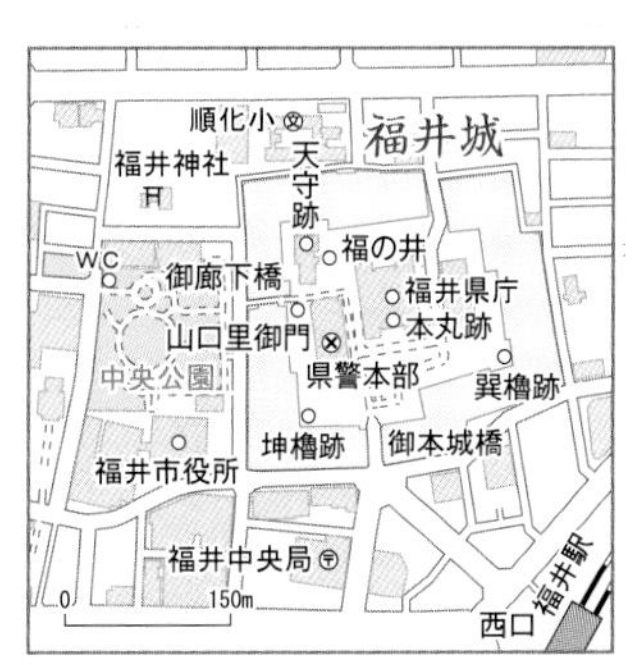

山里口御門桝形（左）と山里口御門（右）（福井県庁提供）
復元整備された山里口御門。別名「廊下橋御門」「天守台下御門」とも呼ばれ、本丸西側を守る門であった。

明治初期に撮影された本丸巽櫓（福井市立郷土歴史博物館蔵）
寛文９年（1669）に天守が焼失した後の福井城の天守代用の三重櫓であった。明治５年に破却された。

「御城下絵図」
（松平文庫蔵・福井県文書館保管）

◎見どころ

●本丸の石垣は福井地震で崩れている個所もあるが、ほぼ完存している。その石材はすべて越前特有の**笏谷石**（しゃくだにいし）が用いられており、随所に**刻印**が認められる。なお、小天守台脇には**福の井**と呼ばれる井戸があり、この井戸の名が福井の由来となった。

天守台石垣（福井県庁提供）

天守台石垣（福井県庁提供）
天守の礎石群が残る。

●**福井市立郷土歴史博物館** Web サイト
所在地／福井市宝永 3-12-1

●築城年／慶長６年（1601）　●築城主／結城秀康　●所在地／福井県福井市大手三丁目　●交　通／ＪＲ北陸本線福井駅下車。徒歩５分

福井県

丸岡城

国重文

望楼型二重天守が現存する城

丸岡城の天守は、柴田勝家の甥・勝豊によって築かれた。天正11年（1583）に勝家が豊臣秀吉に滅ぼされると、一時城主の代わりに在番が置かれた。その後本多成重が入れ置かれ、丸岡藩が立藩されると近世城郭へと改修された。城は小高い独立丘陵を利用して本丸と腰曲輪を配置し、北側の山麓に複雑に屈曲した塁線を有する二の丸が構えられた。これらを取り囲むように外形が五角形となる幅の広い水堀が巡らされていた。山城部が天正期に、山麓部が慶長期に築かれたものと考えられる。

天守最上階内部（写真／松井久）
最上階の三階の内部には敷居がなく、畳敷きの空間ではない。窓の外は廻縁になっているが、出入りはできず、装飾的な構造である。

天守二階内部（写真／松井久）
二階は入母屋造の大屋根の屋根裏階となるが、入母屋破風の窓から明かりが採れ、意外と明るい。太い梁が交差する室内の光景は、現存最古級の天守の趣きを醸し出している。

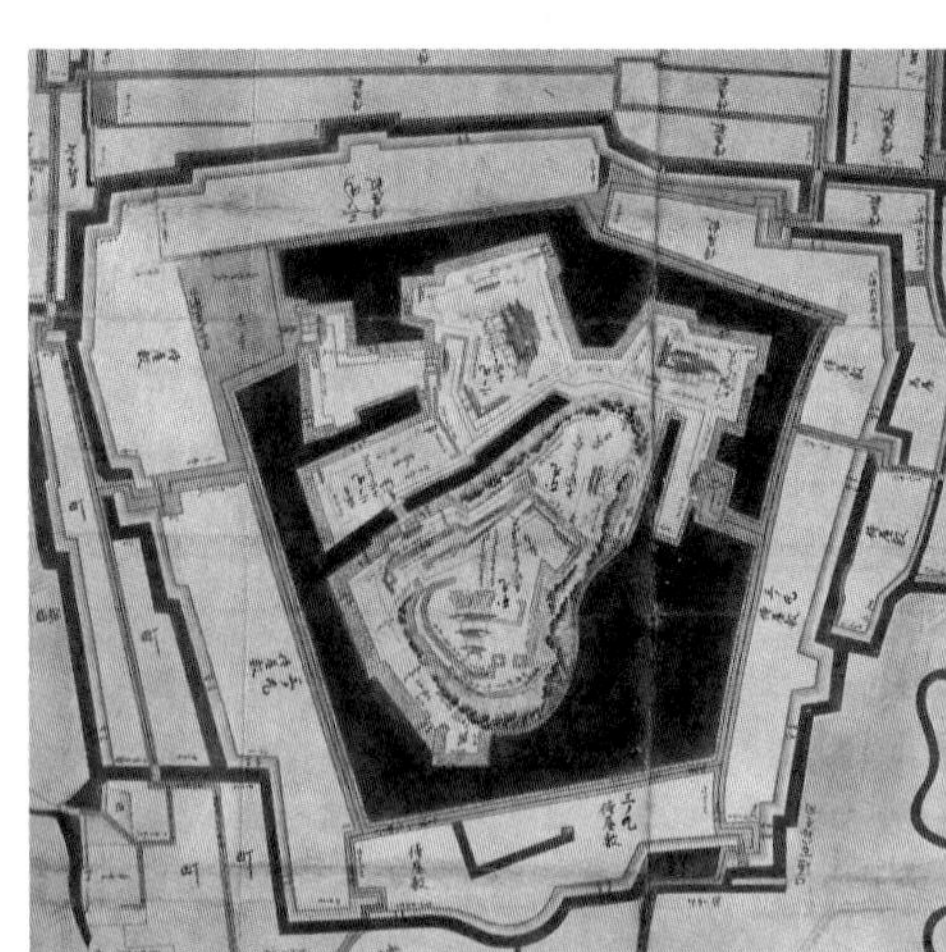

「越前国丸岡城之絵図」
（正保城絵図／国立公文書館内閣文庫蔵）

天守一階階段（写真／松井久）
一階は東西7間、南北6間で、階段はほとんど垂直に近い急傾斜の階段である。

丸岡城空撮（写真／中田眞澄）

●築城年／天正４年（1576）●築城主／柴田勝豊　●所在地／福井県坂井市丸岡町霞町
●交　通／ＪＲ北陸本線福井駅下車。本丸岡行きバス本丸岡下車

天守（国重文）（写真／石田多加幸）
現在の天守は、寛永5年（1628）に造営されたもので、現存天守として最古の一つである。天守は昭和23年（1948）の福井大地震で倒壊したが、その後、復旧作業が行われ昭和30年に修復再建され今日の姿になった。

天守雪景（福井県観光連盟提供）
北陸地方唯一の現存天守。天守の瓦は寒さによるひび割れを防ぐためか、寒冷地仕様の石製の瓦である。

天守古写真（個人蔵）
大正年間（1912～26）の撮影。天守台石垣は古式な野面積みの技法で積まれている。

◎見どころ

●本丸の中央に独立して築かれた天守は現存12天守のひとつ。**二重三階の望楼型天守**である。一階を下見板張とし、三階では柱や長押を白木のままとする姿が古式に見えることから柴田勝豊によって築かれた現存最古の天守と称されている。しかし実際には一階と二階の通柱がなく、三階の廻縁は見せ掛けであるなど、層塔型天守の特徴を有していることより寛永5年（1628）本多成重によって造営されたものと考えられる。屋根は当初柿葺きであったが、後に**笏谷石（しゃくだにいし）製の瓦**が用いられた。

天守の石瓦（写真／中井均）

●**坂井市丸岡歴史民俗資料館** Webサイト
所在地／坂井市丸岡町霞町4-12

国史跡【2019】

甲府城

高低差を活かした輪郭式縄張の平城

徳川家康の関東移封により甲斐は豊臣秀吉領となり、加藤光泰が配された。その支配の拠点として築かれたのが甲府城である。関ヶ原合戦後は徳川一門が城主となり、一時は柳沢吉保も城主となるが、その後は幕府直轄領となり、城代が置かれた。城は一条小山と呼ばれる小丘に本丸を置く平山城で、階段状に曲輪を配置し、山麓には城山全体を囲い込む水堀が巡らされていた。本丸の東端には巨大な天守台が石垣によって構えられている。

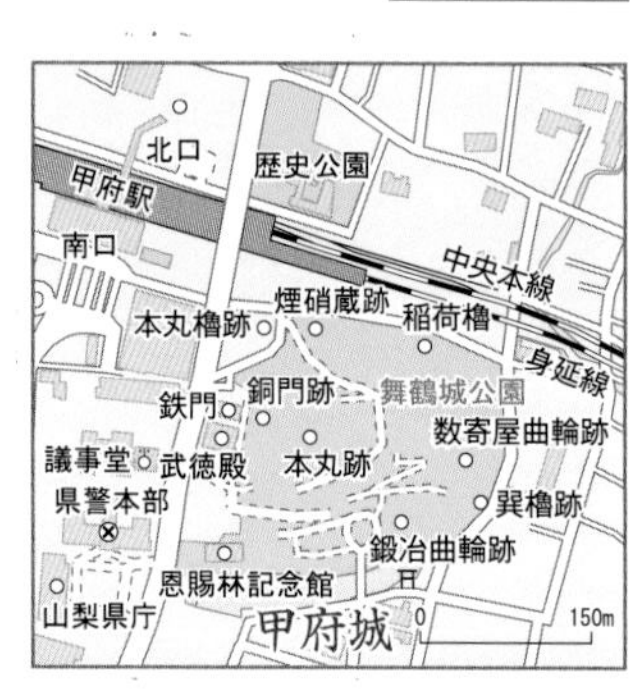

本丸鉄門（写真／中井均）
本丸の正門。門は明治初期に取り壊されていたが、平成25年（2013）に復元された。櫓門形式の門は、城内の門では最大級の規模を誇った。

山手渡櫓門（写真／中井均）
山手門（高麗門）と山手渡櫓門からなる山手御門の桝形は、平成19年（2007）に復元された。山手渡櫓門は武器の倉庫としての役割も果たしていたと言われている。

山手門（高麗門）
（山梨県埋蔵文化財センター提供）
山手御門の桝形にある高麗門。山手御門は甲府城に三ヶ所あった出入口の一つ。かつては木橋と土橋で堀を渡り城内に出入りしていた。

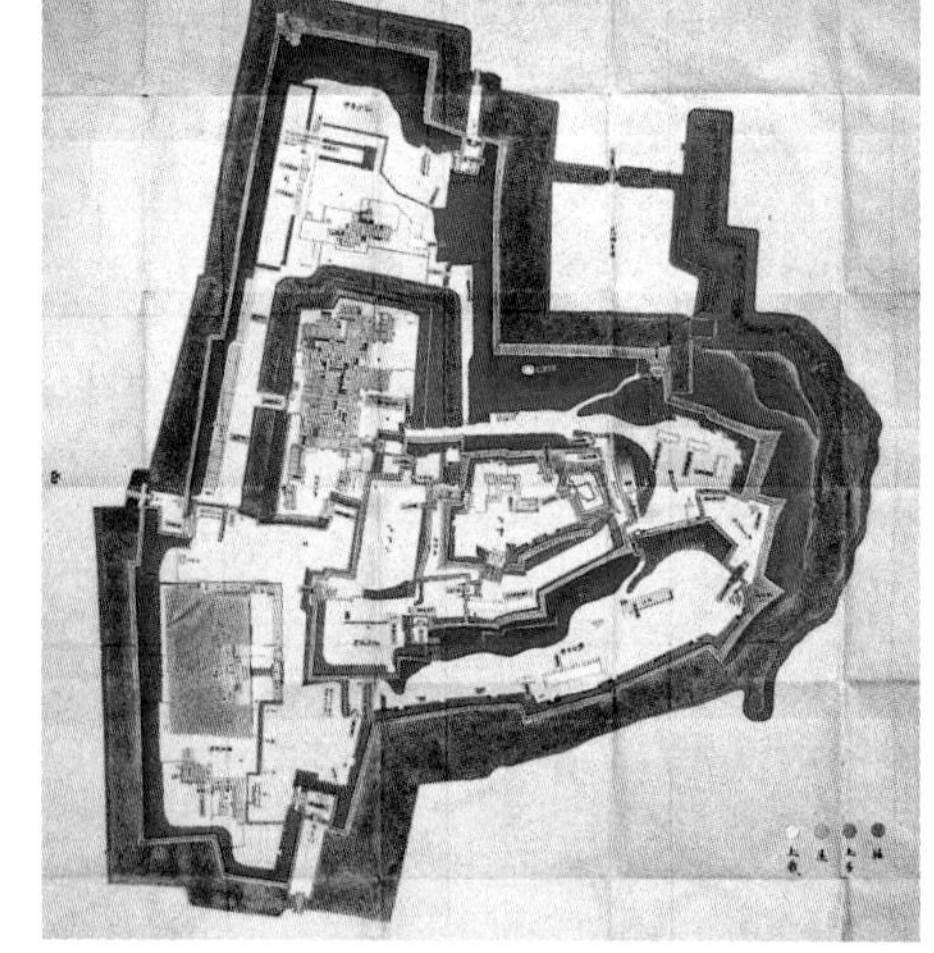

「甲府城内屋作絵図」
（露木家蔵・山梨県埋蔵文化財センター提供）

内松陰門（山梨県埋蔵文化財センター提供）
屋形曲輪から本丸をつなぐ門。平成11年（1999）に復元された。

天守台石垣（写真／中井均）
石垣の高さは約13メートルある。

●築城年／天正19年（1591）●築城主／加藤光泰　●所在地／山梨県甲府市丸の内
●交　通／ＪＲ中央本線甲府駅下車。徒歩５分

稲荷櫓（写真／中井均）
寛文年間（1661～73）から明治初年まで存在した櫓で、平成13年（2001）に復元された。

甲府城空撮
（山梨県埋蔵文化財センター提供）

本丸・天守曲輪遠望古写真（個人蔵）
大正期（1912～26）の撮影。

鍛冶曲輪の採石場跡（写真／中井均）

◎見どころ

●甲府城は関東では珍しく**総石垣の城**として築かれている。その石材は城の築かれた一条小山から切り出されている。今も**鍛冶曲輪**などに露頭している**岩盤に矢穴痕**が認められる。

●甲府城の**天守台は穴蔵を有する巨大なもの**で、石垣の積み方は**野面積**となる。**出隅は算木積**となるものの稜線は揃わず、慶長以前に構築されたことは明らかである。甲府城では発掘調査で違鷹羽紋を施す**滴水瓦**と呼ばれる倒三角形の**軒平瓦**が出土しており、朝鮮出兵に参戦した浅野長政が帰陣後の普請で築いたものの可能性が高い。なお、この天守台に実際天守が造営されていたか否かについては史料が残されておらず不明である。

●**山梨県立博物館** Web サイト
所在地／笛吹市御坂町成田 1501-1

松本城

国史跡［1930］・国宝

平城の代表例となる国宝の城

　武田氏が滅亡した後、信濃には一旦小笠原貞慶が入封し、松本城の前身である深志城に入城する。しかし徳川家康が関東へ移封されるのにともない、貞慶も関東に移る。替わって深志城には石川数正が入城し、大改修を行ない近世松本城へと整備された。その改修工事は数正の子康長が慶長18年（1613）に改易されるまで続けられた。その後再び小笠原氏の居城となるが、わずか2代で転封、その後城主は目まぐるしく替わり、最後は戸田松平氏9代で明治維新を迎えた。城は本丸を囲い込むようにコの字状に二の丸が構えられ、これらを囲む形で三の丸が巡らされるという梯郭式と輪郭式が合体した縄張となる。曲輪間には平城らしく幅の広い水堀が巡らされていた。なお三の丸虎口前面には丸馬出が4ヶ所にわたって設けられており、さらに二の丸と三の丸を結ぶ内堀にも馬出が設けられていた。

松本城空撮（写真／中田眞澄）
天守群の建物及び本丸を囲む内堀や二の丸を囲む外堀の一部など、ほぼ松本城の中枢部を見ることができる。天守群は戦後初となる国の直轄工事で、国宝第1号の解体修理が行なわれた。

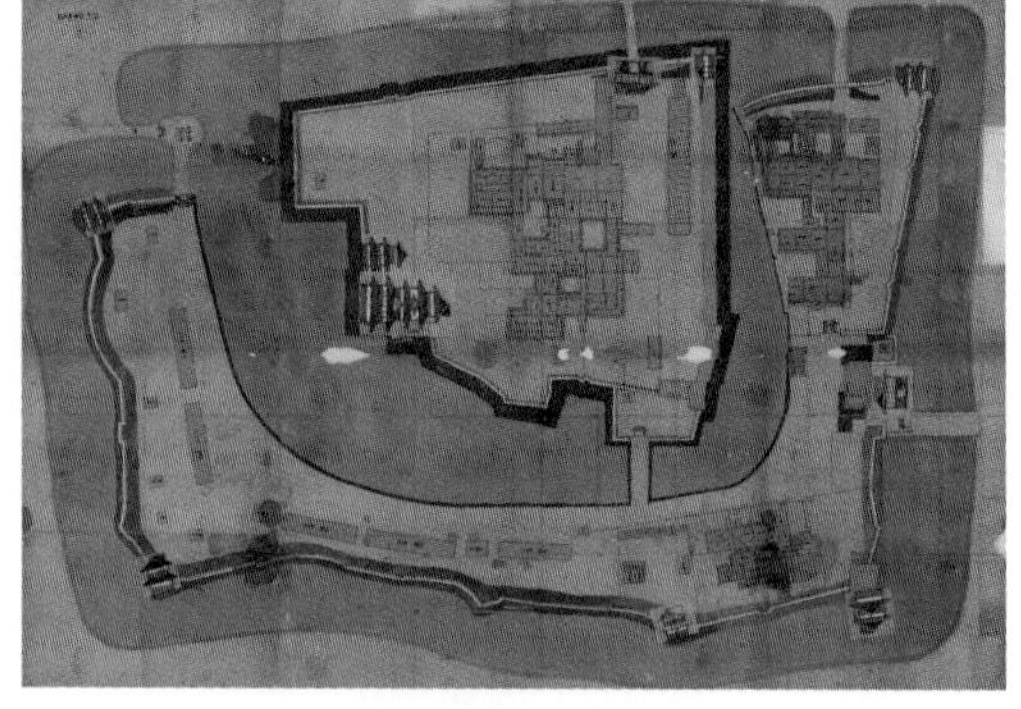

「信州松本城之図」
（松本城管理事務所蔵）

本丸黒門桝形（写真／岩淵四季）
本丸の大手口の正門。昭和35年（1960）に黒門の一の門（櫓門）、平成2年（1990）に黒門の二の門（高麗門）・土塀が復元され、桝形門がよみがえった。

●築城年／天正18年（1590）●築城主／石川数正　●所在地／長野県松本市丸の内
●交　通／JR中央本線松本駅下車。徒歩15分

天守
乾小天守
二の丸
辰巳附櫓
月見櫓
本丸
黒門
太鼓門

天守群東面（松本城管理事務所提供）
右から乾小天守、渡櫓、天守、辰巳附櫓、月見櫓。

天守から見た本丸（松本城管理事務所提供）
本丸御殿建物の外壁跡が、瓦を埋めて表示されている。

●**松本市立博物館** Web サイト
所在地／松本市丸の内 4-1（移転のため休館中）

天守南面（松本城管理事務所提供）
左から天守、辰巳附櫓、月見櫓。外観五重内部六階の天守。慶長年間（1596～1615）の創建。天守右の辰巳附櫓と月見櫓は寛永10年（1633）から寛永15年までの間に増築された。

天守一階内部（写真／岩淵四季）
一階の規模は東西9間、南北8間。天守を支える柱89本と側柱の60本は、全て通し柱である。

天守南西面（写真／中田眞澄）
左より乾小天守、天守、辰巳附櫓、月見櫓。

月見櫓内部（写真／岩淵四季）

天守西面（写真／中田眞澄）
左から乾小天守、続櫓、天守。

雪景に聳える天守（松本城管理事務所提供）

本丸埋門への橋
（松本城管理事務所提供）
往時は橋ではなく、足駄塀となっていた。埋門の上には土塀が配されていた。

明治の大修理古写真（松本城管理事務所提供）
明治 40 年（1907）代の撮影。天守上層部から修理をしたという。写真は、天守三重目の修理中。

二の丸太鼓門（松本城管理事務所提供）
二の丸の正門。左手前の高麗門とその奥の櫓門が桝形を形成。平成11年（1999）に復元された。

二の丸古写真（松本城管理事務所提供）
明治11年（1878）、二の丸御殿跡に松本裁判所が建てられた。遠方に見えるのは天守。

二の丸太鼓門の櫓門（松本城管理事務所提供）
本丸黒門の櫓門とともに城内では最大級の城門。

◎見どころ

●**現存する五重天守**としてはこの松本城と姫路城の2基しか残されていない。その構造は五重六階の大天守に三重三階の**乾小天守**と二重二階の**辰巳附櫓**と、一重一階地下一階の**月見櫓**が連なる**複合連結式**とでも称すべきものである。これらは一度に築かれたものではなく、まず乾小天守が石川数正によって造営され、続いて大天守が慶長20年（1615）頃小笠原秀政により、そして辰巳附櫓と月見櫓が寛永10年（1633）に増築されたものである。

天守群（松本城管理事務所提供）

国史跡［1934］

龍岡城

星形稜堡をもつ洋式城郭の城

元治元年（1864）、本領を信濃田野口に移した三河奥殿藩主松平乗謨は、新たに城を築いた。その構造は洋式の稜堡で、設計は乗謨が自ら行なった。形状が星形となることにより龍岡五稜郭と呼ばれている。西洋のように都市を守る稜堡ではなく、居城として築かれたのは実に日本的である。石垣には跳出を持ち、周囲には水堀が巡るが、一部分水堀が途切れており、この城が未完成に終わっていることを物語っている。

龍岡城空撮（佐久市教育委員会提供）
稜堡形式の星形が今も残る、北海道五稜郭と並ぶ洋式築城遺構である。

東側角面堡
（写真／中井均）

「五稜郭古絵図」
（明治初期の『田野口村誌』所収）

唯一の現存遺構・お台所
（写真／中井均）

お台所古写真
（明治初期の『田野口村誌』所収）
明治に御殿の一部であったお台所だけが小学校の校舎として破却を免れた。

◎見どころ

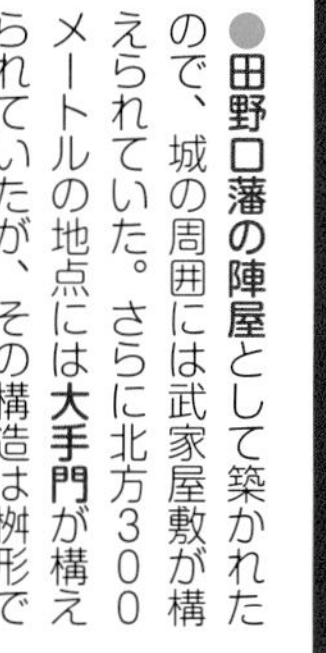

●**田野口藩の陣屋**として築かれたので、城の周囲には武家屋敷が構えられていた。さらに北方300メートルの地点には**大手門**が構えられていたが、その構造は桝形であった。現在その**石垣**が残されている。

大手門桝形の石垣（写真／中井均）

●**五稜郭であいの館** Webサイト
所在地／佐久市田口2975-1

●築城年／元治元年（1864）●築城主／松平（大給）乗謨 ●所在地／長野県佐久市田口 ●交　通／ＪＲ小海線臼田駅下車

長野県

松代城

国史跡〔1981〕

武田信玄が自然要害を利用して築城

武田氏の北信濃攻略の拠点として築かれた海津城が前身。武田氏滅亡後は森長可をはじめ短期間に数多くの城主が入城した。元和8年（1622）に真田信之が10万石で入れ置かれ、明治維新まで真田氏歴代の居城となった。松代城の構造は千曲川を背後に本丸、二の丸、三の丸を重ねて配置する梯郭式の縄張である。曲輪はほとんどが土塁によって築かれており、石垣は本丸と内堀の一部および虎口部分に用いられているのみである。

本丸戌亥隅櫓石垣（写真／中井均）
小規模の天守台を思わせる立派な櫓台石垣である。野面積みで積まれている。

松代城空撮（長野市教育委員会提供）
明治期に城の建物は壊され、本丸の石垣と内堀の跡が残されるだけであったが、近年、史跡整備が進み、本丸太鼓門・北不明門、冠木門などが復元された。

太鼓門桝形と前橋（写真／中田眞澄）
本丸の正門。平成14年（2002）に復元された。

橋詰門と太鼓門（写真／中井均）
本丸の正門。橋を通ると橋詰門（高麗門）、その奥に見える櫓門が太鼓門。

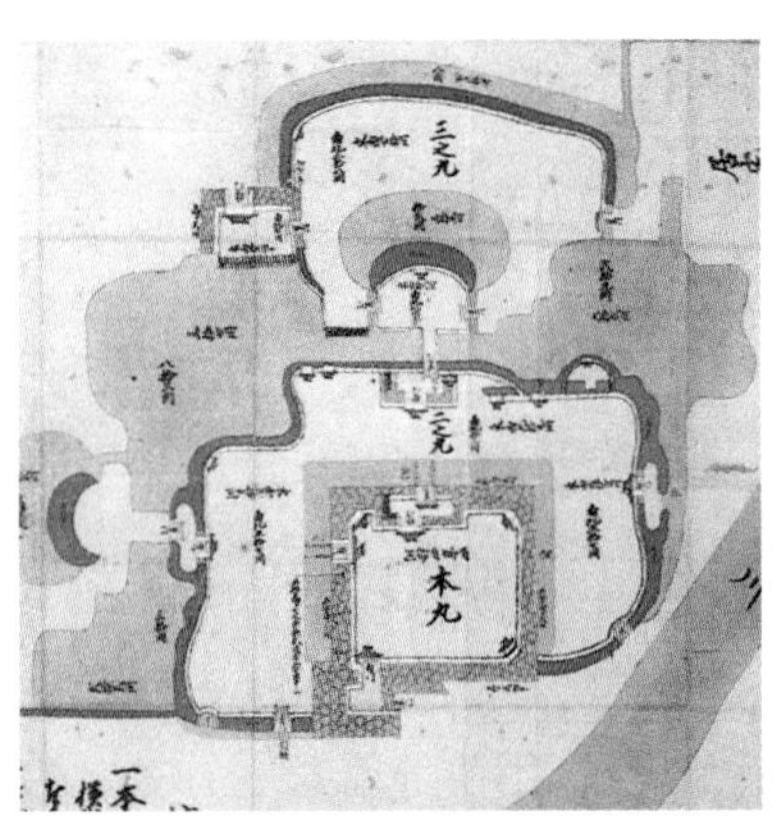

「信濃國川中嶋松代城図」（長野県立歴史館蔵）

◉見どころ

●松代城では**二の丸南門**と、東側**石場門**の正面に構えられた**丸馬出**の存在が注目される。**武田氏時代の海津城の遺構**といわれるが、近世松代城に見事に整合しており、近世に設けられた可能性もある。残念ながら現存しない。

石場門跡（攻城団提供）

松代城古写真（写真／個人蔵）
昭和期の撮影。

●**真田宝物館** Webサイト
所在地／松代町松代4-1

●築城年／永禄3年（1560）　●築城主／武田信玄　●所在地／長野県長野市松代町　●交　通／長野電鉄屋代線松代駅下車。徒歩5分

長野県

国重文

小諸城

文豪島崎藤村に詠われた古城

小諸に最初に築城したのは武田信玄であった。武田氏滅亡後の天正18年（1590）には仙石秀久が小田原城攻めの戦功により小諸城主となった。徳川家康領に接する豊臣政権の最前線として秀久により大改修が施され、三重の天守や二の丸、黒門、大手門などが造営された。その構造は穴城と呼ばれているように、城は城下町よりも低い位置に構えられている。その弱点を克服するように巨大な空堀が三重四重に巡らされている。

三の門（写真／中井均）
三の門正面の大扁額は、徳川宗家16代当主の徳川家達の揮毫。

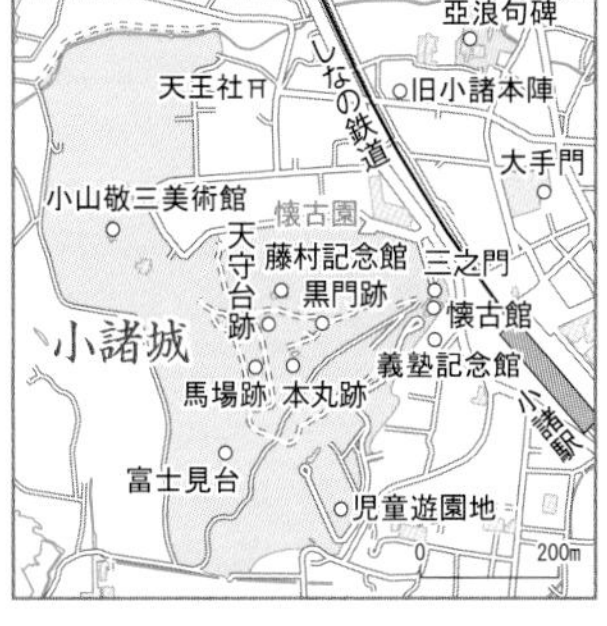

本丸天守台石垣
（写真／中井均）
仙石氏の時代に三重天守が建てられていたが、寛永3年（1626）落雷によって焼失した。

防備する断崖
（写真／中井均）
本丸･二の丸･三の丸の縄張は、自然地形を巧みに利用した断崖と石垣により堅固な要塞を思わせる。

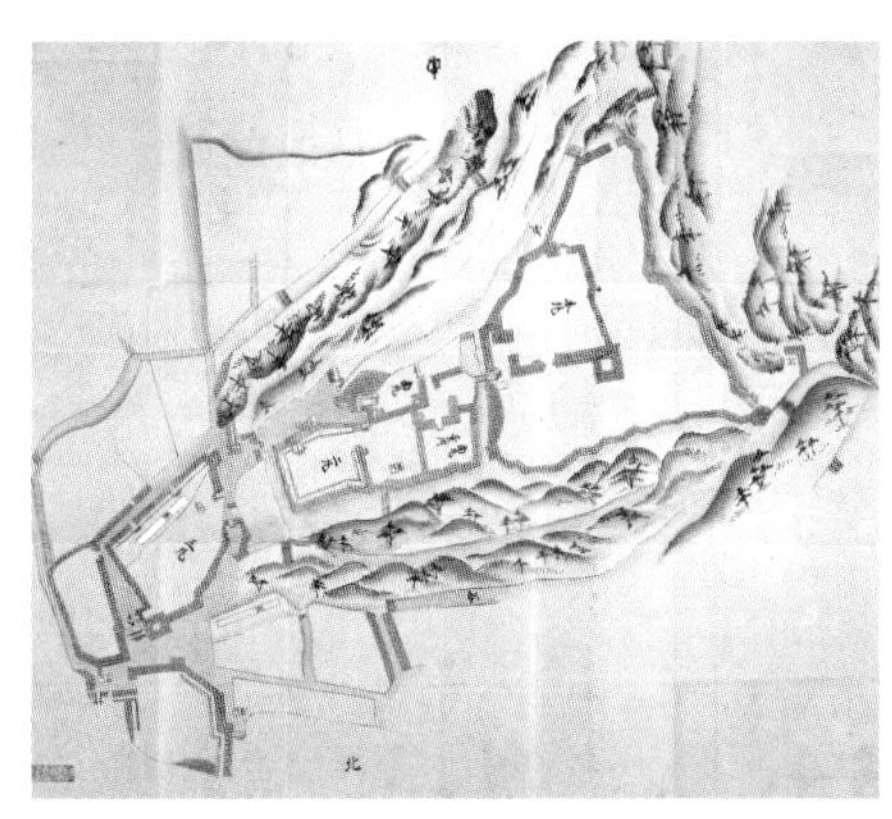

「小諸城図（信濃国小諸城図）」
（『日本古城絵図』所収／国立国会図書館蔵）

◎見どころ

●**大手門**は慶長18年（1613）に仙石秀久によって造営された。**櫓門としては最古級のもの**である。長らく民家となっていたが、平成20年（2008）に創建当時の姿に修理された。

大手門（写真／中井均）

三の門古写真（写真／個人蔵）
明治後期の撮影。

●**懐古園** Webサイト
所在地／小諸市丁311

●築城年／天正18年（1590） ●築城主／仙石秀久 ●所在地／長野県小諸市古城 ●交　通／しなの鉄道小諸駅下車。徒歩1分

長野県

上田城

国史跡［1934］・県宝

断崖と河川を生かした堅牢な城

信濃先方衆として信濃攻略に活躍した真田氏が、武田氏滅亡後に築いたのが上田城である。天正13年（1585）に真田領となっていた上野沼田領の北条氏への差出を拒否したため、徳川家康は真田昌幸の立て籠もる上田城攻めを開始した。しかし昌幸の巧みな戦術に翻弄され大敗を喫してしまう。さらに慶長5年（1600）には関ヶ原に向かう徳川秀忠を食い止めた。合戦後上田城は徳川幕府により徹底的に破壊されてしまった。その後城主となった真田信之は三の丸に屋敷を構え、さらに仙石忠政により大改修が施された。

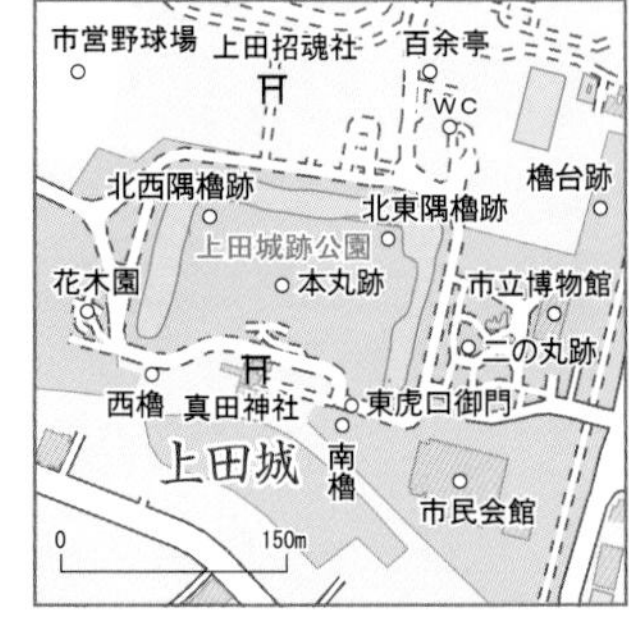

本丸東虎口櫓門と北櫓（県宝）・南櫓（県宝）（上田市立博物館提供）
中央の櫓門は平成6年（1994）に復元された。櫓門の右側が南櫓、左側は北櫓。2つの櫓は廃城後、市内に移築されていたが、昭和前期に現在地に再移築されている。

明治期に撮影された本丸東虎口古写真
（宮内庁書陵部蔵）
明治初期の撮影。本丸東虎口の櫓門、その右に北櫓が見える。

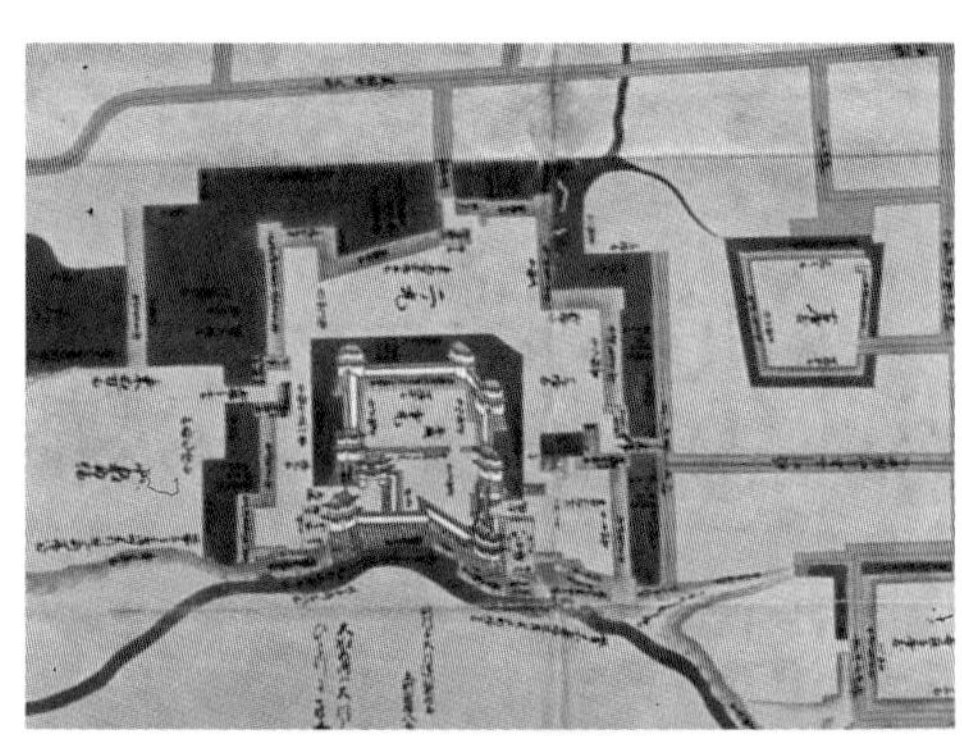

「信州上田城絵図」
（正保城絵図／国立公文書館内閣文庫蔵）

西櫓（県宝）（上田市立博物館提供）
寛永3年（1626）に建てられた櫓。明治7年（1874）の建物払い下げ、取り壊しの際に藩主居館とともに唯一残された櫓。

真田石（写真／中井均）
東虎口石垣にある城内最大の石。

●築城年／寛永3年（1626）●築城主／仙石忠政　●所在地／長野県上田市二の丸
●交　通／ＪＲ長野新幹線上田駅下車。徒歩10分

上田城空撮（写真／中田眞澄）
本丸・二の丸が上田城跡公園になっている。

本丸堀（写真／中井均）
本丸堀は、真田時代に徳川方に埋め立てられたが、仙石忠政は旧状を大きく変えることなく、土砂を掘り出して堀を復興したと考えられている。

本丸南櫓と西櫓（いずれも県宝）（写真／中井均）
城地は千曲川の段丘を利用しており、本丸は千曲川の分流・尼ヶ淵畔の岸上に構えられた。本丸の南櫓と西櫓の崖下には、尼ヶ淵が流れており、天然の要害の体をなしていた。

◎見どころ

●**本丸には隅櫓**が構えられただけで、曲輪内部には一切建物が建てられていない。さらに本丸を囲む**二の丸には桝形**が構えられているにも関わらず櫓、門など建物はまったく建てられなかった。このため**城下に藩邸となる方形の御屋形**が設けられ、周囲には水堀が巡らされていた。現在高等学校の敷地となっており、**表門**が残されているとともに、土塁や水堀がほぼ当時のまま残されている。

●上田城の**本丸**は正方形に近く、**隅部には二重櫓**を配置する。ところが**東北隅部**は出隅とならず、入り隅となっている。これは**鬼門に対する鬼門除けの隅欠**である。全国の城郭でこうした鬼門除けの隅欠きは認められるが、これほど巨大な入隅となるものは他に例を見ない。

本丸東北隅部の鬼門除け（写真／中井均）

●**上田市立博物館** Web サイト
所在地／上田市二の丸 3-3

岐阜城

国史跡［2011］

織田信長が天下統一をめざした居城

美濃を攻略した織田信長は斎藤道三の居城稲葉山城を改修して居城とし、名を岐阜城と改めた。天正3年（1575）家督を信忠に譲り、翌年安土城を築くと岐阜城も信忠に譲られた。関ヶ原合戦時の城主は織田秀信で、西軍に属していたため東軍池田輝政によって攻め落とされ廃城となった。金華山山頂に詰城を構えているが、中心はむしろ山麓であり、信長の居館も山麓の谷筋に構えられ、居館の前面には重臣たちの屋敷が建ち並んでいた。

岐阜城空撮
（岐阜市教育委員会提供）
比高約310mの金華山山頂に天守が築かれ、眼下に長良川が流れる。

山頂に残る石垣
（写真／中井均）
上台所から天守台にかけて積まれた石垣。このほか信長時代の石垣が、各所に点在する。

山頂の復興天守（写真／中井均）
昭和31年（1956）に復興された。

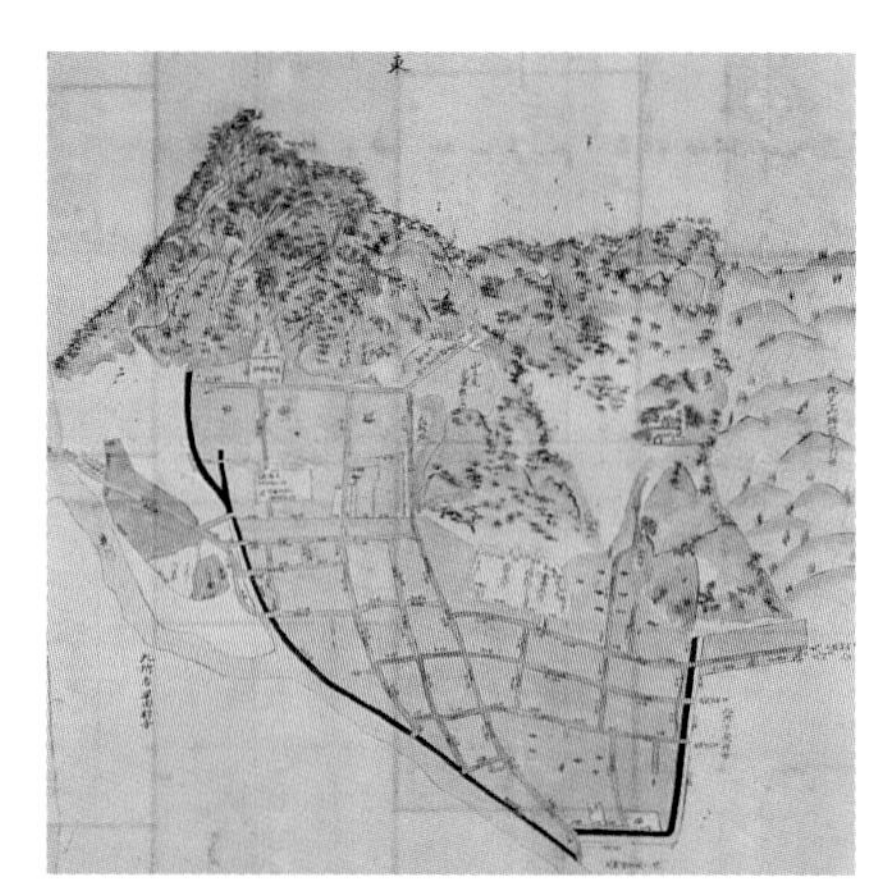

「濃州厚見郡岐阜図」
（名古屋市蓬左文庫蔵）

◎見どころ

●岐阜城では山麓の**信長居館**の発掘で**巨石を配した虎口**などが検出されており、信長時代に石垣の用いられていることが明らかとなった。近年では山上部分の詳細な分布調査も実施され、信長時代のみならず斎藤道三の稲葉山城に伴う石垣も確認されている。

桝形虎口の巨石列（写真／中井均）

岐阜城遠望古写真（個人蔵）
明治後期の撮影。

●**岐阜城資料館** Webサイト
所在地／岐阜市金華山天守閣18

●築城年／天文年間（1532～55） ●築城主／斎藤道三 ●所在地／岐阜県岐阜市金華山 ●交　通／JR東海道本線岐阜駅下車。バス岐阜公園歴史博物館前下車。ロープウェー。

岐阜県

岩村城

県史跡［1957］

天険の地を利した要害堅固な山城

戦国時代の岩村城は織田、武田の争奪戦の舞台となり、遠山景任の妻である織田信長の叔母が一時城主となった。慶長6年（1601）に松平家乗が入城し、石垣による近世城郭へと整備された。標高713メートルの城山山頂に本丸、二の丸、八幡曲輪、出丸、東曲輪、長局、帯曲輪が構えられた。それぞれの曲輪には櫓や塀が塁線上に築かれたが、曲輪内には一切建物が設けられなかった。一方、藩主の屋敷は山麓に建てた。

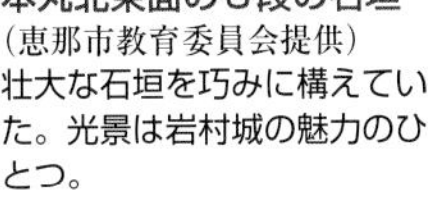

本丸北東面の6段の石垣
（恵那市教育委員会提供）
壮大な石垣を巧みに構えていた。光景は岩村城の魅力のひとつ。

本丸石段
（写真／中井均）
比高約150ｍの山城・岩村城の山頂に本丸始め各曲輪を見ると、自然地形を利用した堅固な城であったことが理解できる。

太鼓櫓・表御門（恵那市教育委員会提供）
明治14年（1881）に全焼した藩主邸の表御門付近が平成12年(2000)に復元された。

追手門から二の丸へ向かう大手道
（恵那市教育委員会提供）
両側は家臣団の屋敷地。

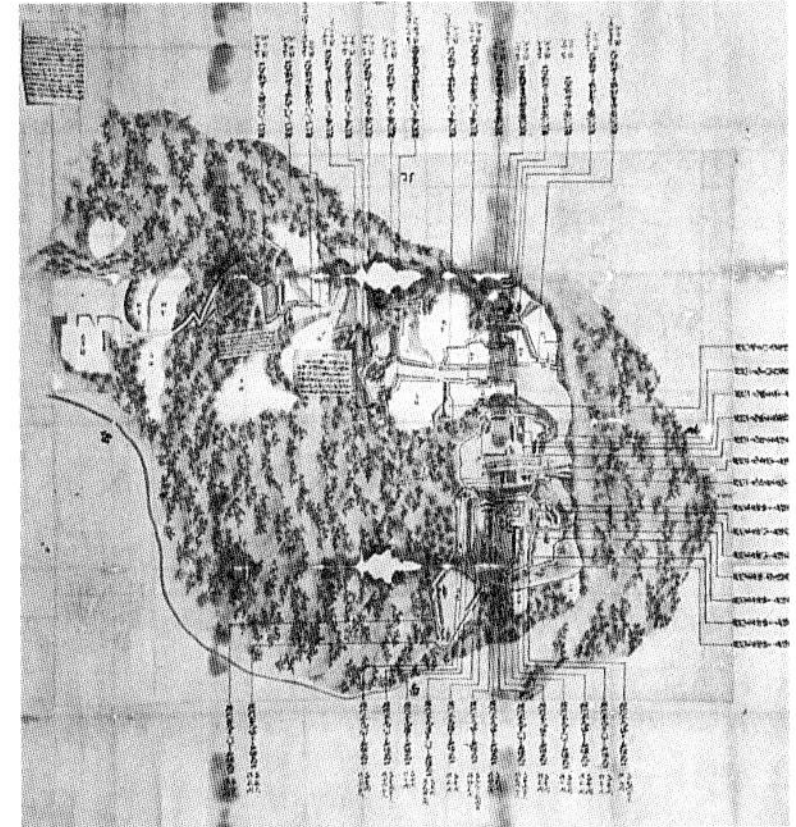

「享保三年岩邑城絵図」
（恵那市教育委員会提供）

◉見どころ

●追手門の前面には空堀が設けられ、畳橋と呼ばれる木橋が架けられており、追手門の脇には天守に相当する三重櫓が構えていた。その**追手門石垣**が残されている。

追手門跡（写真／中田眞澄）

岩村城空撮（恵那市教育委員会提供）
本丸をはじめ、東曲輪・二の丸・出丸・八幡曲輪・追手門・土岐門・一の門などの石垣が見事に残っている。

●**岩村歴史資料館** Webサイト
所在地／恵那市岩村町98

●築城年／慶長6年（1601）●築城主／松平家乗　●所在地／岐阜県恵那市岩村町　●交　通／明知鉄道岩村駅下車。徒歩30分

岐阜県

苗木城

国史跡［1981］

自然の巨岩がそのまま活用した城

源頼朝の重臣加藤景廉を祖とする遠山一族の居城であったが、金山城主森長可に攻め落とされた。関ヶ原合戦では遠山氏が西軍方であった苗木城を奪取し、戦後家康より父祖伝来の城として安堵された。城は木曽川に突出した高森山に築かれており、自然に露頭した岩盤に石垣を組み合わせて曲輪を設けている。山頂の本丸はわずか４００平方メートルにすぎず、そこに天守、台所、居間、次の間、千畳敷などが構えられていた。

本丸遠望（岐阜県観光連盟提供）
比高約 126 m の山頂に本丸と天守台が残る。

三の丸大矢倉跡
（岐阜県観光連盟提供）
石垣には苗木城最大の三階建ての大櫓が築かれていた。最下層には穴蔵（地階）があった。

天守台と懸造り（写真／中井均）
本丸にある巨石上を天守台とし、巨石に懸造りで三重天守が築かれていた。

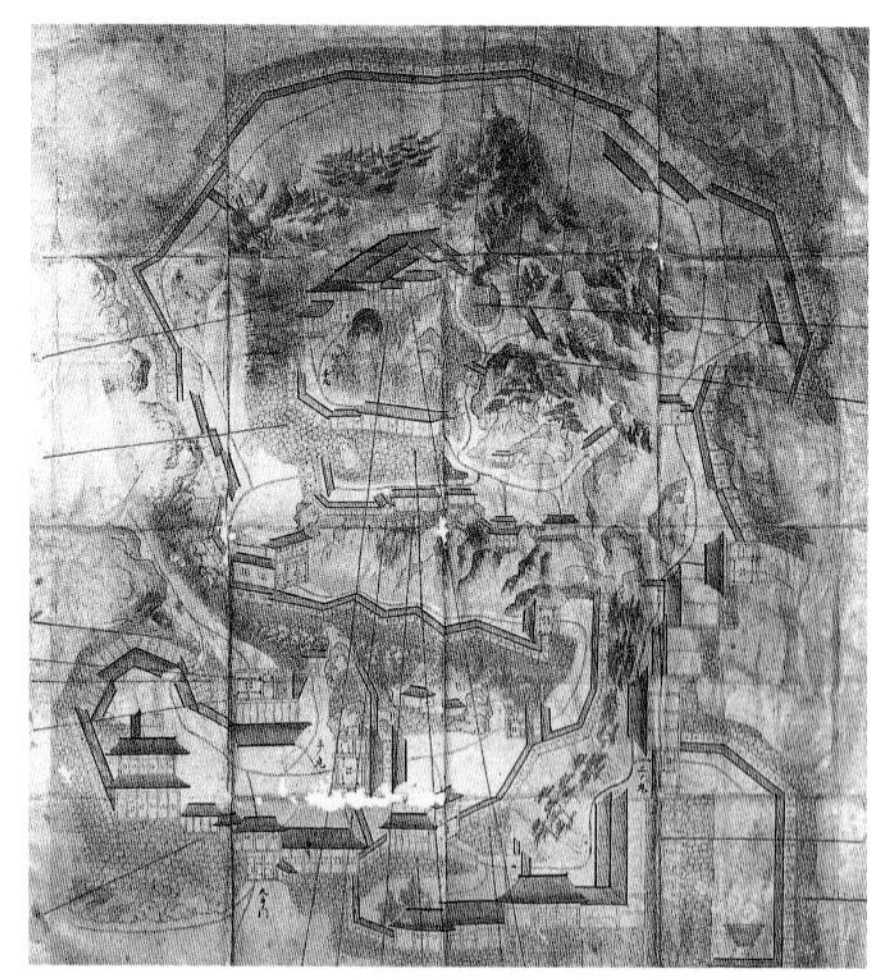

「苗木城絵図享保三年頃」
（中津川市苗木遠山史料館蔵）

天守台の巨石（写真／中田眞澄）

◎見どころ

●**天守台**は本丸に露頭している岩盤そのものを利用しており、懸造りによる三階建てで屋根は板葺、壁も板張であった。岩盤には天守を支える柱穴が彫り込まれている。

城跡遠望（写真／中井均）

●**中津川市苗木遠山史料館** Web サイト
所在地／中津川市苗木 2897-2

●築城年／天文年間（1532 ～ 1554）　●築城主／遠山直廉　●所在地／岐阜県中津川市苗木　●交　通／ＪＲ中央本線中津川駅下車。バス苗木城下車

岐阜県

加納城

国史跡【1983】

家康の縄張で築かれた天下普請の城

近世の加納城は慶長6年（1601）に関ヶ原合戦に勝利した徳川家康が江戸への帰路に岐阜に立ち寄り新たに築城を命じたもので、その縄張は家康自らが行なったという。築城は東山道、北陸道の大名に助役が命じられた天下普請であった。初代城主には家康の娘婿奥平信昌が任じられ、江戸時代を通じて譜代大名の居城であり続けた。方形の本丸には出桝形が凸形に付く徳川幕府の特徴的な形状で、この本丸を中心に4つの曲輪を配置する梯郭式の縄張となる。

本丸石垣（写真／中井均）
本丸の石垣や土塁は結構残っていて、約200mほどある方形の本丸は、高さ3mほどの石垣で囲んでいる。

本丸石垣遠望
（岐阜市役所提供）
築城にあたって、岐阜城から多くの建物が移築された。

加納城空撮（写真／中田眞澄）
本丸跡は加納城公園となっている。

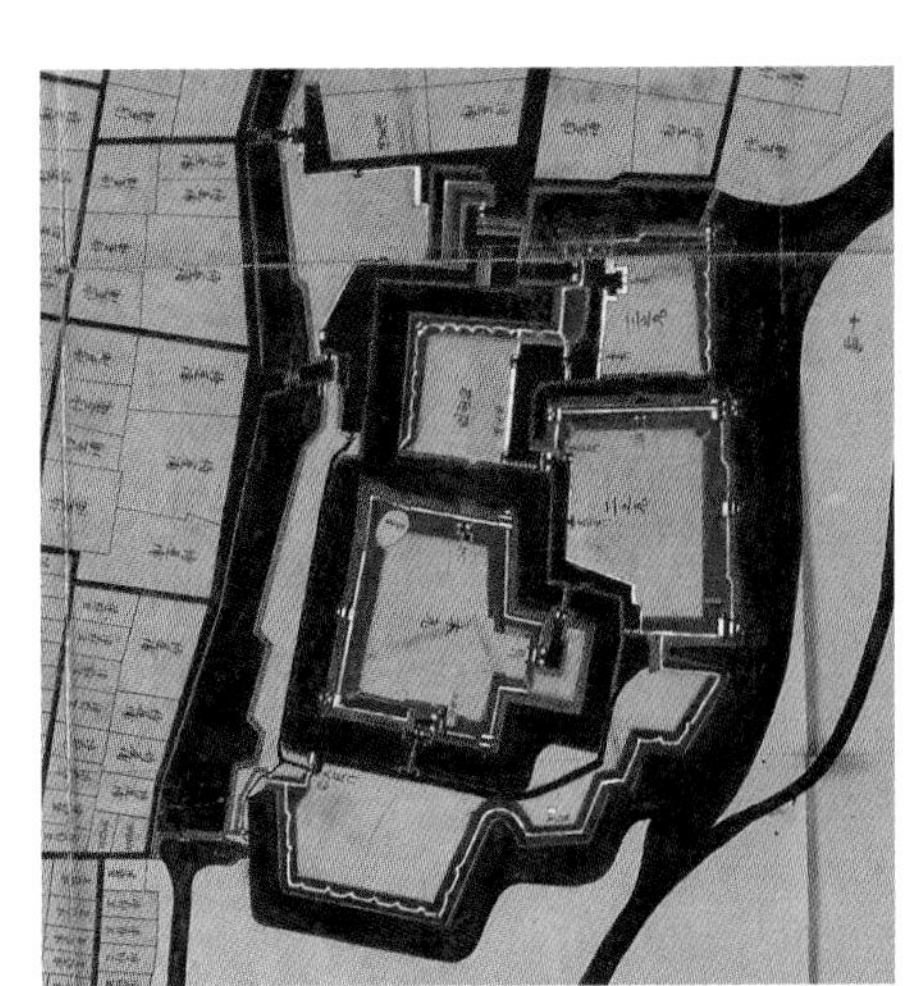

「美濃国加納城下町絵図」
（東京大学史料編纂所蔵）

◉見どころ

●加納城跡は大半が市街地となり、**本丸の石垣**が残るのみである。石垣の石材には珪質の堆積岩が用いられているが、この石は整形が困難なため城郭石垣にはほとんど用いられておらず、大変珍しい。

本丸北東石垣（写真／中井均）

二の丸の石垣（写真／中井均）

●**岐阜市歴史博物館** Webサイト
所在地／岐阜市大宮町2-18-1

●築城年／慶長6年（1601）●築城主／徳川家康　●所在地／岐阜県岐阜市加納丸の内　●交　通／JR東海道本線岐阜駅下車。バス加納中学校前下車。徒歩5分

岐阜県

大垣城

市史跡［1956］

関ヶ原合戦時、西軍が集結した城

関ヶ原合戦に際して石田三成は大垣城に入り、一時西軍の本営となった。合戦後石川康通が入城し、3代にわたって普請を完成させた。寛永12年（1635）に戸田氏鉄が10万石で封じられ、以後明治まで戸田氏の居城となった。美濃平野の中央に築かれた平城で、2段に築かれた本丸と二の丸が連郭で配され、それを取り囲むように三の丸、外郭が輪郭で巡る構造となる。幅の広い水堀を三、四重に巡らせた姿はまさに水の城であった。

天守と乾櫓（写真／加藤理文）
天守は昭和 34 年（1959）に外観復元された。左の乾櫓は昭和 42 年に復元された。

天守古写真
（大垣市立図書館蔵）
大正期の撮影。戦災で焼失するまで国宝の天守であった。

西門（大垣市役所提供）
昭和60年（1985）に「戸田氏入国300周年」を記念して建てられた。本来はこの場所に門はなかった。

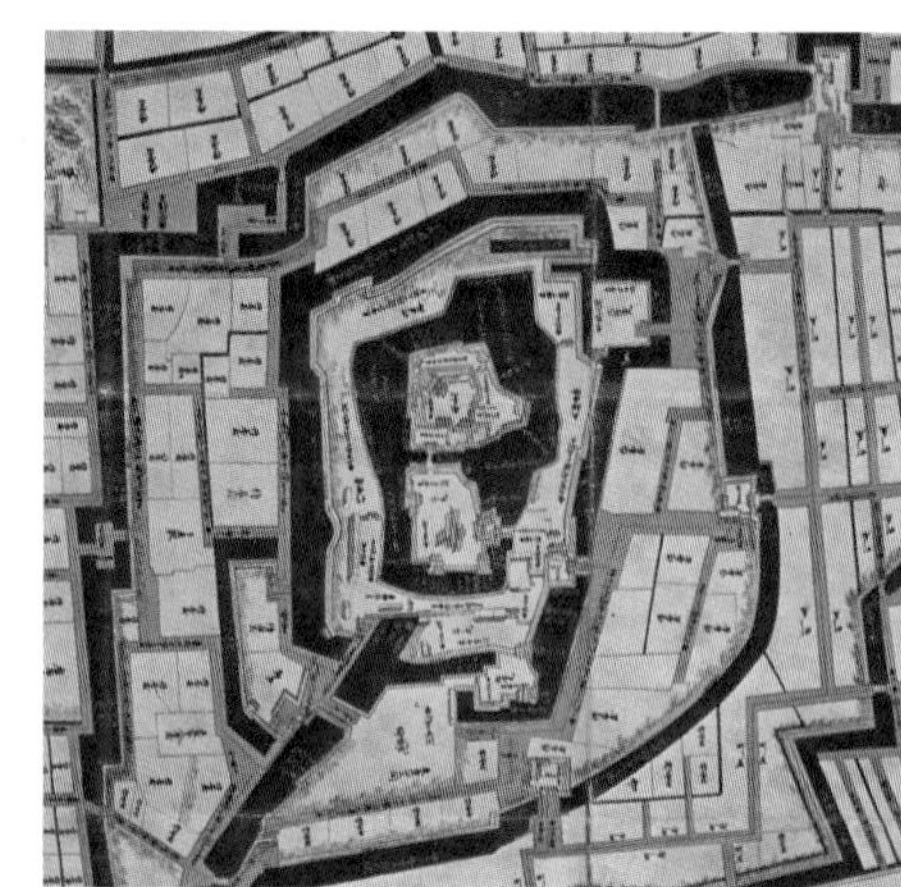

「美濃国大垣城絵図」
（正保城絵図／国立公文書館内閣文庫蔵）

◎見どころ

天守（写真／中井均）

●本丸上段の北西隅には**四重四階の層塔型天守**が構えられていた。天守建築で四重構造は大変珍しい。国宝に指定されていたが太平洋戦争中に惜しくも空襲で焼失してしまった。現在のものは昭和34年（1959）に復元されたものであるが、**四重天守**の様子を知ることができる好例である。

大垣城空撮（写真／中田眞澄）
本丸と二の丸は大垣公園として整備されている。

●**大垣城天守** Web サイト
所在地／大垣市郭町 2-52

●築城年／慶長 6 年（1601）●築城主／石川康通 ●所在地／岐阜県大垣市郭町 ●交 通／ＪＲ東海道本線大垣駅下車。徒歩 10 分

駿府城

大御所徳川家康の隠居城

駿府とはその名の通り、駿河の府中として守護今川氏の守護館が置かれていた。その地を徳川家康は居城とし、さらに秀忠に将軍職を譲ると駿府城を隠居城とした。現在見ることのできる構造はこのときに築かれたものである。その構造は本丸、二の丸、三の丸を回字形に配置する典型的な輪郭式の縄張となる。本丸には本丸御殿と天守が造営され、三の丸には家臣団屋敷が建ち並んでいた。幕府直轄領時代には三の丸に城代屋敷が置かれた。

二の丸巽櫓と東御門桝形（静岡観光コンベンション協会提供）
巽櫓は二の丸の東南隅に設けられた二重三階の隅櫓である。巽櫓に連なるのが二の丸の主要な出入口である東御門。門は二の丸堀（中堀）に架かる東御門橋と高麗門、櫓門、南および西の多聞櫓で構成される桝形門で、巽櫓は平成元年（1989）に復元され、東御門は平成８年に復元された。

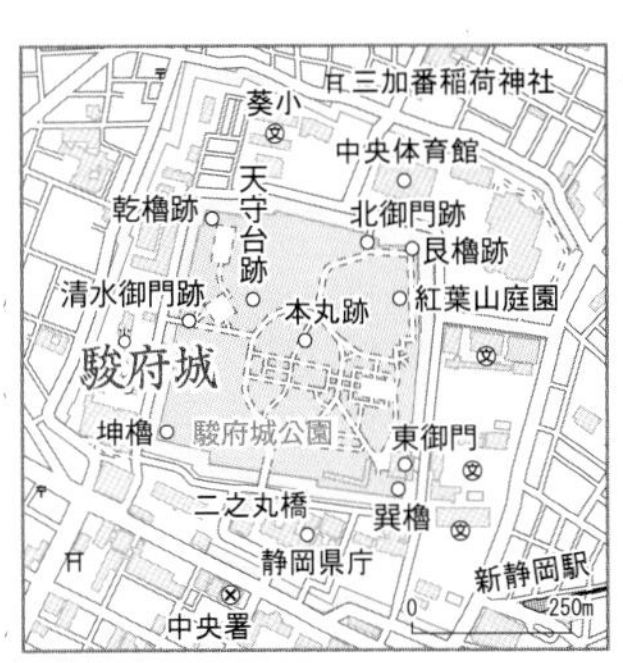

二の丸東御門の高麗門
（写真／中井均）

本丸堀（写真／中井均）
駿府城の三重堀の最も内側の堀。明治 29 年（1896）に埋められたが、発掘調査によりその姿を現した。

本丸内の紅葉山庭園
（静岡観光コンベンション協会提供）

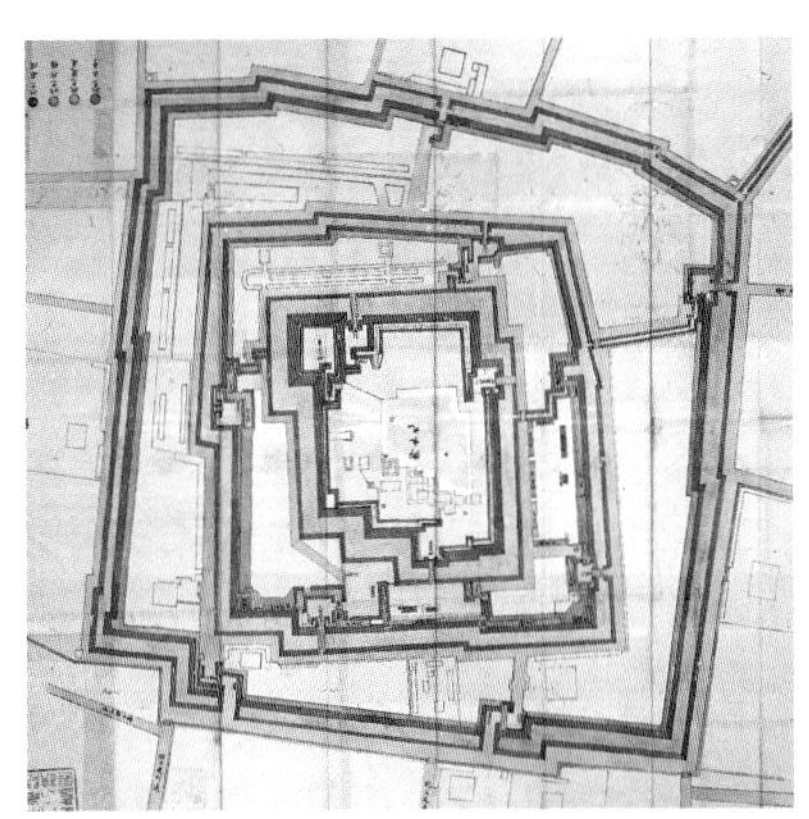
「駿府御城郭之圖」
（筑波大学附属図書館蔵）

二の丸坤櫓（写真／中井均）
平成 26 年（2014）に復元された。

◎見どころ

●本丸の堀は埋め立てられているが、**二の丸と三の丸の堀**はほぼ残されている。石垣については明治の積み直しも目立つが、櫓台や桝形などはよく残り、**東御門と巽櫓は木造で復元**されている。

●駿府城は明治以後陸軍の連隊が置かれ、多くの城郭施設が破壊された。その最たるものが**天守台**である。ところが近年の発掘調査で基底部が検出された。慶長15年（1610）**大御所徳川家康によって造営された天守台**は10間×12間という巨大なものであった。さらに調査ではこの天守台によって埋められた**もうひとつの天守台**も検出された。野面積みの石垣によって築かれた下層天守台も天正16年（1588）の徳川家康によるものと考えられる。

●**駿府城公園　東御門・巽櫓** Web サイト
所在地／静岡市葵区駿府城公園 1-1

●築城年／天正 13 年（1585）　●築城主／徳川家康　●所在地／静岡県静岡市葵区追手町　●交　通／ＪＲ東海道本線・東海道新幹線静岡駅下車。徒歩 10 分

浜松城

市史跡［1959］

若き家康が本拠城とした出世城

浜松の地には今川氏によって曳馬城が構えられていた。元亀元年（1570）に徳川家康が曳馬城に入城し、浜松城と改称した。元亀3年の三方ヶ原の戦いで武田信玄に大敗した家康が浜松城に逃げ込み全ての城門を開門して難を逃れた。近年の発掘調査の結果、家康時代には石垣や瓦葺建物は存在しなかったことが明らかになった。天正13年（1585）に家康は駿府城に移り、天正18年には堀尾吉晴が入城して大改修が施され近世城郭となった。城の構造は舌状台地の先端を利用し、本丸と二の丸を並立させ、本丸には1段高く天守曲輪が配された。また、二の丸東の低地には三の丸が配された。本丸の北側には低湿地が広がり、西池などが天然の水堀の役目を果たしていた。また、城の北東には絵図に古城と記された4ヶ所の曲輪があるが、ここが曳馬城の故地で近世には出丸として機能していた。

天守（写真／中井均）
野面積みの石垣で築かれた現存天守台に、昭和33年（1958）に復興天守が築かれた。復興天守は、予算不足もあり、天守台の3分の2の面積を利用して築かれた。

天守台石垣（写真／中井均）
古式な野面の布積みであるが、出隅は算木積みになっている。この積み方は関ヶ原合戦以前に多いといわれている。布積みとは、石材を一段ずつ横に並べて積み上げ、布の横糸が通ったように積む方法である。天守台上部は、現在の天守を建てる時に積み直したと思われる。

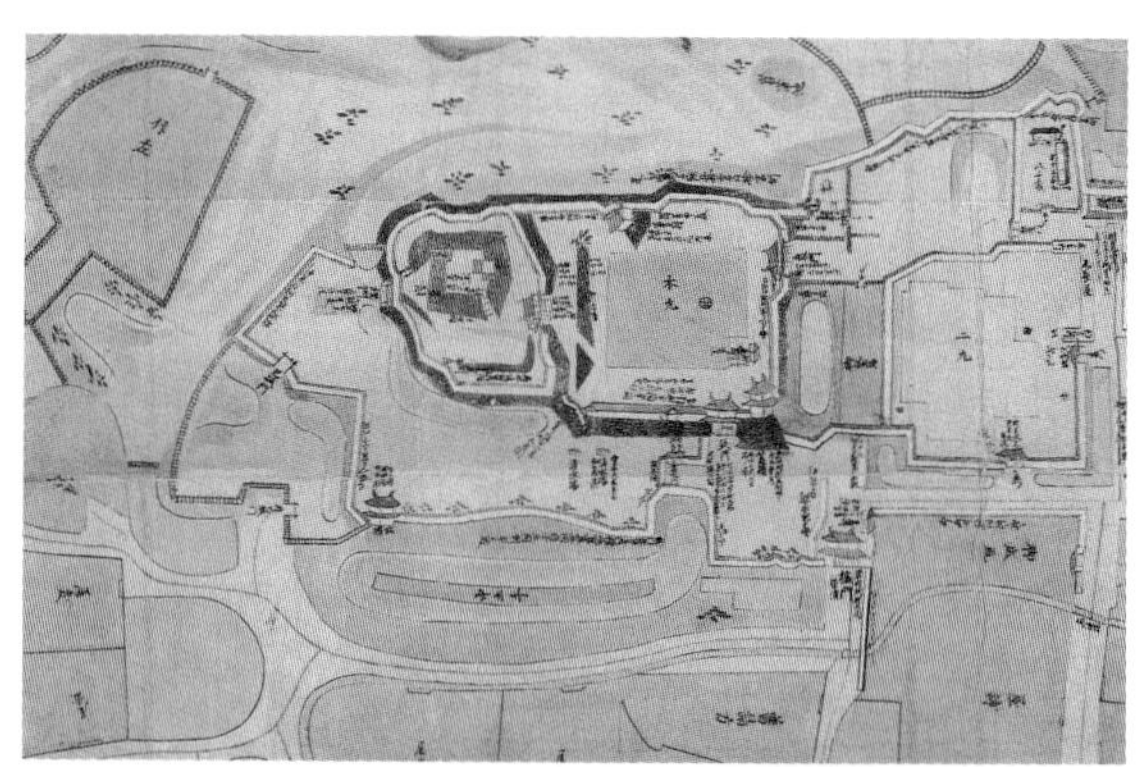

「浜松城古図（安政元年地震破損所区書込）」
（浜松北高校蔵）

本丸から見上げた天守門
（写真／中井均）
天守曲輪の石垣は、不整形な石を荒々しく積んでいるように見えるが、堅牢な古式を伝える石垣である。

明治期の天守曲輪付近石垣（個人蔵）

●築城年／元亀元年（1570）●築城主／徳川家康　●所在地／静岡県浜松市
●交　通／ＪＲ浜松駅下車。徒歩５分

天守と天守門（写真／加藤理文）
平成 26 年（2014）に天守曲輪を護る天守門（櫓門）が復興された。

浜松城空撮
（浜松観光コンベンションビューロー提供）
三方ヶ原台地東南の地にある旧曳馬城跡を中心として浜松城は築かれている。若き日の家康が 17 年間在城した徳川飛翔の城である。開府以来、浜松城主から幕閣の要職に就く者が多く、「出世城」と呼ばれている。写真は浜松城から三方ヶ原方面を望んでいる。

天守台石垣
（浜松観光コンベンションビューロー提供）
堅牢な野面積みは浜松城の特徴の一つとなっている。

◎見どころ

●明治以降城は徹底的に破壊され、現在では天守曲輪がわずかに残されているに過ぎない。近年樹木の伐採が進められ、その**天守曲輪石垣**の全貌が明らかとなった。絵図で描かれた屏風折塀の構造も石垣の屈曲からもよくわかるようになった。また、発掘調査によって堀尾氏時代と見られる**本丸石垣**も明らかとなっている。

樹木伐採状況（写真／中井均）

●**浜松城天守閣** Web サイト
所在地／浜松市中区元城町 100-2

静岡県

国重文・市重文

掛川城

山内一豊が近世城郭へ整備した城

掛川城は戦国時代に今川氏の遠江支配の拠点として築かれ、のちに徳川家康の有するところとなる。天正18年（１５９０）に家康が関東に移されると山内一豊が5万石で入城し、天守を築くなど近世城郭へと大改修を施した。城は逆川に突出した丘陵全体を利用して天守丸を本丸より1段高く築き、東山麓に二の丸、三の丸が構えられ、内堀、十露盤堀、乾堀、松尾池が巡っていた。また大手門が逆川対岸の城下に桝形を構えて配されていた。

天守（写真／中井均）
天守は嘉永７年（1854）に地震により崩壊したままでいたが、平成６年（1994）に復元された。

復元大手門（写真／中井均）
実際に建てられていた位置より50ｍ離れた位置に、平成７年（1995）に復元された。

太鼓櫓（市重文）（写真／中井均）
嘉永７年（1854）の地震後に造営されたが、三の丸から現在地に移築された。

掛川城空撮（写真／中田眞澄）
本丸・二の丸周辺は掛川城公園となっている。

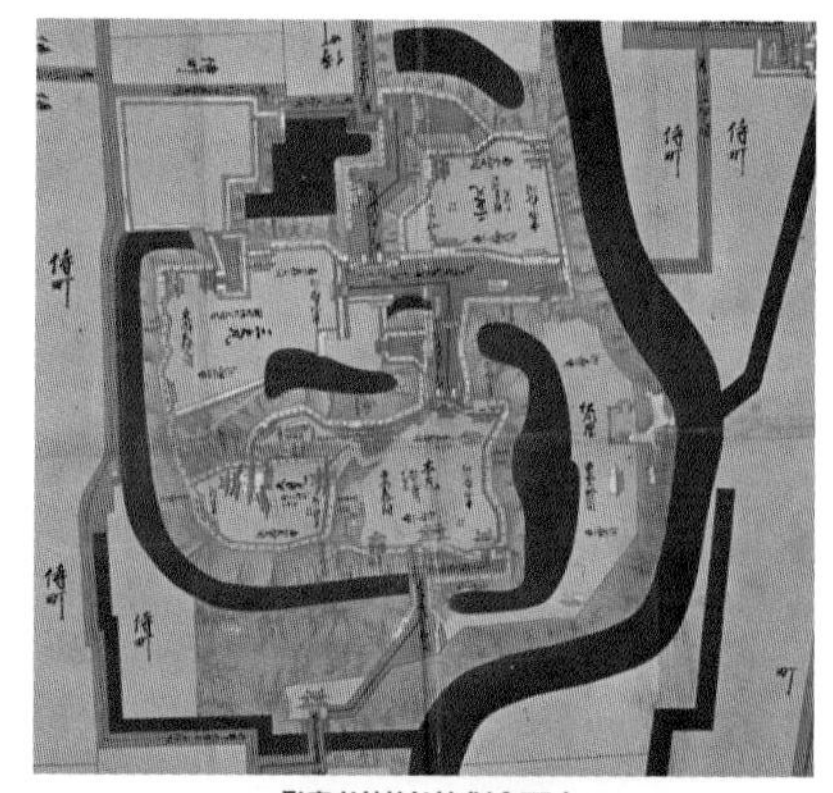

「遠州掛川城絵図」
（正保城絵図／国立公文書館内閣文庫蔵）

◎見どころ

●城跡には**二の丸御殿**が現存している。幕末に再建された御殿であり、大名御殿としては質素な造りとなっている。しかし現存する城郭の御殿として貴重なもので重要文化財に指定されている。

二の丸御殿（国重文）（写真／中井均）

明治34年頃撮影の二の丸・三の丸
（関七郎氏蔵）

●**掛川城天守閣** Webサイト
所在地／掛川市掛川 1138-24

●築城年／天正18年（1590）　●築城主／山内一豊　●所在地／静岡県掛川市掛川　●交　通／ＪＲ東海道本線・東海道新幹線掛川駅下車。徒歩５分

岡崎城

市史跡［1962］

整備拡張で巨大化した家康誕生の城

安城松平（徳川）清康が岡崎に本拠を移し、本格的な城郭が構えられた。徳川家康が関東に移封されると岡崎城には豊臣大名の田中吉政が入城する。吉政は城の整備を行ない天守を築き、惣構の堀を設け、東海道を城下に引き入れた。その縄張は乙川（菅生川）に突出した丘陵の先端に本丸を、それに続く丘陵上に二の丸、三の丸を梯郭式に配した構造となる。さらに曲輪間には小曲輪が迷路のように設けられていた。また丸馬出が多用されており、丸馬出が徳川氏築城の特徴であることを示している。

天守
（写真／石田多加幸）
昭和34年（1959）に天守・付櫓・井戸櫓が外観復元された。

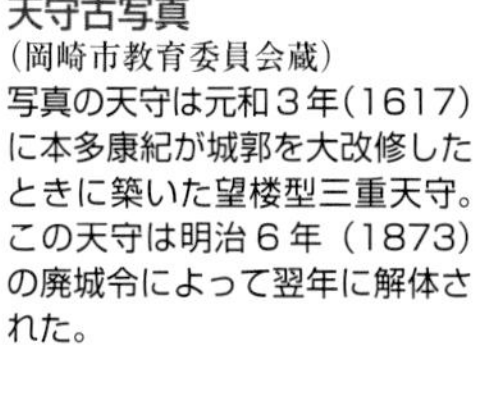

天守古写真
（岡崎市教育委員会蔵）
写真の天守は元和3年（1617）に本多康紀が城郭を大改修したときに築いた望楼型三重天守。この天守は明治6年（1873）の廃城令によって翌年に解体された。

坂谷門跡石垣（写真／中井均）
本丸西側にある坂谷曲輪にある桝形門。

菅生曲輪石垣（写真／中井均）

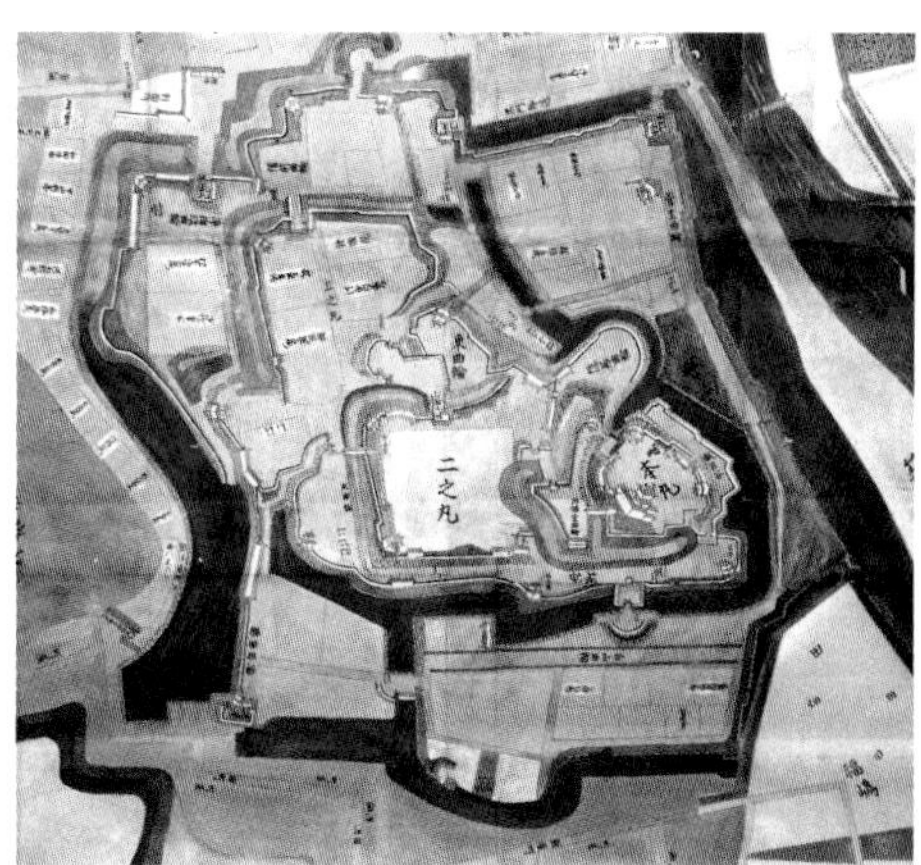

「岡崎城図」
（岡崎市美術博物館蔵）

◎見どころ

●半島状の丘陵の最先端に構えられた岡崎城の本丸を北方に続く丘陵より切断して独立させるために深い**堀切**が設けられていた。戦国時代に西郷青海入道が築いたことから青海堀の名が残されている。
●本丸には外観復元された**天守**が建つ。
●岡崎城は菅生川と矢作川に挟まれた段丘の先端部分に築かれているが、**本丸は石垣**によって構えられている。**他の曲輪は土塁と石垣**を併用して築いている。**外堀**として利用された菅生川に面しては総延長約400メートルを測る長大な石垣が残る。切石を用いた**切石積み**によって築かれ、**随所で折を設けて横矢**を掛けている。近年整備され全体を見ることができるようになった。

青海堀（写真／中井均）

●**岡崎城天守閣** Webサイト
所在地／岡崎市康生町561-1

●築城年／天正19年（1591）頃　●築城主／田中吉政　●所在地／愛知県岡崎市康生町　●交　通／名鉄名古屋本線東岡崎駅下車。徒歩10分

愛知県

名古屋城

国特別史跡［1952］・国重文

豊臣大坂城に備えた天下普請の城

名古屋城は古くは那古野城と呼ばれ、大永年間（1521〜28）に今川氏親によって築かれた。それを織田信秀が奪取し、信長に与えた。この戦国時代の那古野城は現在の名古屋城の二の丸付近に位置していたといわれている。慶長5年（1600）の関ヶ原合戦の戦功により尾張清洲城主であった福島正則は安芸の太守として広島城に移り、替わって清洲城には徳川家康の4男松平忠吉が、続いて9男の義直が城主となる。そこで大坂城を超える超弩級の城郭の造営が必要となり、名古屋城が築かれることとなった。天下普請として助役には西国の外様大名を中心に多くの大名家に動員がかけられた。名古屋城の構造は本丸の西方を御深井丸と西の丸で、南東を二の丸で囲み、さらにそれらの前面に広大な三の丸を配置する梯郭式の縄張となる。また本丸の大手と搦手口の前面には巨大な角馬出が設けられていた。

二の丸

辰巳（東南）隅櫓

本丸表門（表二之門）

名古屋城空撮
（株式会社竹中工務店提供）
本丸南面にある南御門枡形の表二之門、両側に本丸辰巳隅櫓、未申隅櫓、いずれも国重要文化財。表二之門を抜けると、平成30年（2018）完成公開されている本丸御殿。

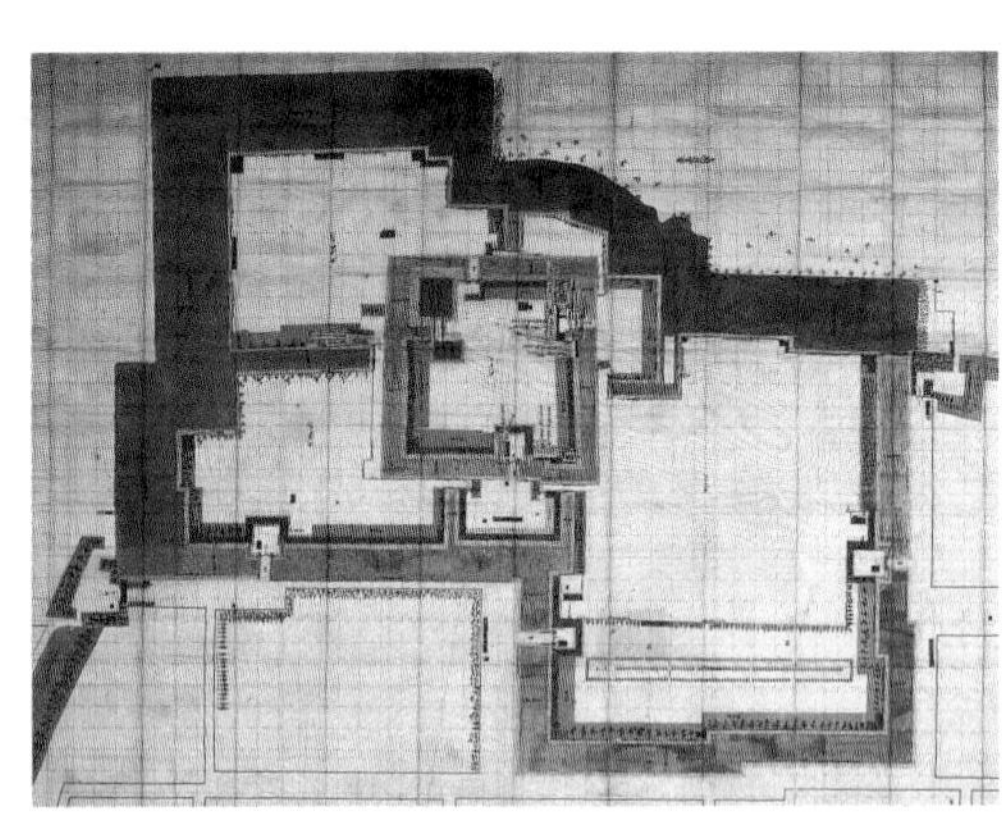

「元禄拾年御城絵図」
（名古屋市蓬左文庫蔵）

正門（写真／松井久）
戦災により焼失していたが、天守とともに昭和34年（1959）に外観復元された。

本丸未申（西南）隅櫓（国重文）と天守（写真／松井久）
未申隅櫓と天守の間には具足多聞櫓が設けられていた。

●築城年／慶長15年（1610）●築城主／徳川家康　●所在地／愛知県名古屋市中区本丸
●交　通／ＪＲ東海道本線名古屋駅下車。バス名古屋城正門前下車

◉見どころ

●名古屋城は天下普請によって築かれた城である。その天守台の石垣普請については加藤清正が自ら進んで受け持ったと伝えられている。その北東隅部には**「加藤肥後守　内小代下総」の刻印**を施した石を見ることができる。なお本丸東門の桝形内に据えられた巨石は名古屋城内最大のものである。ここは黒田長政の丁場であり、清正とは一切関係がないにも関わらず、この石は**清正石**と呼ばれており、築城の名手としての清正伝説となっている。

天守台の刻印（写真／中井均）

本丸の清正石（写真／中井均）

●**本丸御殿** Web サイト
所在地／名古屋市中区本丸 1-1

本丸御殿　玄関一之間（名古屋城総合事務所提供）
玄関の一之間と二之間の２室とも虎の絵が描かれ、虎の間とも称した。床の間脇の棚は、上段之間などの格式の高い部屋に設けられるものである。その違棚の上の違棚天袋は小さな収納場所である。天袋の襖絵も熟練した絵師が描いている。

旧二の丸東二の門（国重文）（写真／松井久）
本丸東二の門跡に移築されている。

二の丸大手二の門（国重文）（写真／松井久）
二の丸の大手である西鉄門の二の門。

御深井丸の西北隅櫓（清洲櫓）（国重文）（写真／松井久）
清洲城の小天守を移築したと伝えられる三重三階の櫓。

本丸表二の門（国重文）（写真／松井久）
桝形二の門奥の一の門（櫓門）は戦災で焼失した。

本丸御殿玄関・式台（名古屋城総合事務所提供）
平成 25 年（2013）に復元された御殿玄関。正面に唐破風造の式台、その奥に入母屋造りの妻入の玄関。

本丸御殿玄関・式台（名古屋城総合事務所提供）

名古屋城古写真（『国宝史蹟 名古屋城』所収）
天守左前に小天守、その前に広がる本丸御殿。左手前の門は本丸表門の一の門（櫓門）。

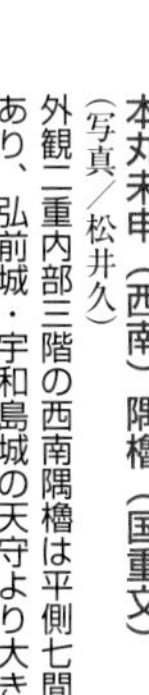

本丸未申（西南）隅櫓（国重文）
（写真／松井久）
外観二重内部三階の西南隅櫓は平側七間、妻側六間あり、弘前城・宇和島城の天守より大きい。

本丸辰巳（東南）隅櫓（国重文）
（写真／松井久）
外観二重内部三階、本丸未申隅櫓と同じ大きさである。名古屋城は、三重天守級の櫓を隅櫓としていた。

愛知県

吉田城

池田照政が大改修した後堅固の城

今川義元は今橋城を東三河支配の拠点として城代を置き、名を吉田城と改めた。天正18年（1590）の徳川家康関東移封に伴い池田照政（輝政）が入城し、近世城郭へと改修を行なう。しかしこの改修は関ヶ原合戦で中断し、ついに未完に終わってしまった。豊川を背面に控え、本丸、二の丸、三の丸をコの字状に配置する後堅固の典型的な梯郭式縄張となる。豊川に面した本丸北面には腰曲輪が設けられ、隅部に川手三重櫓が構えられ、川筋からの攻撃に備えていた。

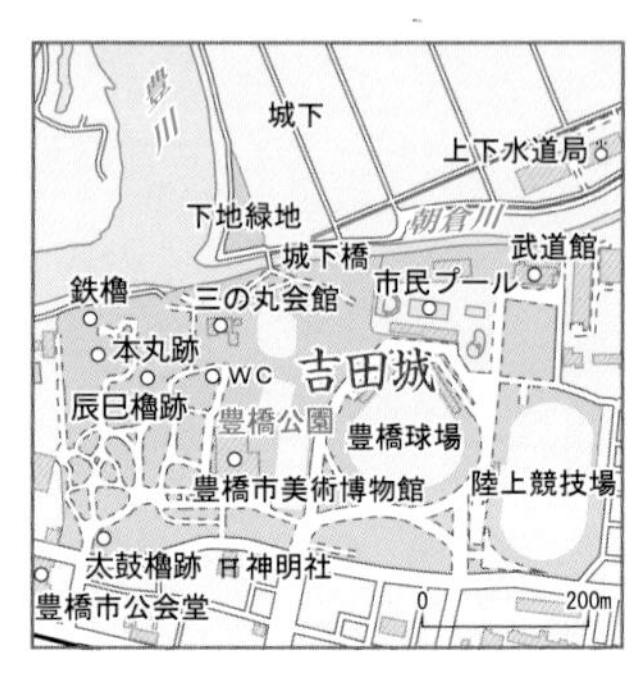

復興鉄櫓（豊橋市役所提供）
昭和29年（1954）、本丸鉄櫓跡に三重隅櫓を復興した。

吉田城古写真（深井政秀氏蔵）
明治初期に撮影された本丸と腰曲輪。明治6年（1873）の失火により建物の大半が焼失、残った建物も同9年に取り壊された。

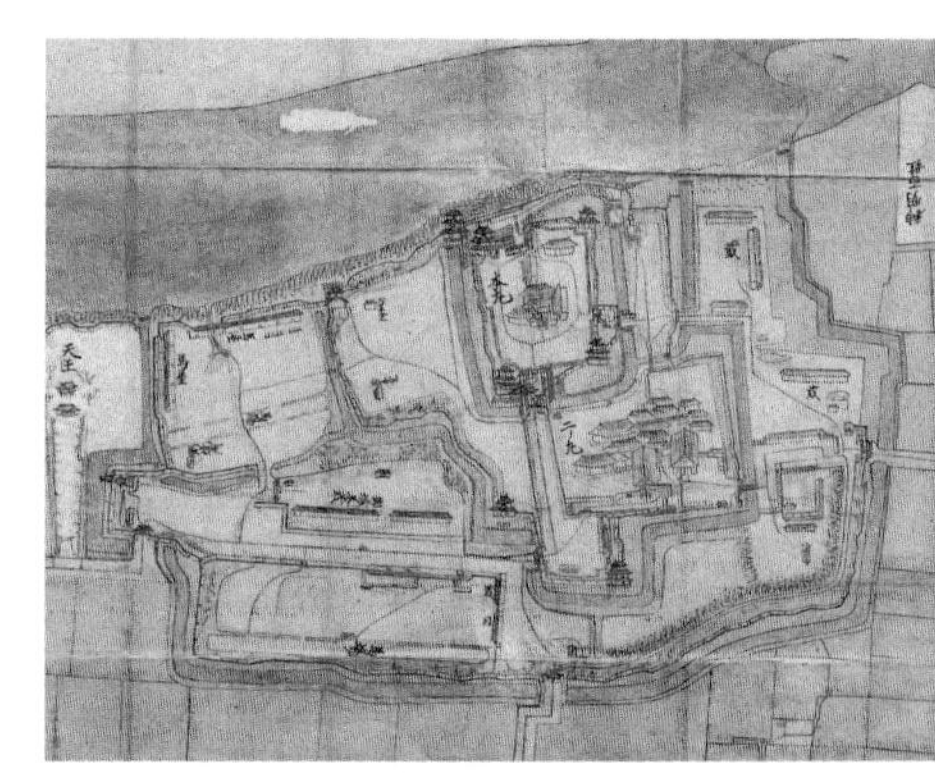

「三州吉田城図」
（豊橋市中央図書館蔵）

武具所跡の本丸高石垣と石段
（愛知県庁提供）

本丸内から見た復興鉄櫓
（愛知県庁提供）

◎見どころ

●本丸の北西隅には三重の**鉄櫓**が配されていた。その櫓台の西辺は空堀となり**石垣**は高さ7メートルにおよぶ。自然石を積み上げた**野面積**で、池田輝政によって築かれたものと考えられる。

●吉田城は本丸が公園となっているほか、二の丸も土塁と堀が完存している。城は豊川に面して築かれており、後堅固の構えとなっている。豊川は防御としての外堀の役目とともに、船運を利用して城内に直接物資を搬入する運河でもあった。その**物資搬入口**としての**水門**が残されている。**切石積みの石垣**は高さ5メートルを測るもので、間口は二間程度である。往時は豊川と直接繋がっていた。

水門の石垣（写真／中井均）

鉄櫓台の石垣（写真／中井均）

●**吉田城鉄櫓** Webサイト
所在地／豊橋市今橋町3-1

●築城年／天正18年（1590）　●築城主／池田輝政　●所在地／愛知県豊橋市今橋町　●交　通／JR東海道本線豊橋駅下車

愛知県

市史跡［1952］

西尾城

二の丸に三重天守を構えた城

天正18年（1590）に徳川家康が関東に移封されると豊臣大名の田中吉政は岡崎城に入城し、西尾城を支城とした。江戸時代には代々譜代大名の居城となるが、めまぐるしく城主は替わった。本丸を最奥部に構え、その前面に二の丸、北の丸、三の丸が構えられる梯郭式の縄張となる。天守は本丸に構えられず、二の丸に置かれる珍しいものであった。また正保城絵図にはほとんどの塀が「く」の字状に張り出す屏風折塀に描かれている。

本丸復元丑寅櫓と鍮石門（愛知県庁提供）
本丸丑寅櫓は平成８年（1996）に推定復元された。本丸・二の丸・三の丸の一部が豊橋公園となっている。

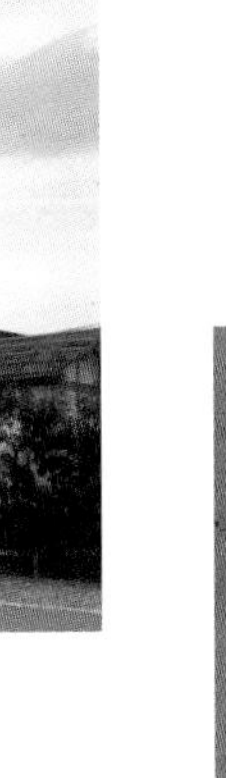

鍮石門（写真／石田多加幸）
鍮石門は城主の居住した二之丸御殿に至る表門。平成８年（1996）に推定復元された。

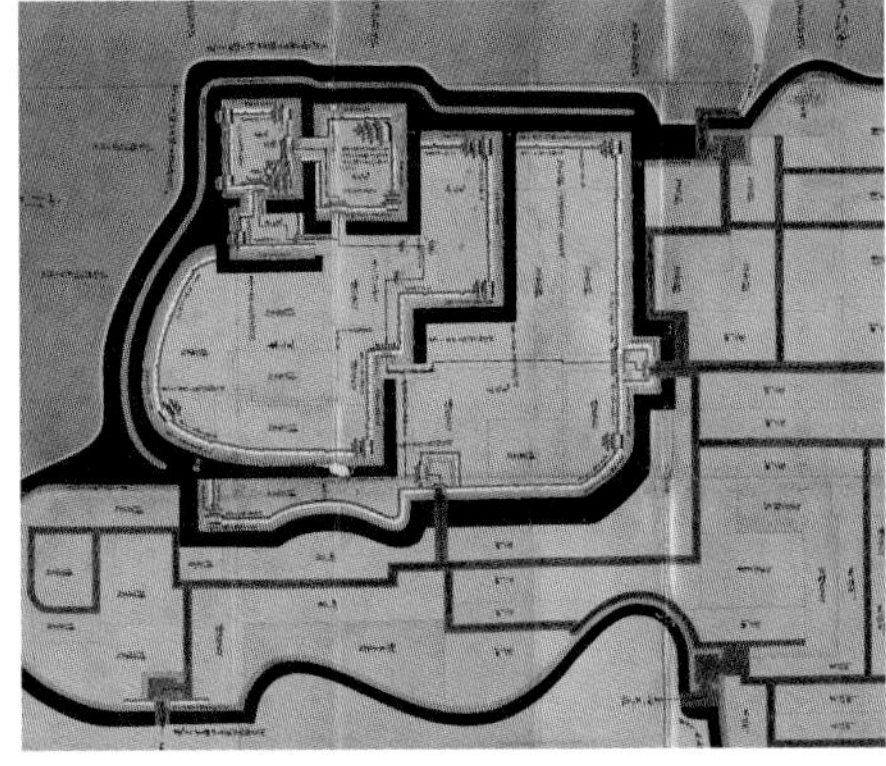

「三河国西尾城絵図」
（正保城絵図／国立公文書館蔵）

二の丸天守台石垣
（写真／中井均）
西尾城の二之丸跡北側を平成26年（2014）歴史公園と一体化した史跡公園として整備した。

復元された二の丸丑寅櫓
（写真／中井均）
櫓内部は3階建てとなっている。

◎見どころ

●本丸の北東隅には丑寅櫓が構えられていた。その**丑寅櫓石垣**は上下で積み方がまったく違っている。上層は櫓を支え、下層は乱雑で高く見せようとしただけのものだったようだ。

復元櫓を支える高石垣
（写真／石田多加幸）

●西尾市資料館 Webサイト
所在地／西尾市錦城町229

●築城年／天正18年（1590）●築城主／田中吉政 ●所在地／愛知県西尾市錦城町 ●交　通／名鉄西尾線西尾駅下車。徒歩約15分

犬山城

国宝・国史跡【2019】

木曽川に臨む望楼型天守のある城

犬山城の築城については古くより天文6年（1537）に織田信康が木下城より現在地に移したと伝えられるが、現在見られる姿の城郭として整備されるのは慶長5年（1600）の関ヶ原合戦後に入城した小笠原吉次以降のことである。元和3年（1617）より徳川家康の命により尾張徳川家の付家老となった成瀬正成が城主となる。慶応4年（1868）に明治新政府により諸侯に列せられ犬山藩が成立した。城は木曽川にそそり立つ断崖上に築かれており、天守はその最北端に配され、直下に木曽川が流れている。断崖上には本丸、杉の丸、樅の丸、桐の丸、松の丸が階段状に配置される典型的な後堅固の縄張であった。城の南に延びる台地上には二重の堀が巡らされ、城下町が構えられていた。

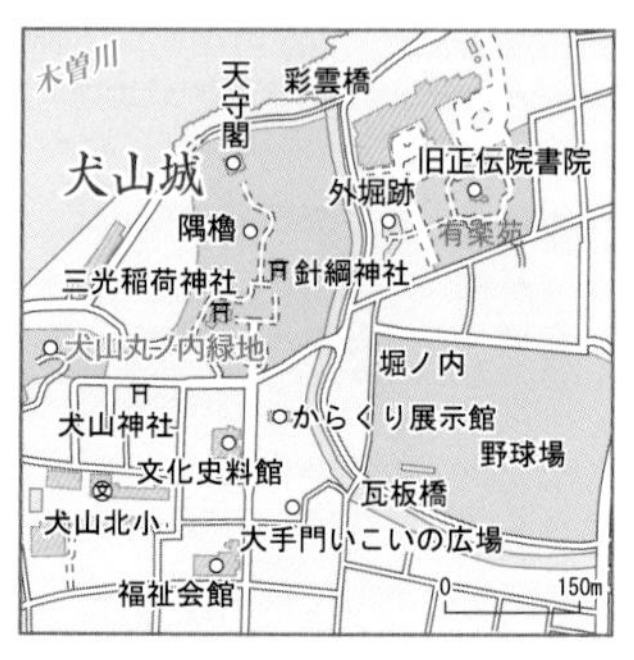

天守（国宝）（写真／石田多加幸）
姫路城・松本城・彦根城・松江城とともに数少ない国宝天守である。天守は三重四階、地下二階に付櫓（写真右）が付く。大入母屋の屋根に最上階の望楼が載る、望楼型天守の構造となる。

天守1階上段の間（写真／中井均）

天守地階内部（犬山市観光協会提供）

「尾張国犬山城絵図」
（犬山城白帝文庫蔵）

天守３階内部（犬山市観光協会提供）

天守３階唐破風の間（犬山市観光協会提供）

天守１階内部（犬山市観光協会提供）

●築城年／慶長５年（1600）　●築城主／小笠原吉次　●所在地／愛知県犬山市大字犬山字北古券
●交　通／名鉄犬山線犬山遊園地下車。徒歩10分

遠望（写真／中井均）
木曽川に望む標高 40 m の丘陵上に建つ犬山城天守は、その姿から「白帝城」の別名をもつ。

本丸鉄門（写真／石田多加幸）
昭和 40 年（1965）に復興した櫓門。

犬山城古写真（個人蔵）
真下中央に本丸東下腰曲輪の丑寅櫓と右端に水の手櫓が見える。天守以外の大半の建物は明治 9 年（1876）から 20 年頃までに払い下げられ、取り壊された。

◎見どころ

●**犬山城天守**は三重四階地下二階構造で付櫓が付く。国宝5城のひとつで**日本最古の天守**といわれ、天文年間建造説や、美濃金山城移築説などが唱えられていたが、解体修理の結果、関ヶ原合戦以後に新造されたことが明らかとなった。三階の唐破風と最上階の廻縁は元和6年（1620）に増築されたもの。また一階の座敷が古式天守の根拠とされてきたが、これも幕末に改修されたことが判明。

天守（写真／中田眞澄）

天守一階の出張りと石落
（犬山市観光協会提供）

●**犬山市文化史料館** Web サイト
所在地／犬山市大字犬山字北古券 8

三重県

津城

県史跡［2005］

築城名人藤堂高虎が築いた居城

織田信良（信包）によって築かれた安濃津城は、慶長13年（1608）に藤堂高虎が入封し、同16年より大改修が行なわれ、縄張は一新された。方形の本丸の東西に東の丸と西の丸という馬出機能をもつ小曲輪を配し、それらを巨大な内堀が巡っていた。内堀は本丸の南側では約50間を測る大規模なものであった。その外周には二の丸が置かれる輪郭式の縄張である。本丸が直線的であるのに対し、二の丸は随所で屈曲し、折が設けられていた。

戊亥櫓台石垣
（津市役所提供）
名築城家として名高い藤堂高虎が築いた石垣の特徴ともいえる反りのない直線的な石垣が続く。

模擬三重櫓
（写真／石田多加幸）
昭和33年（1958）に本丸東鉄門桝形の多聞櫓跡に建てられた三重櫓。

津城空撮（三重県史編纂室グループ提供）
本丸・西の丸はお城公園となり、天守台や本丸・西の丸石垣が現存する。

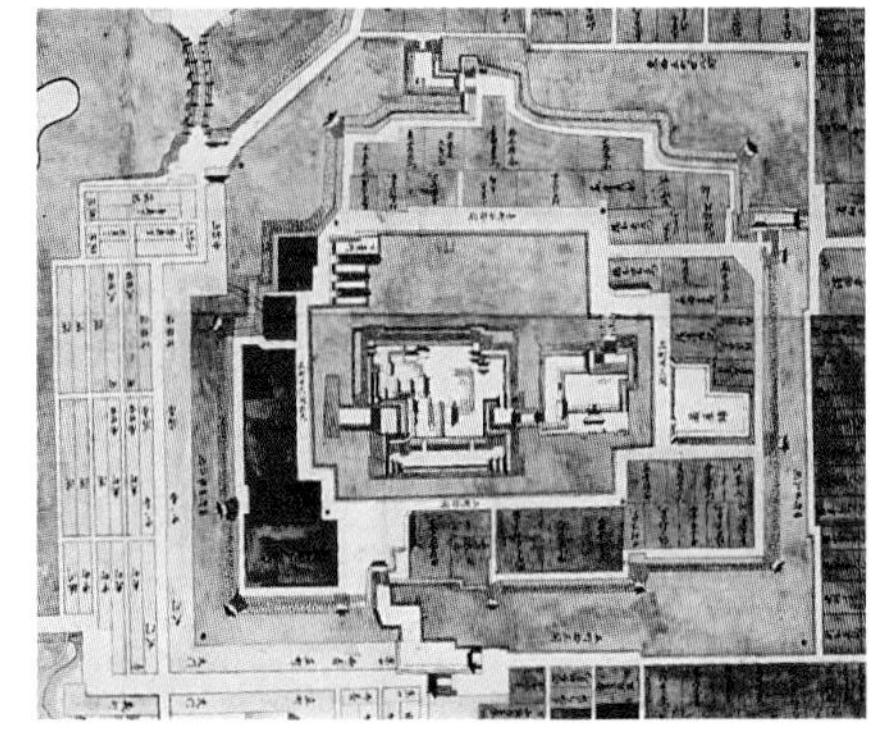

「津城下図」寛永年間
（津市教育委員会蔵）

明治初期撮影の丑寅櫓（樋口清砂氏蔵）
写真手前が丑寅櫓、多聞櫓を通して奥に見えるのが戊亥櫓。

戊亥三重櫓石垣と犬走り（写真／中井均）

◎見どころ

●**石垣**は藤堂高虎の築いたもので、直線的で反りのない特徴をよく現している。本丸の東、南の二面には内堀との間に低い**犬走り**が設けられていた。これも高虎の石垣の特徴のひとつで、篠山城や今治城にも認められる。

●築城年／慶長16年（1611）　●築城主／藤堂高虎　●所在地／三重県津市丸之内　●交　通／近鉄名古屋線津新町下車。徒歩5分

三重県

亀山城

鈴鹿峠を控えた要衝地に築かれた城

東海道鈴鹿関に面した要衝の地である亀山には関氏によって城郭が構えられた。天正18年（1590）に入城した岡本宗憲は天守を造営するなど近世城郭へと改修した。さらに寛永13年（1636）から本多俊次によって西出丸の新造や、外堀の整備が行なわれ縄張がほぼ確定した。その構造は鈴鹿川北岸の台地上に本丸、二の丸、東三の丸、西出丸が一直線に配置される連郭式の縄張であった。

本丸多聞櫓（写真／中井均）
明治の廃城後の明治4年（1871）、本丸多聞櫓を除き、本丸三重櫓以下の建物が払い下げられ、取り壊された。多聞櫓は亀山城で唯一現存する城郭建造物として県重要文化財に指定されている。平成25年（2013）に江戸時代と同じ総塗籠に修復された。

本丸多聞櫓内部
（写真／中井均）
内部は太い梁と屋根を見せ、側面は柱を見せた白壁造である。

本丸三重櫓跡
（写真／中井均）
ここに層塔型の三重三階の櫓が建っていた。

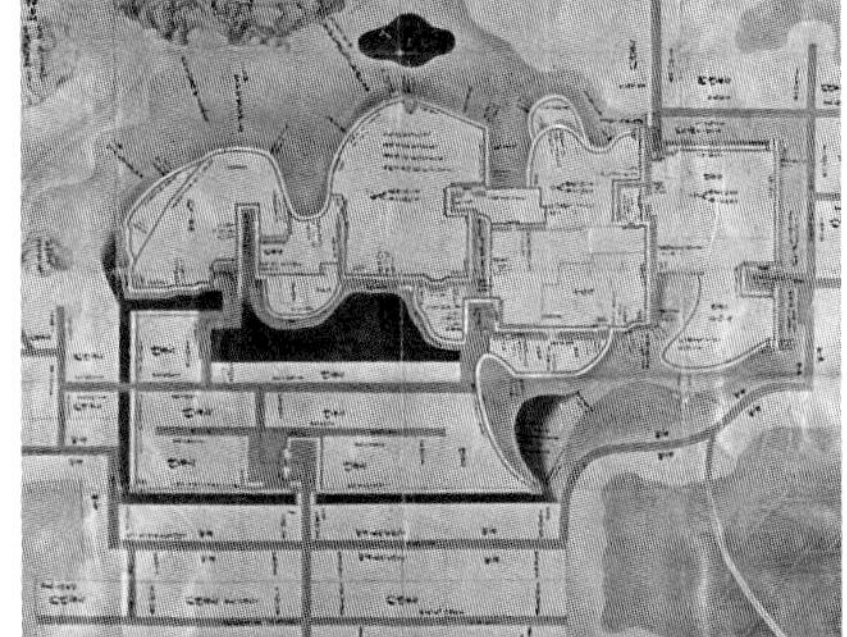

「伊勢亀山城絵図」
（正保城絵図／国立公文書館内閣文庫蔵）

明治初期撮影の本丸三重櫓（亀山市歴史博物館蔵） 亀山城最大の櫓。寛永18年（1641）に建てられ、天守解体後は天守の代用となっていた。明治4年（1871）に取り壊された。

◉見どころ

●亀山城は基本的には土塁によって構築され、門や櫓などの部分にのみ石垣が用いられている。本丸南面の石垣は**野面積**で本丸多聞櫓に対して**横矢枡形**を設けて横矢を効かせている。

修復前の本丸多聞櫓（写真／石田多加幸）

●**亀山市歴史博物館** Webサイト
所在地／亀山市若山町7-30

●築城年／天正18年（1590） ●築城主／岡本宗憲 ●所在地／三重県亀山市本丸町 ●交　通／JR関西本線亀山駅下車。徒歩10分

三重県

上野城

国史跡［1967］

徳川の城として大拡張された城

天正13年（1585）に大和郡山より筒井定次が伊賀へ国替えとなり上野城を居城として改修を行ない天守などを造営した。定次が改易されるとその後には藤堂高虎が入城し、自ら縄張を行ない現在の姿へと改修された。高虎が津城へ移った後も廃城とならず城代が置かれた。台地上に本丸を配し、その周囲に内堀を巡らす。さらに山麓に方形に二の丸を構え、その周囲には水堀が巡らされている。この二の丸の東西2か所に大手門が構えられていた。

模擬天守（三重フォトギャラリー提供）
昭和10年（1935）に川崎克により模擬天守（伊賀文化産業城）が建てられた。名築城家藤堂高虎が築こうとした五重天守は完成間近に暴風で倒壊、以後再建されることはなかった。

本丸西側の高石垣（写真／中井均）
高さ約26メートルを誇る高石垣。屏風折の石垣が連なる。

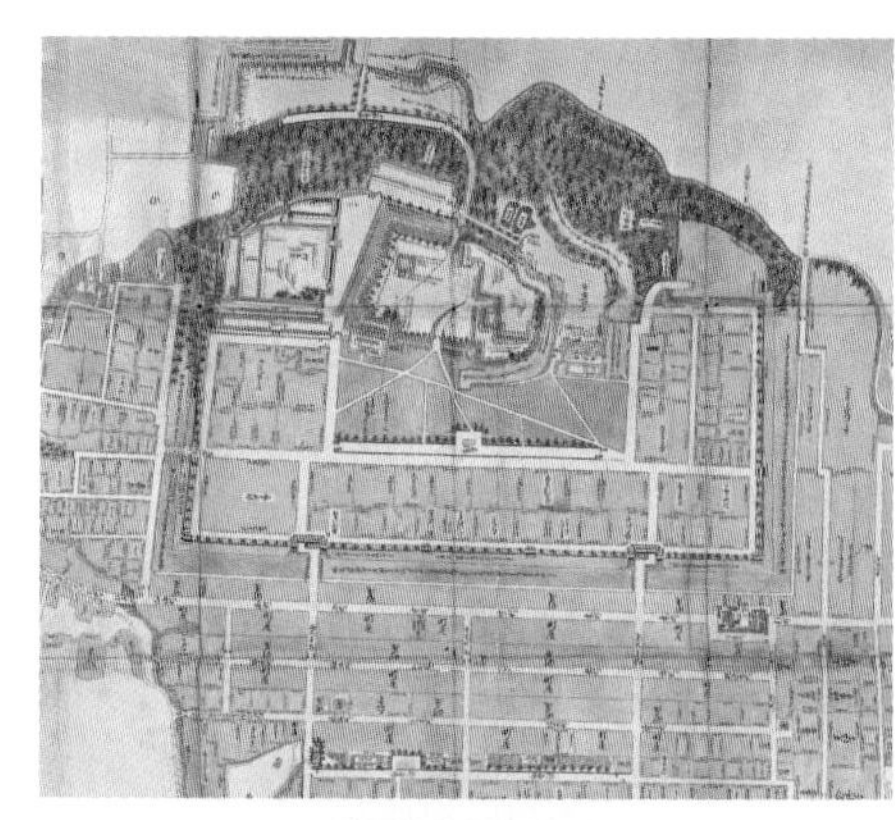

「伊賀上野城図」
（名張市教育委員会蔵）

三の丸西大手門古写真
（福井健二氏蔵）
明治後期の撮影。西大手門は米倉庫として明治40年（1907）まで使用され、その後取り壊された。

伊賀上野城空撮（伊賀文化産業協会提供）
本丸とその周辺は上野公園となっている。

◉見どころ

●伊賀上野城の見所といえば何といっても本丸西面の**高石垣**であろう。高さは26メートルを測る。築城の名手藤堂高虎の石垣は反りを持たず直線的な勾配を特徴としている。

本丸西側の高石垣（三重フォトギャラリー提供）

●**伊賀上野城** Webサイト
所在地／伊賀市上野丸之内106

●築城年／天正13年（1585）　●築城主／筒井定次　●所在地／三重県伊賀市上野丸之内　●交　通／近鉄伊賀線上野市駅下車。徒歩10分

三重県

神戸城

県史跡［1937］

五重天守があった信長ゆかりの城

織田信長は伊勢を攻め、3男信孝を神戸氏の養子として家督を継がせた。その神戸氏の居城が神戸城である。信孝は五重天守を造営し、金箔瓦の使用が許された。江戸時代には城主が転々と替わり、最終的にはわずか1万5000石で本多氏が城主となる。神戸城は本丸を中心に二の丸、三の丸、西曲輪、南曲輪が梯郭式に配置される構造で、天守は桑名城の隅櫓（神戸櫓）として移されたといわれている。

天守台（写真／中井均）
天守台付近から金箔瓦が出土することから、天正8年（1580）の織田信孝築城時の天守台の石垣と考えられる。

天守台（写真／中井均）
野面積みの石垣で築かれて天守台。信孝時代に聳えていた天守は、文禄4年（1595）に桑名城に三重櫓として移築され神戸櫓となった。

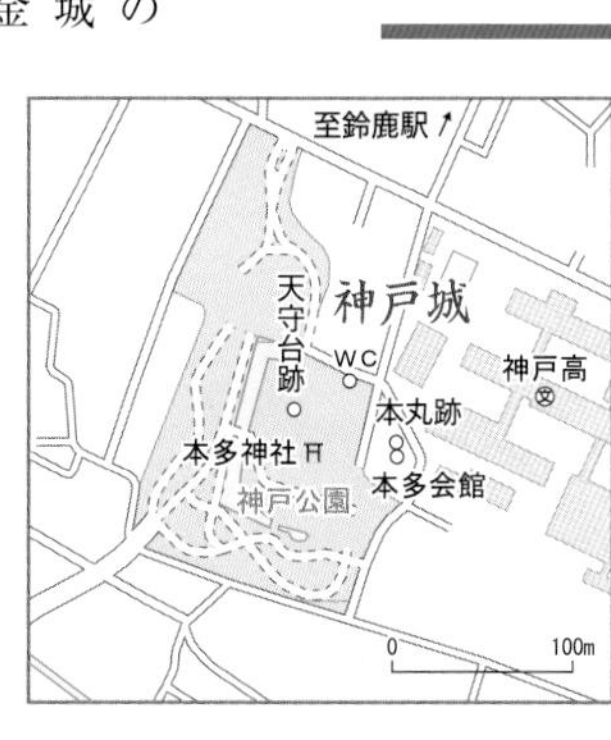

神戸城空撮（写真／中田眞澄）
本丸付近は神戸公園となっている。

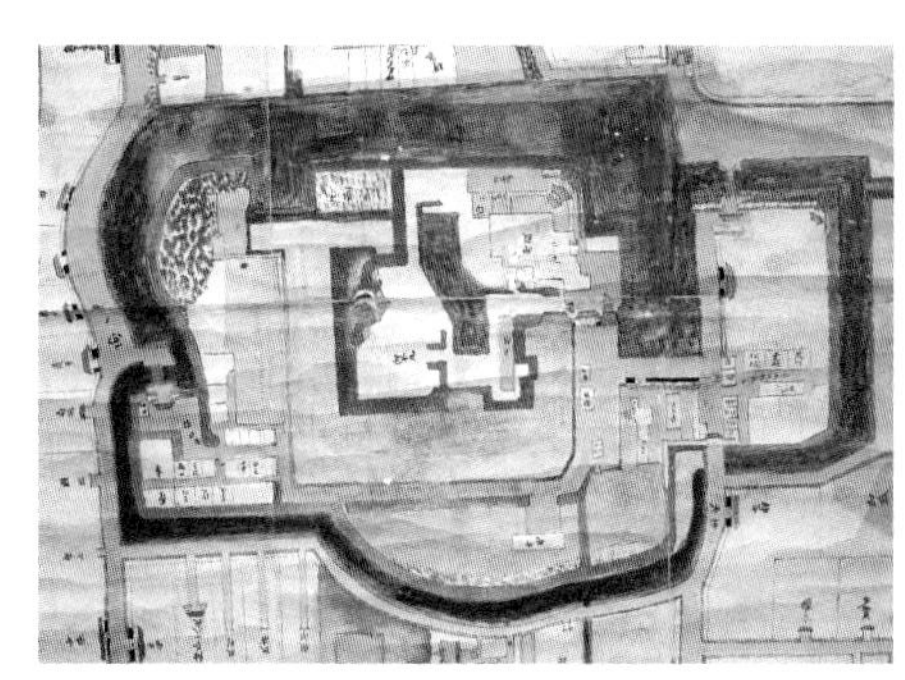

「神戸城絵図」
（鈴鹿市教育委員会蔵）

◎見どころ

●城跡は大半が破壊されてしまい、わずかに本丸の石垣と堀、土塁の一部が残存しているにすぎない。そのなかで**天守台**はほぼ完存している。信孝によって築かれたもので河原石を野面に積んだものである。

天守台石垣（写真／中井均）

明治初期に撮影された本丸隅櫓（福井健二氏蔵）
天守に代わる城の象徴であった。明治4年（1871）の廃城後に取り壊された。

●築城年／天正8年（1580）　●築城主／神戸（織田）信孝　●所在地／三重県鈴鹿市神戸本多町　●交　通／近鉄鈴鹿線鈴鹿市駅下車。徒歩約15分

三重県

県史跡［1953］

田丸城

織田信雄が近世城郭に大改修した城

織田信長は伊勢を攻め、次男信雄を北畠氏の養子として伊勢支配を任せた。その支配の拠点となったのが田丸城である。このとき三重の天守が構えられたという。しかし天正8年（1580）に炎上し、信雄は松ヶ島城（松阪市松ヶ島町）に移った。江戸時代には紀州藩支配となり、田丸城には付家老久野氏が入れ置かれた。田丸城は本丸を中心に両脇に北の丸、二の丸を配置する連郭式で、東側に一段低く三の丸が置かれ、周囲を水堀で固めていた。

天守台遠望（玉城町教育委員会提供）
本丸虎口付近の石垣。田丸城は明治維新により廃城となり、城内の建物は破却され、本丸・二の丸はほぼそのまま遺構が残る。

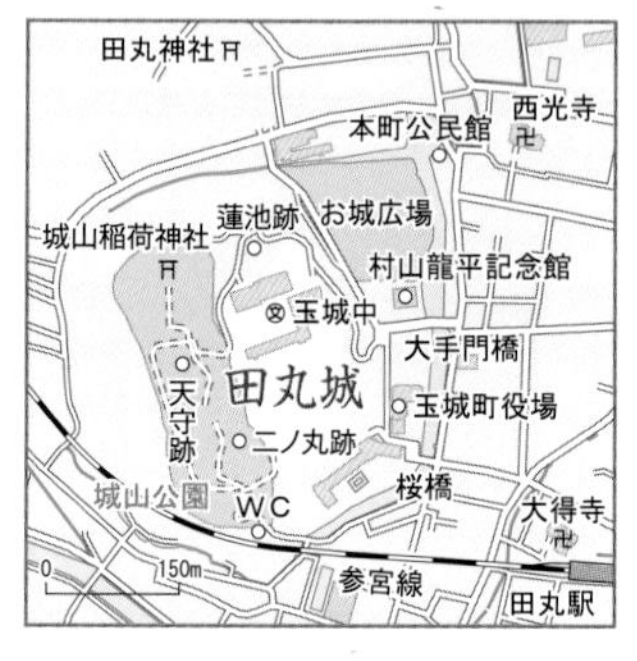

天守台石垣（写真／中井均）
天守台は東西約17m、南北約18m、高さは約4mの石垣である。手前の付櫓台の石垣と石段は近世以降に改造されたもの。

田丸城空撮（写真／中田眞澄）

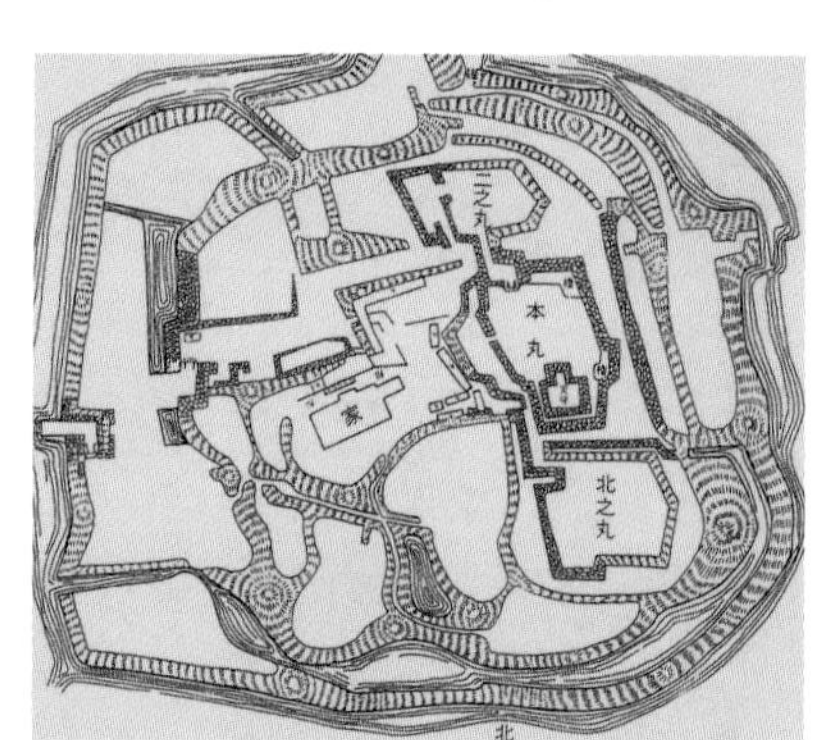

「田丸城宝暦年間図縮写」

富士見門（写真／中井均）
富士見門は長屋門形式の門で、江戸中期に建造された。かつては門の両側に長屋が付いていた。昭和59年（1984）に再移築された。

天守台古写真（玉城町教育委員会提供）
昭和30年（1955）に撮影された。

◎見どころ

●本丸の北端には穴蔵を有する**天守台**が残る。これは織田信雄段階のものではなく、天正18年（一五九〇）に入城した稲葉重通によって築かれたものと考えられる。

天守台石垣（玉城町教育委員会提供）

●築城年／天正3年（1575）　●築城主／織田（北畠）信雄　●所在地／三重県度会郡玉城町田丸　●交　通／JR参宮線田丸駅下車。徒歩約5分

三重県

松坂城

国史跡［2011］

蒲生氏郷が築いた石垣造りの新城

天正12年（1584）に伊勢を賜った蒲生氏郷は当初松ヶ島城（松阪市松ヶ島町）に入るが、天正16年に新たな支配の拠点として築いたのが松坂城である。江戸時代には紀州徳川藩領となり、城には代官や城代が置かれた。坂内川に面した独立丘陵を南北に分断し、北側を城域とし、南側は鎮守として八幡宮を置いた。本丸は天守と御殿を置く上段からなる二段構造となり、丘陵中段に隠居丸、二の丸が構えられ、丘陵全体を囲むように下段に三の丸が配されている。

松坂城空撮（写真／中田眞澄）
松坂城は明治維新を迎え廃城となり、城内の建物は破却され、本丸・二の丸はほぼそのまま遺構が残り、松阪公園となっている。

本丸石垣（写真／中井均）
本丸虎口付近の石垣。

天守台石垣（写真／中井均）
天守台に建てられた天守の詳細は不明だが、三重の天守といわれている。

本丸金の間櫓跡（写真／中井均）
松坂城の櫓でも規模の大きい櫓が建っていた。

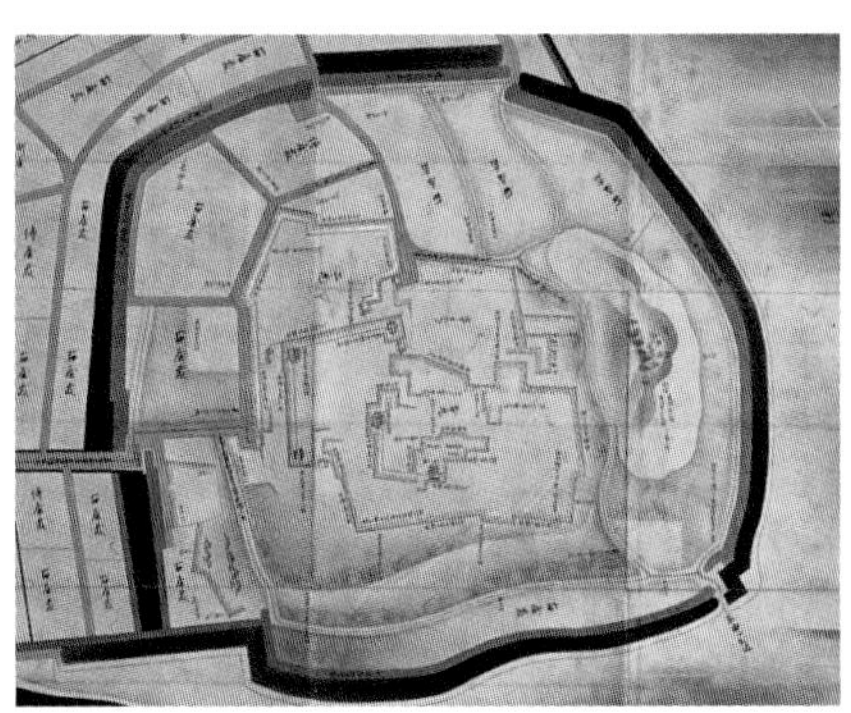

「松阪古城之図」
（正保城絵図／国立公文書館内閣文庫蔵）

天守台石垣（松阪市役所提供）

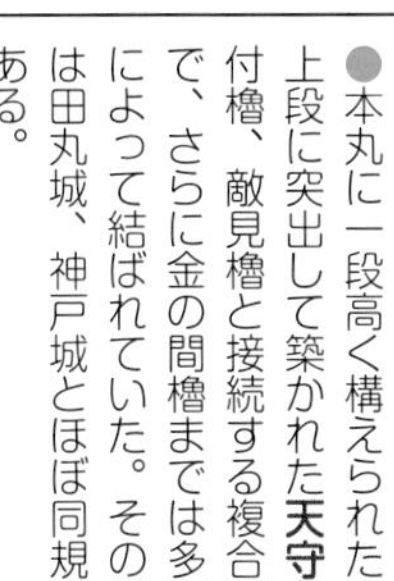

◉見どころ

●本丸に一段高く構えられた本丸上段に突出して築かれた**天守台**は付櫓、敵見櫓と接続する複合天守で、さらに金の間櫓までは多聞櫓によって結ばれていた。その規模は田丸城、神戸城とほぼ同規模である。

裏門古写真（松阪市教育委員会提供）
明治初期の撮影。本来は櫓門であったが、台風で破損したため、応急処置として茅葺き屋根を載せていた。

●**松阪市立歴史民俗資料館** Webサイト
所在地／松阪市殿町1539

●築城年／天正16年（1588）　●築城主／蒲生氏郷　●所在地／三重県松阪市殿町　●交　通／ＪＲ紀勢本線松阪駅下車。バス市民病院前下車

彦根城

国宝・国特別史跡［1956］・国重文

徳川譜代筆頭井伊家の居城

関ヶ原合戦の戦功により近江に18万石を賜った井伊直政は一旦石田三成の居城であった佐和山城に入城する。直政が翌年佐和山城中で没すると、子の直継は慶長8年（1603）より新城の築城にとりかかる。これが彦根城である。築城に際しては公儀より奉行が派遣され、助役に7か国12の大名が動員された天下普請であった。この慶長年間の築城は大坂城に備えた軍事的なものであった。大坂落城後の元和の築城は表御殿の造営や中堀、城下町など山麓部分の整備であった。その構造は彦根山の頂上に本丸、西の丸、太鼓丸、鐘の丸を一直線に配置し、それらを二本の堀切で切断するという戦国的な縄張であった。

山麓には彦根山を取り囲むように内堀が巡らされ、その内側には広大な表御殿や米蔵などが設けられていた。中堀に囲まれた外郭には馬屋、楽々玄宮園、さらに大身の家臣屋敷が配されていた。

天守（国宝）
（写真／松井久）
慶長11年（1606）に造営された三重三階、地下一階の望楼型天守。天守の附櫓・多聞櫓も国宝である。

天守一階内部
（写真／中井均）
彦根城天守の1階入側は2階・3階より広く、部屋も3間×3間の部屋が2部屋ある。

「御城内御絵図」
（彦根城博物館蔵）

天守と本丸御殿跡（写真／中井均）
天守前面には本丸御殿が造営され幕末まで残されていた。

●築城年／慶長8年（1603）●築城主／井伊直継、直孝　●所在地／滋賀県彦根市金亀町
●交　通／ＪＲ東海道本線彦根駅下車。徒歩15分

玄宮園
佐和口多聞櫓
表御殿
楽々園
天守
本丸
天秤櫓
大手口
西の丸
京橋口
山崎曲輪
観音台
西の丸三重櫓
山崎口
内堀
中堀

彦根城空撮（写真／中田眞澄）
東南上空から見た彦根城全景。「御城内御絵図」と照らし合わせると城絵図の正確さが伝わる。

天守遠望（彦根市役所提供）

二の丸佐和口古写真（彦根市立図書館提供）
明治９年（1876）の撮影。手前の門は今は無い佐和口門の高麗門、遠方に本丸の月見櫓が見える。

◎見どころ

●彦根城の**天守**は国宝五城のひとつである。この天守は元来**大津城の天守**であったが、関ヶ原合戦で西軍による大津城攻めにも落ちなかった「目出度い」天守であると、徳川家康から賜ったものである。もちろん大津城の天守をそのまま移築したのではなく、その材木や瓦などを移したもので、解体修理の結果、**大津城時代は四重の天守**であったことが明らかにされた。

●彦根城の最大の見どころは**作事としては天守**であるが、**普請としては登り石垣**であろう。登り石垣とは山の斜面に竪方向に石塁を設けて敵の斜面移動を封鎖するものである。豊臣秀吉の朝鮮出兵の際に朝鮮半島南岸に築かれた**倭城に多用された防御施設**である。彦根城の登り石垣は絵図では瓦塀と記されており、石塁上には塀の設けられていたことが知られる。さらに登り石垣の外側には**竪堀**も併用されている。彦根城では登り石垣が計5本も構えられている。

天守（国宝）（写真／中井均）

●**彦根城博物館** Web サイト
所在地／彦根市金亀町 1-1

西の丸三重櫓（国重文）と多聞櫓（国重文）
（写真／中井均）
矩形に続く一重の続櫓（多聞櫓）の隅に三重三階櫓が配されている。

馬屋（国重文）（写真／中井均）
馬 21 頭を入れられるよう仕切られている。馬屋の現存遺構は他に例がない。

登り石垣（写真／中井均）
登り石垣は城の斜面を縦方向に走る石塁で、敵が山の斜面を攻めた場合、横方向の移動を封じるために築かれたものである。

堀切より見た天秤櫓（国重文）（写真／中井均）
太鼓丸入り口を守る櫓門。門の左右に二重櫓が付属する。城門へは廊下橋（屋根付きの橋）が架けられていたが、現在は木橋である。

太鼓門（国重文）（写真／松井久）
本丸に入る正面の城門。

内側（背面）から見た太鼓門（国重文）
（写真／中井均）

二の丸佐和口多聞櫓（国重文）
（写真／中井均）
右側の二重櫓と長大な多聞櫓は、昭和 35 年（1960）に復元されたもの。左奥端の多聞櫓は、明和 8 年（1771）に再建されたもので、国重要文化財に指定されている。

膳所城

国特別史跡［1952］・国重文・市重文

大津城を廃して築かれた水城

関ヶ原合戦直後に大津城に入った徳川家康は本多正信の進言により膳所の地に新城を築いた。城は琵琶湖に突出して築かれた水城で、当初は本丸と二の丸が島状に琵琶湖に浮かんでいた。しかし寛文2年（1662）の大地震により甚大な被害を受け、本丸と二の丸を合体させる修築が行なわれた。「膳所城修覆願ヶ所絵図」には下半分に被害状況を描き、上半分に修復後の完成予想図を描く。天守も当初は本丸北端隅に突出していたが、修理後は本丸北辺の中央に位置することとなった。

膳所公園（滋賀県庁提供）
本丸跡は膳所公園となっており、公園の入り口には模擬の城門が建てられている。

膳所城跡遠望
（大津市役所提供）

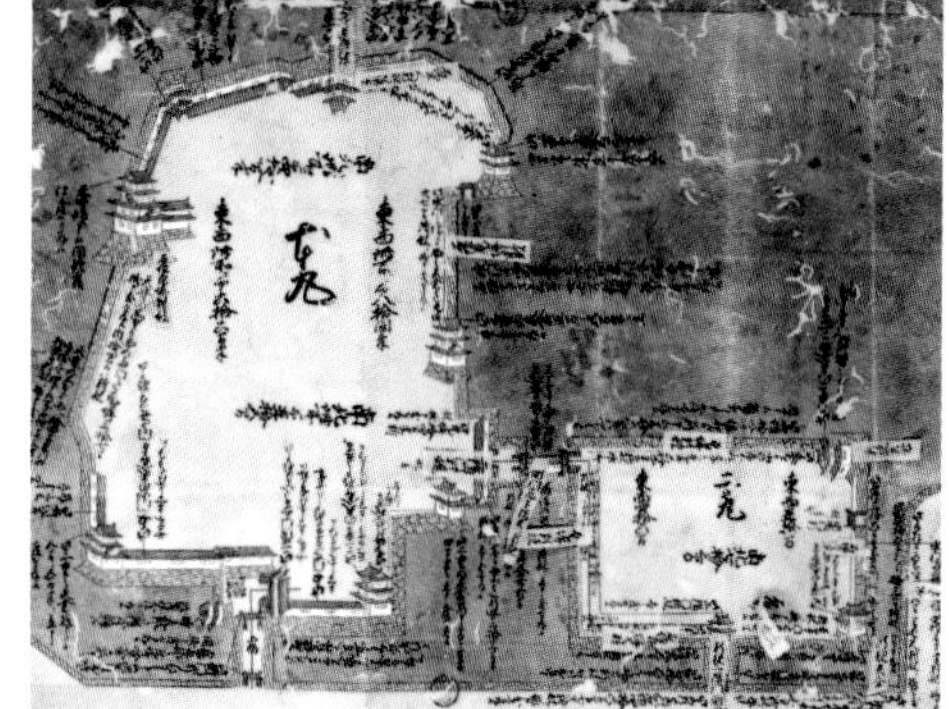

「膳所城修復願ヶ所絵図」
（滋賀県立図書館蔵）

天守跡（写真／中井均）
四重四階天守が築かれていた。

本丸跡古写真
（大津市歴史博物館提供）
昭和30年（1955～64）代の撮影。

◎見どころ

●明治維新により、膳所城は徹底的に壊されてしまったが、数多くの城門が近隣の寺社に売却され現存している。篠津神社表門は**北大手門**、膳所神社表門は**二の丸北東門**でいずれも国の重要文化財に指定されている。

膳所神社に移築された北東門（写真／中井均）

膳所神社に移築された本丸土橋の門（写真／中井均）

●**大津市歴史博物館** Webサイト
所在地／大津市御陵町2-2

●築城年／慶長5年（1600）　●築城主／徳川家康　●所在地／滋賀県大津市本丸町　●交　通／京阪電鉄石山坂本線膳所本町駅下車。徒歩約10分

滋賀県

国特別史跡［1952］

安土城

新時代の到来を告げる先駆の城

安土城は天正4年（1576）に織田信長によって築かれた。標高106メートルの安土山に築かれた山城である。安土城は城域全てを石垣によって築いたわが国最初の総石垣の城であった。また山頂本丸の中心には五重六階地下一階の天主と呼ばれる高層建築が造営され、さらに天主や城内の建物には金箔瓦が葺かれていた。こうした石垣、天主、瓦という要素は以後の日本の城に大きく影響を及ぼしており、安土城が近世城郭の始祖と呼ばれる由縁である。その構造は山頂に本丸、二の丸、三の丸などの主要部を石垣によって構え、虎口として黒金門、搦手門には桝形を採用している。安土山中腹には摠見寺、信忠邸などが構えられ、信忠邸より一直線に登城道が山麓とを結んでいた。なお、安土築城には中世の寺社造営技術が導入されており、例えば天主の造営には熱田大工の岡部又衛門が、瓦の製作には奈良衆が、障壁画は狩野永徳があたった。天正10年（1582）の本能寺の変後放火され灰燼に帰した。築城わずか6年の寿命であった。

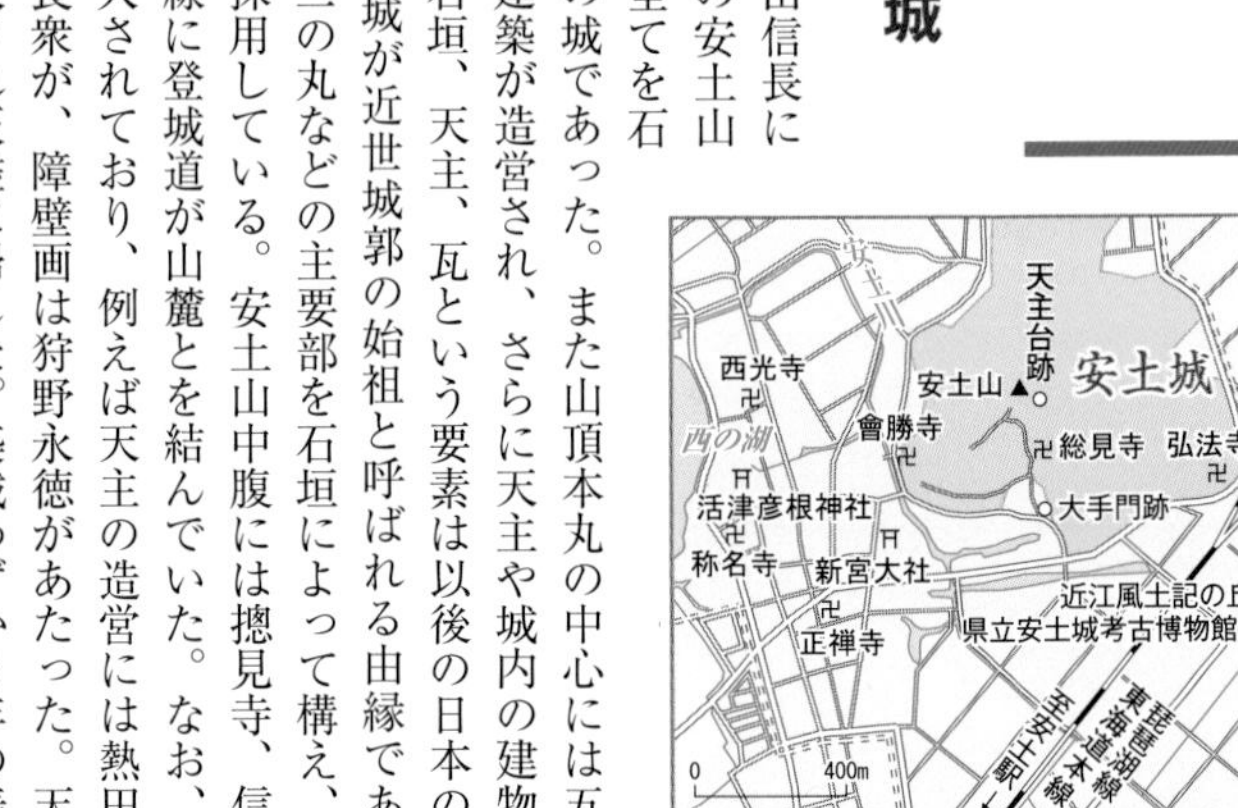

登城道（写真／石田多加幸）
発掘調査で登城道が、幅6m、直線で130mの石段が安土山の麓から直線的に伸びることが確認された。ほかの城では見られない特殊な構造であり、特別な目的のための道ではないかと考えられている。登城道の両側には石塁で重臣の屋敷地が構えられている。

黒金門跡（写真／中井均）
安土城の天主・本丸をはじめとする主要部への虎口で、櫓門形式の黒金門の石垣石材は、城内でも最大級のものが使用されている。

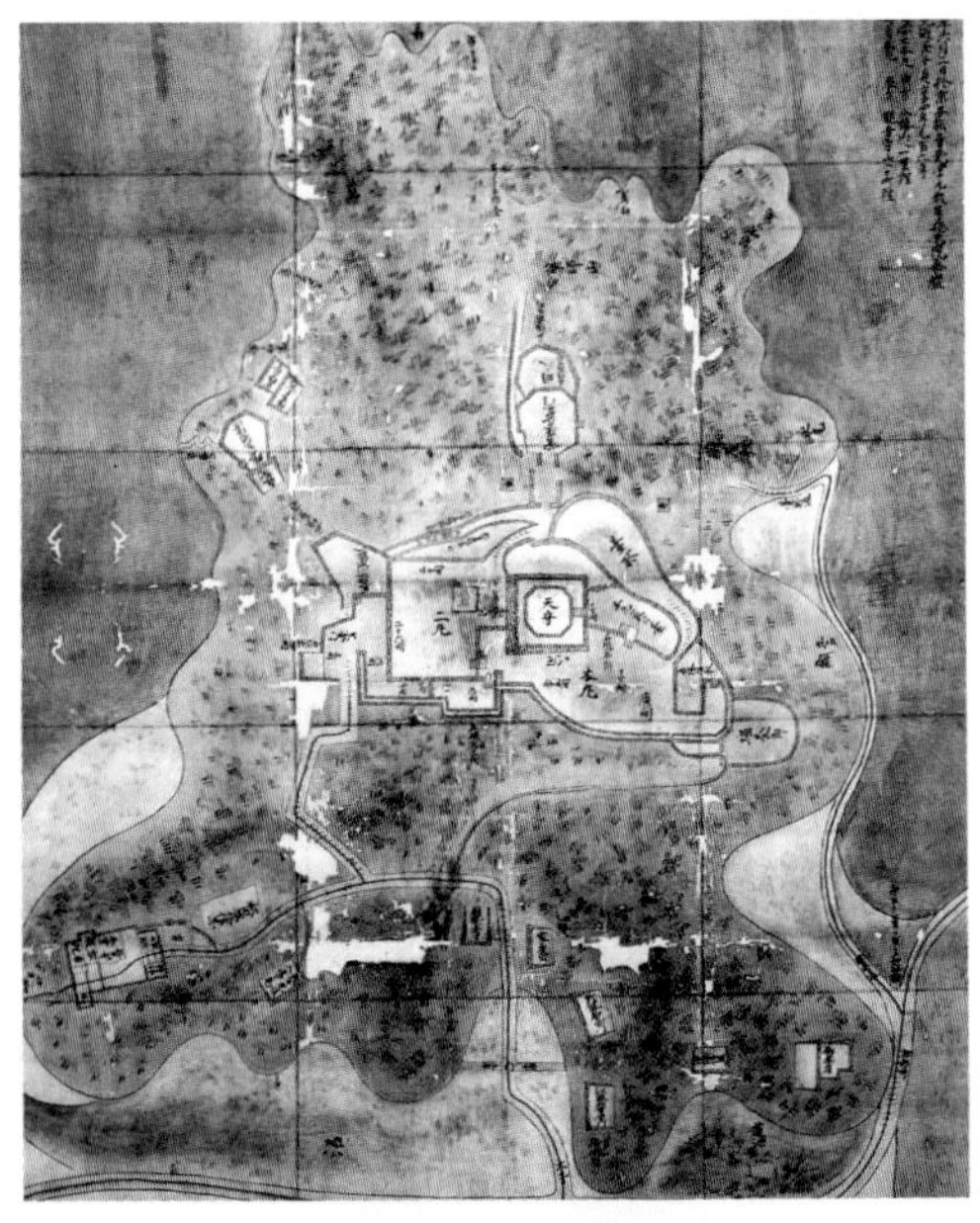

「紙本着色安土古城図」
（丹波市立柏原歴史民俗資料館蔵）

黒金門から二の丸・本丸への通路（写真／中井均）
石段は二の丸下南帯曲輪の石段。石段を左へ登ると、二の丸・本丸へ達する。二の丸には天正11年（1583）に羽柴秀吉が祀った信長廟が建っている。

●築城年／天正4年（1576）●築城主／織田信長　●所在地／滋賀県近江八幡市安土町
●交　通／ＪＲ東海道本線（ＪＲ琵琶湖線）安土駅下車。徒歩20分

城跡遠望（写真／中井均）
城跡の安土山のほとんどは摠見寺の敷地内である。平成元年（1989）から20年にかけて発掘調査、整備が行なわれた。安土山の周囲は戦後の干拓によって田地になっているが、かつては琵琶湖の内湖が山の周囲に広がっていた。

天主台跡（写真／中井均）
昭和15年（1940）の発掘調査により検出された礎石。礎石は東西10列、南北10列に配置されているが、中央部に礎石が確認されず、かわりに穴の空いていたことがわかった。

天主台石垣（写真／中井均）
築城当初に築かれた石垣。

天主入り口（写真／中井均）
入り口の石段は、当初のものを後年に変更している。

二の丸の石垣（写真／中井均）

◎見どころ

●安土城の石垣といえば穴太衆と呼ばれる石積集団によって築かれたといわれているが、現在残されている石垣は一様なものではなく、決してひとつの技術者集団によって築かれたものではないことを示している。**二の丸の石垣**は横長の粗割石を横位に積み上げている。特に出隅部では長辺と短辺を交互に積み上げる算木積となるが、稜線はいびつである。また近世城郭の出隅部のような反りはまだ出現せず、直線的な勾配となっている。

摠見寺の三重塔（国重文）（写真／中井均）
甲賀郡の長寿寺より移築したもの。

●**安土城郭資料館** Web サイト
所在地／近江八幡市安土町小中700

滋賀県

八幡山城

安土から近江の拠点を引き継いだ城

八幡山城は豊臣秀吉の甥であり、猶子となった豊臣秀次によって築かれた。秀次が清洲城に移ると京極高次が入城するが、秀次事件の後、高次は大津に移され八幡山城は廃された。鶴翼山の山頂には本丸、二の丸、北の丸、東の丸が総石垣によって築かれている。山麓には巨石を用いた石垣によって秀次居館が置かれ、さらに八幡堀と呼ばれる水堀が巡らされている。城下町はこの八幡堀の外側に構えられ、江戸時代には八幡商人の町として栄えた。

八幡山城遠望（近江八幡市役所提供）
比高約100mの山頂を本丸とし、山麓に居館を築いた。秀次は安土城に残る建物や城下町をことごとく移築したと言われる。

八幡山城山頂（近江八幡市役所提供）

本丸虎口（近江八幡市役所提供）

八幡堀（写真／石田多加幸）
琵琶湖から直結して巡らされた水堀は、廃城後は重要な運河となっている。

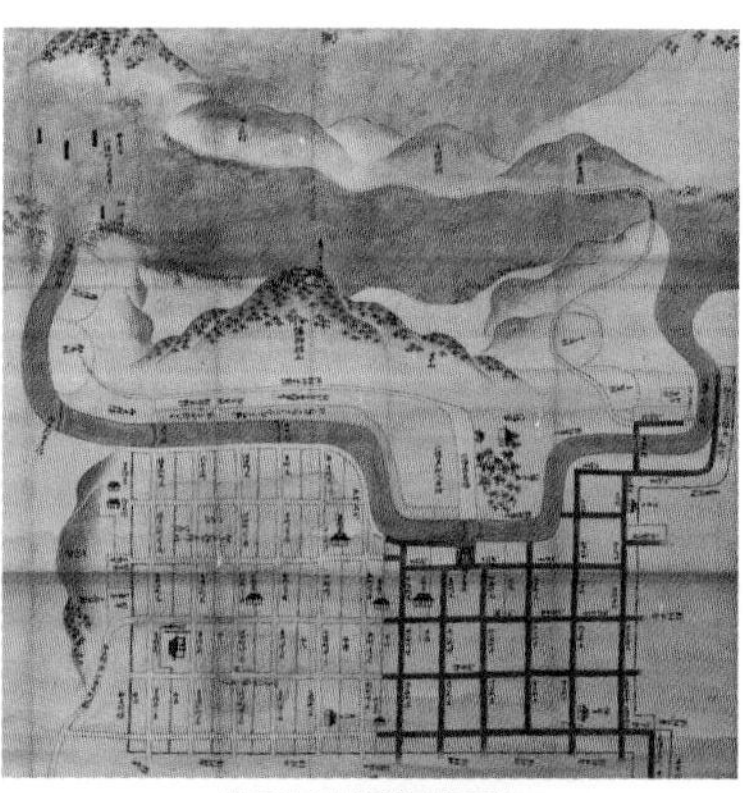

「近江八幡惣絵図」（近江八幡市立資料館蔵）

二の丸石垣（近江八幡市役所提供）

◉見どころ

●山麓の**秀次居館**は総石垣によって築かれており、なかでも正面の**虎口は巨石を用いて桝形**を構えている。発掘調査によって大量の金箔瓦が出土しており、内部には壮麗な御殿が構えられていた。

●八幡山城は天正13年（1585）に羽柴（のちに豊臣）秀次によって築かれた城であることはよく知られている。八幡山に残る石垣も**自然石を用いた野面積み**で天正期の特徴を備えている。ところが**本丸北西隅部の算木積み**を見ると、隅石の多くに矢穴痕が認められ、他の石垣とは明らかに違う。秀次は天正18年（1590）に清洲城に移り、替わって京極高次が入城する。この高次によって本丸の石垣が増改築されたものと考えられ、矢穴技法によって割られた石材が用いられたものと考えられる。

秀次居館の桝形石垣（写真／中井均）

●**近江八幡市立資料館** Webサイト
所在地／近江八幡市新町2-22

●築城年／天正13年（1585）　●築城主／豊臣秀次　●所在地／滋賀県近江八幡市宮内町　●交　通／JR東海道線近江八幡駅下車。徒歩30分

滋賀県

国史跡［2017］

水口城

将軍上洛用の宿所として築かれた城

豊臣政権下では東海道の要衝として水口岡山の山頂に水口城が構えられていた。江戸時代には徳川家光の上洛のため東海道近くに御茶屋御殿と称する宿泊施設が造営された。その作事にあたったのが小堀政一（遠州）で、棟梁を務めたのが幕府大工頭中井正侶であった。構造は城郭そのもので、方形の本丸に出桝形が付き、水堀が巡らされていた。天和2年（1682）に加藤明友が入部して水口藩が立藩されるが、将軍の宿泊御殿を居城とするのは恐れ多いとして、水口藩邸は外郭の二の丸に置かれた。

模擬復元二重櫓（写真／中井均）
平成３年（1991）に出丸の部分に櫓が模擬復元され、水口資料館として開館した。

水口城古写真
（甲賀市水口歴史民俗資料館提供）
昭和後期に撮影された。まだ復興建物は無い。

水口城空撮（写真／寿福滋）
本丸は水口高校運動場となり、写真右に見える出桝形に桝形虎口や二重櫓がある。出桝形や本丸の石垣の一部、土塁・堀が現存している。

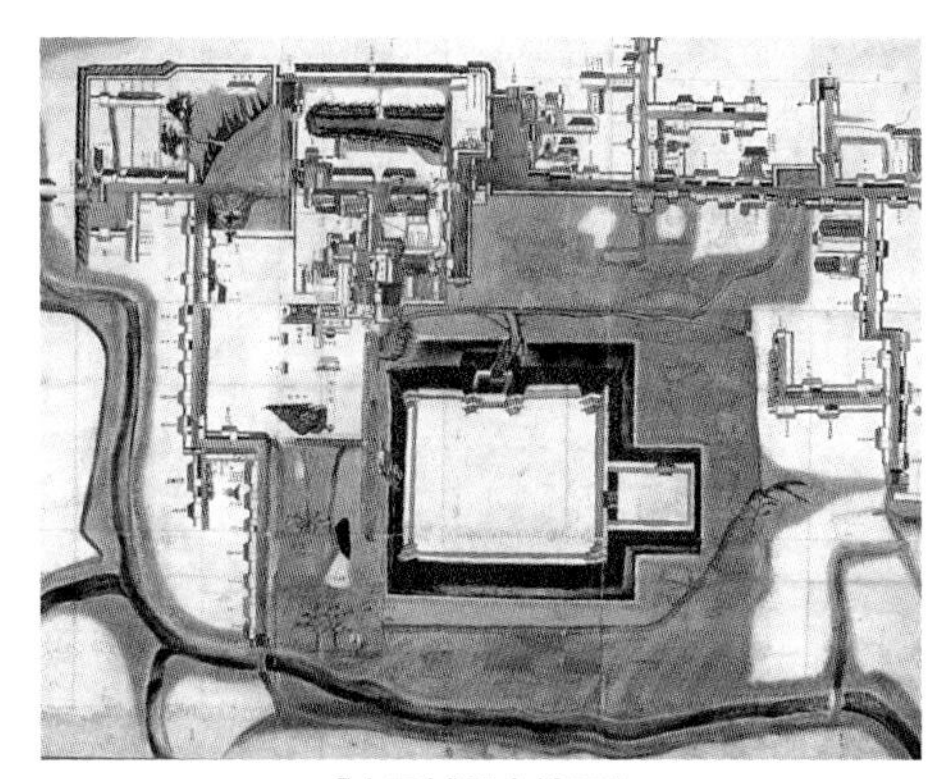

「水口城郭内絵図」
（甲賀市水口歴史民俗資料館蔵）

模擬復元二重櫓（写真／中井均）

◉見どころ

●本丸を凸形として出桝形を構える構造は徳川幕府に関わる城のひとつの特徴で、美濃加納城と瓜二つである。その**出桝形の石垣**がほぼ残されている。二重櫓が新しく建てられているが、これは模擬櫓で元来は存在しない。

本丸桝形虎口（甲賀市役所提供）
平成３年（1991）に模擬復元された。

●**水口城資料館** Web サイト ト
所在地／甲賀市水口町本丸水口城内

●築城年／寛文９年（1669）●築城主／徳川幕府 ●所在地／滋賀県甲賀市水口町本丸 ●交　通／近江鉄道水口城南駅下車。徒歩 10 分

京都府

淀城

2代将軍秀忠の命により築かれた城

豊臣秀吉が淀君のために建てた淀城は現在の城跡とはまったく別の場所に築かれていた。現在の地に築城されたのは元和９年（１６２３）松平定綱によるものである。築城に際しては伏見城の石材などが使われた。享保８年（１７２３）に稲葉正邦が入部し、以後稲葉氏10万２０００石の居城となる。桂川と宇治川に挟まれた要衝に本丸と二の丸を中心に回字形に三の丸、西の丸が取り巻き、三の丸東外方には東曲輪が巨大な馬出曲輪として配されていた。

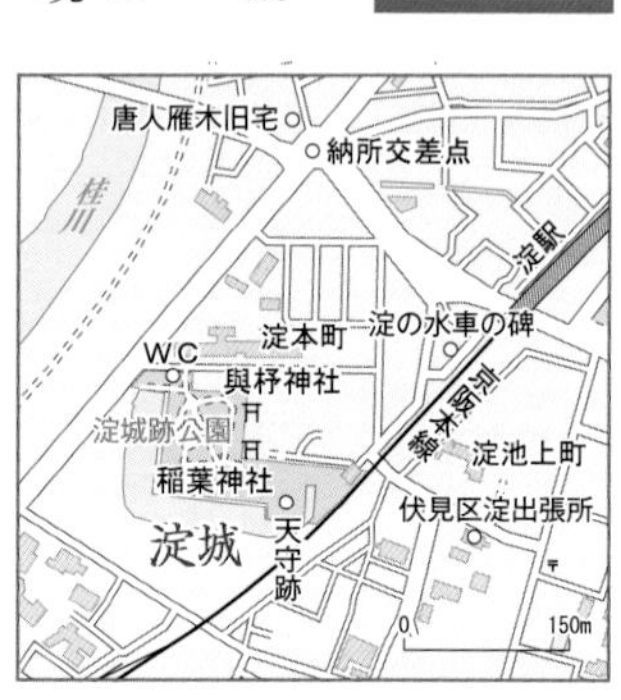

本丸天守台石垣と内堀（写真／中井均）
手前右が天守台、左に続く石垣は本丸石垣。天守は宝暦８年（1758）落雷にて焼失、以後再建されなかった。

天守台の穴蔵（写真／中井均）
発掘調査で埋没していた穴蔵（地階）や一階の礎石などが検出され、周辺が整備された。

淀城空撮（写真／中田眞澄）
本丸と本丸の南・西側の内堀が残り、淀城跡公園として整備されている。

「山城国淀城絵図」
（『日本古城絵図』所収／国立国会図書館蔵）

大正初期の淀城（個人蔵）
右の石垣は天守台。淀城の石垣は、廃城となった伏見城の石垣石材が転用されている。

本丸内側から見た天守台石垣（写真／中井均）

天守台（写真／中井均）
淀城の天守台は当初、廃城となった伏見城の天守を移築する計画で築かれた。そのため、天守台はそれに合わせ築かれたが、実際には二条城の天守が移築された。

◎見どころ

●天守台は本丸南東隅に突出して築かれていた。この**天守台**には一段低く腰曲輪が付属し数基の櫓が築かれ、天守曲輪を形成していた。五重天守は二条城の旧天守を移築したもの。

天守台（写真／中井均）

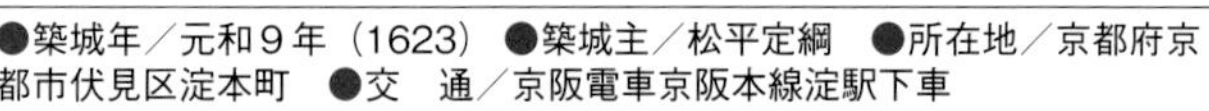

●築城年／元和９年（1623）●築城主／松平定綱 ●所在地／京都府京都市伏見区淀本町 ●交　通／京阪電車京阪本線淀駅下車

京都府

福知山城

市史跡［1965］

明智光秀が築いた丹波攻略の拠点

天正7年（1579）に織田信長より丹波攻略を命じられた明智光秀は横山城を占領し、福知山と命名し改修を行なった。光秀は亀山城を居城としており、福知山城には甥の秀満が入れ置かれた。寛文9年（1669）に朽木種昌が入封、以後朽木氏歴代が居城し明治を迎えた。城は由良川と土師川の合流点にある丘陵を利用して築かれ、本丸、二の丸、三の丸が連郭式に構えられている。山麓には三、四重に水堀を設けて武家屋敷地とし、丘陵背後は川が自然の堀となっている。

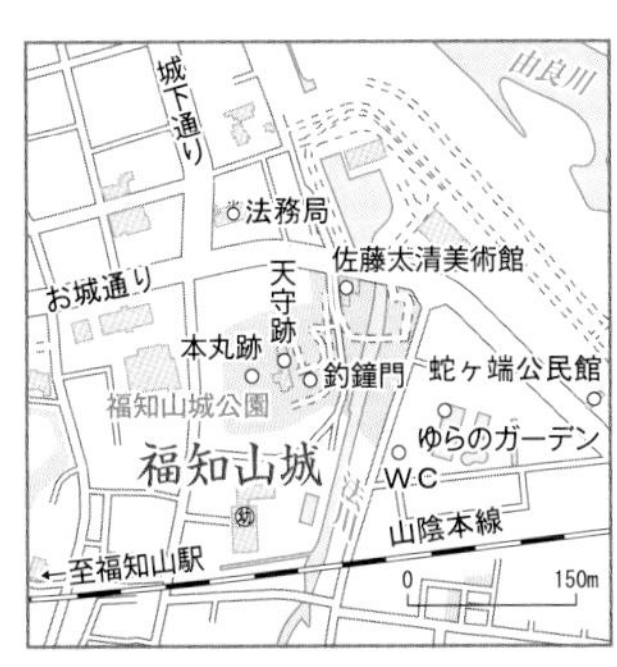

天守遠望（写真／竹重満憲）
外観復元された天守。天守は宝暦8年（1758）落雷にて焼失、以後再建されなかった。

銅門番所（写真／竹重満憲）
二の丸にあった銅門番所が本丸に移築されて保存されている。

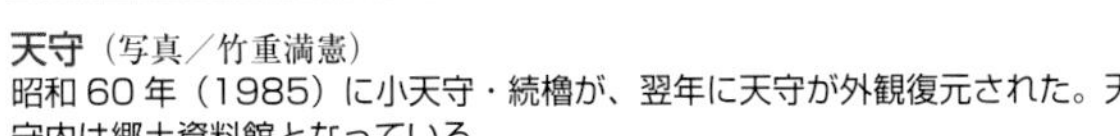

天守（写真／竹重満憲）
昭和60年（1985）に小天守・続櫓が、翌年に天守が外観復元された。天守内は郷土資料館となっている。

「丹波国福知山平山城絵図」
（正保城絵図／国立公文書館内閣文庫蔵）

◉見どころ

●石垣は明智光秀による改修によって築かれたもので、石材確保のために社寺から**五輪塔**、**宝篋印塔**、**石仏**、**墓石**などが多数転用されている。

天守台の石垣（写真／中井均）

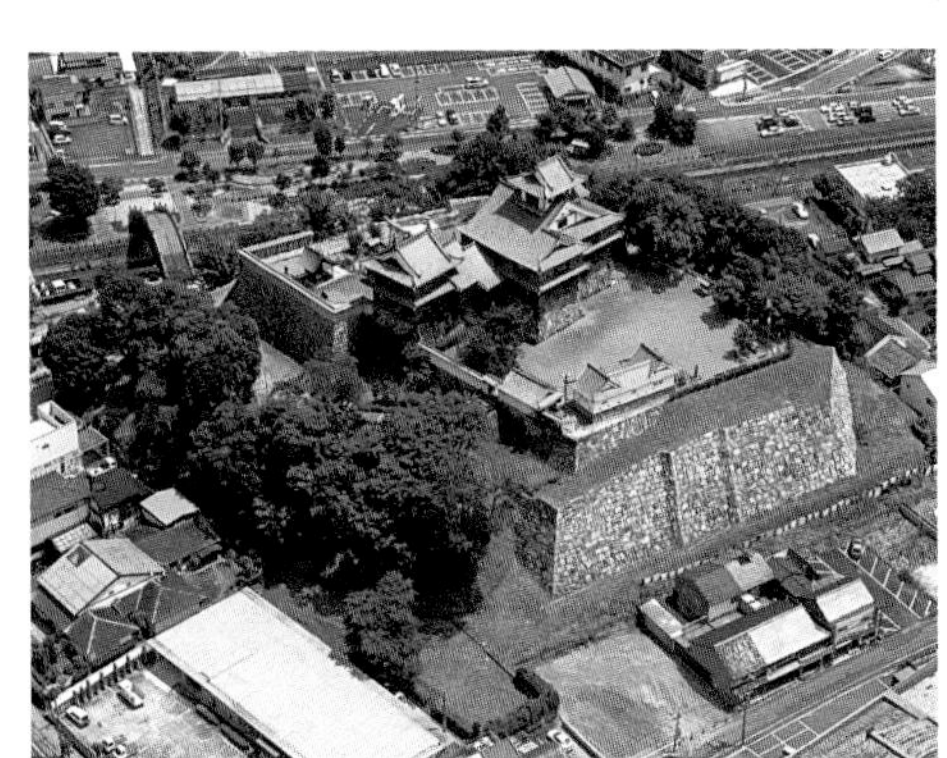

福知山城空撮（写真／中田眞澄）
本丸付近は福知山公園となり、石垣が現存する。

●**福知山城天守閣** Webサイト
所在地／福知山市字内記5

●築城年／天正7年（1579）●築城主／明智光秀 ●所在地／京都府福知山市内記 ●交通／JR山陰本線福知山駅下車。徒歩15分

京都府

二条城

国史跡［1931］・国宝・国重文

江戸幕府滅亡の舞台となった城

徳川家康は征夷大将軍拝賀の礼のため京の地に新たな築城を開始する。これが二条城である。さらに2代将軍秀忠も二条城で将軍宣下の賀儀を執り行なった。この段階での二条城は現在の二の丸御殿周辺に収まる単郭のものであった。寛永3年（1626）には三代将軍家光が後水尾天皇の行幸を迎えるために大々的な改修を行なう。改修は助役として21大名が動員された天下普請であり、現在の本丸を二の丸が囲い込む輪郭式の縄張が完成した。二の丸御殿は現存する江戸時代初期の本格的な城郭御殿としては唯一のものであり、国宝に指定されている。幕末に慶喜が15代将軍に就任すると京都が政局に重要な地となったため本丸御殿が再建された。そして慶応3年（1867）、慶喜は二の丸御殿大広間で大政奉還を宣言する。このように二条城は江戸幕府の誕生と終焉の城となった。

二の丸御殿（国宝）と二の丸庭園（国特別名勝）（元離宮二条城事務所提供）
正面の本瓦葺の大屋根の建物が二の丸御殿大広間、その左は蘇鉄之間、黒書院の建物が連なる。寛永３年（1626）の御水尾天皇行幸の際の二の丸御殿の大屋根は柿葺であった。二の丸庭園は家康時代の築城時からの庭園であるが、御水尾天皇行幸の際に一部改修された書院造庭園である。

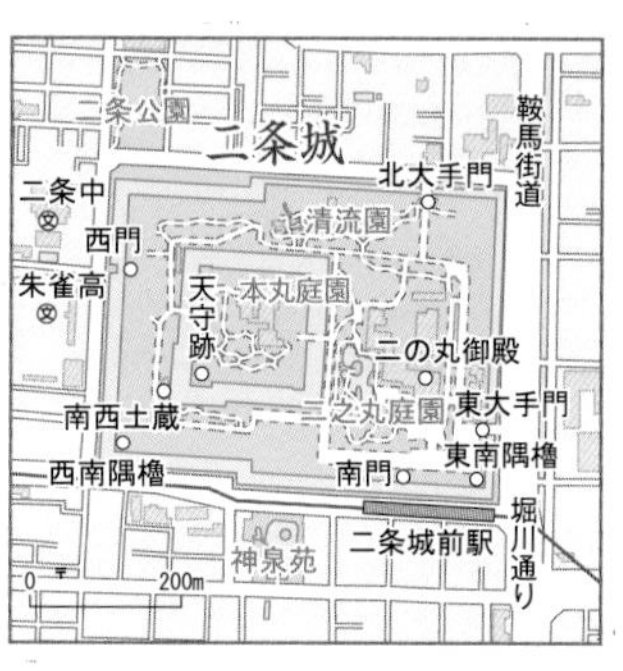

二の丸御殿遠侍及び車寄（国宝）（写真／中井均）
正面手前に唐破風を付けた檜皮葺の屋根をもつ車寄（桁行五間、梁間三間）。遠侍の玄関である。その奥に二の丸御殿最大の建物である遠侍。遠侍の左に式台（屋根がわずかに見える）・大広間と連なる。

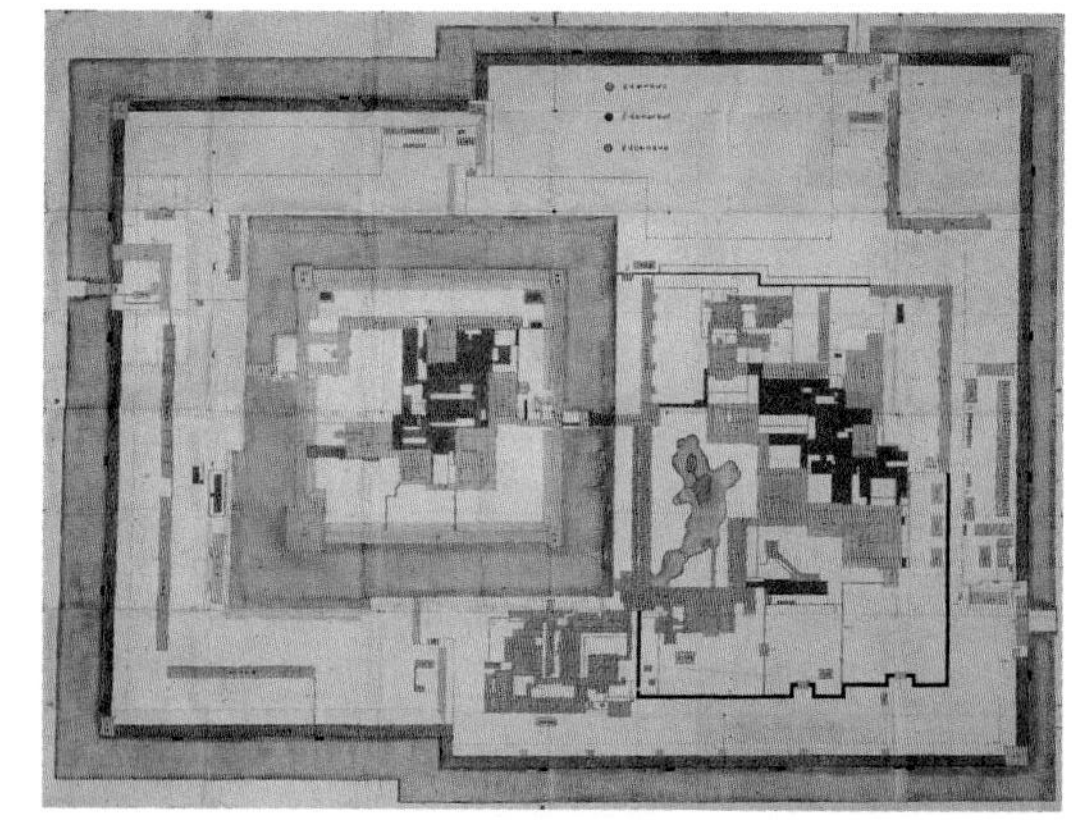

「二條御城中絵図」
（京都大学附属図書館蔵）

二の丸御殿唐門（国重文）（元離宮二条城事務所提供）
前後軒唐破風付、切妻造、檜皮葺の四脚門。二の丸御殿の正門。屋根に付いた唐破風や金箔押しの飾り金具を施した豪華な装飾は桃山文化の美を今に伝える。

東から見た二条城（写真／中田眞澄）

●築城年／慶長７年（1602）●築城主／徳川家康　●所在地／京都府京都市中京区二条城
●交　通／ＪＲ東海道本線・東海道新幹線京都駅下車。バス二条城前下車

二条城空撮（写真／中田眞澄）
東西約 500 m、南北約 400 m の城跡には、現存する建物が多く、その大部分が国宝･国指定重要文化財となっている。平成6年（1994）、古都京都の文化財の一つとして世界文化遺産に登録された。

明治初期に撮影された二条城（個人蔵）

東大手門（国重文）遠望（写真／石田多加幸）
二条城の正門。東大手門の後ろに二の丸御殿の車寄と遠侍（大きな屋根）、本丸の石垣が見える。

本丸天守台（写真／中井均）

◎見どころ

●天守は本丸の南西部に張り出して築かれていた。後水尾天皇の行幸に際して行なわれた拡張工事によって伏見城の天守を移築改造したものである。穴蔵をもつ五重の層塔型天守で、歴史上で天皇が行幸した唯一の天守であった。寛延三年（一七五〇）に落雷で焼失し、以後再建されなかった。現在切込接で布積された壮大な**天守台**が残されている。

●**世界遺産　元離宮二条城** Web サイト
所在地／京都市中京区二条通堀川西入二条城町 541

本丸御殿玄関（国重文）
弘化4年（1847）の造営。

本丸御殿（国重文）
桂宮家今出川屋敷の御殿を明治 26 年（1893）から 27 年に離宮二条城の本丸御殿として移したもので、建物は嘉永2年（1849）に建てられたもの。

東大手門（国重文）
二条城の正門。寛永 3 年（1626）の御水尾天皇行幸後、単層の門から現在の櫓門形式になった。寛文2年（1662）の再建。

二の丸御殿台所（国重文）・御清所（国重文）
遠侍の北に建つ台所（左）・御清所（右）は共に料理のための建物。御清所は公式の儀式の際の料理が賄われた。

西南隅櫓（国重文）（元離宮二条城事務所提供）
二重二階櫓。寛永2年（1625）から3年頃の造営。

西門（国重文）（元離宮二条城事務所提供）
石垣と土塀に挟まれた埋門。寛永2年（1625）から3年頃の造営。

北中仕切門（国重文）
一間門。寛永2年（1625）から3年頃の造営。

南中仕切門（国重文）
一間門。寛永2年（1625）から3年頃の造営。

北大手門（国重文）
入母屋造、本瓦葺の櫓門。寛永2年（1625）から3年頃の造営。櫓門の構造は東大手門と同規模。

二の丸御殿大広間一の間・二の間（国宝）（元離宮二条城事務所提供）
二条城内で最も重要な部屋。ここで将軍は諸大名と公式な対面をする。

土蔵（北）（米蔵）（国重文）
寛永2年（1625）から3年頃の造営。

土蔵（米蔵）（国重文）
門番所付。寛永2年（1625）から3年頃の造営。

土蔵（南）（米蔵）（国重文）
寛永2年（1625）から3年頃の造営。

鳴子門（国重文）（元離宮二条城事務所提供）
脇戸付一間門。寛永2年（1625）から3年頃の造営。

桃山門（国重文）
五間一戸、側面三間の門。寛永2年（1625）から3年頃の造営。

（P108～109の記名のない写真／中井均）

二の丸黒書院一の間（国宝）（元離宮二条城事務所提供）
大広間の奥に位置する黒書院は、大広間よりひと回り規模が小さい建物である。用途は、将軍の内向きの対面や政務に用いられた。

東南隅櫓・東南隅櫓北方多聞塀の古写真
（国際日本文化研究センター蔵）
明治前期の撮影。東南隅櫓の前に「陸軍直轄地」の木柱があることから明治６年（1873）から17年の間に撮られたもの。

東南隅櫓（国重文）・東南隅櫓北方多聞塀（国重文）
二重二階櫓。寛永２年から３年（1625～26）頃の造営。本来、城の四隅に隅櫓があったが、天明８年（1788）の大火の際に東北隅・西北隅の両櫓が焼失し、東南隅櫓と西南隅櫓が残った。

本丸東櫓門の古写真（宮内庁宮内公文書蔵）
かつては水堀の上に橋廊下（一階が橋、二階が廊下）が架かり、本丸と二の丸を接続していた。水堀の上の橋廊下は貞享４年（1687）に撤去されたが、二の丸の二階廊下と溜蔵は昭和５年（1930）まで存続していた。

本丸御門（国重文）
寛永２年（1625）から３年頃の造営。かつては橋廊下と二階廊下があったが、橋廊下は貞享４年（1687）に撤去され、二階廊下は昭和５年（1930）に解体された。

（P110の記名のない写真／中井均）

園部陣屋

府重文［2017］

明治政府に新規築造を許された城

元和5年（1619）に2万9700石で入封した小出吉親は無城主大名格であり、城を構えることはできなかった。こうした大名の居所を陣屋と呼んでいる。しかし園部陣屋は背後の小麦山には天守代用の御三階櫓、方形の本丸には四基の櫓が構えられるなど城郭の構えであった。慶応4年（1868）、薩長軍（のちに新政府）は万が一の事態に備えて園部を天皇の避難場所と定めて陣屋は大改修が施された。

巽櫓 番所 櫓門

本丸櫓門と巽櫓（南丹市立文化博物館提供）
明治5年（1872）、城のほとんどが取り壊され、現存する巽櫓や櫓門、番所の遺構が往時を偲ばせる。巽櫓と櫓門は府重文。

園部陣屋古写真（南丹市立文化博物館提供）
明治後期に撮影された。

櫓門（写真／石田多加幸）
幕末に修築された櫓門の二階の狭間（格子窓の両側にある）は、大筒用に大きい。

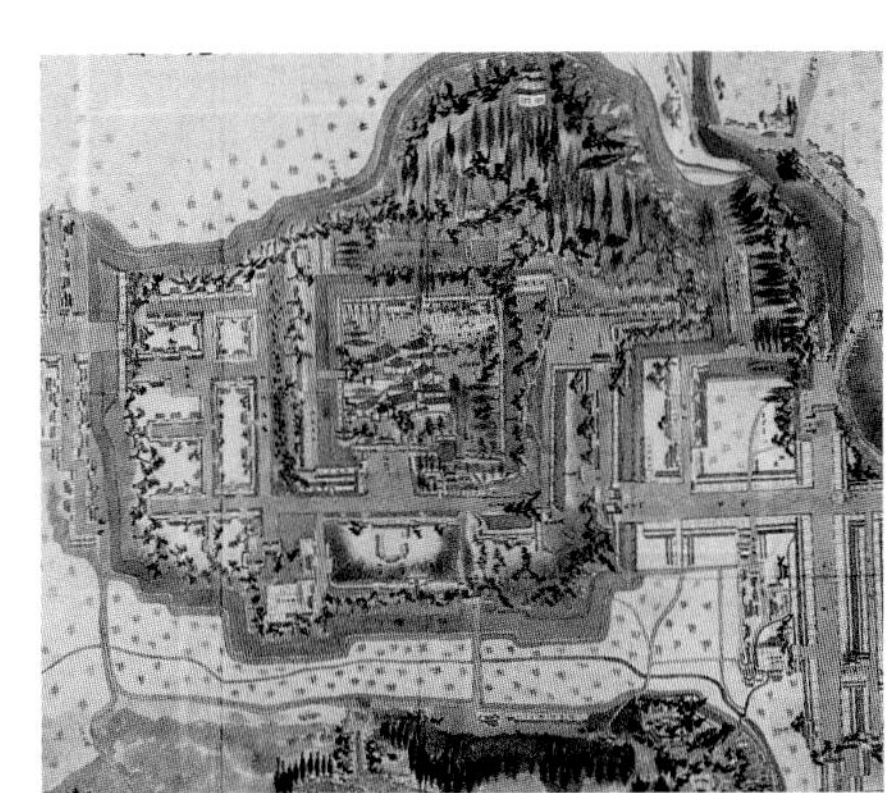

「園部城内明細図」
（京都府総合資料館蔵）

◉見どころ

●現在、園部陣屋には櫓門、巽櫓、塀の一部、番所、石垣、土塁、堀の一部が残る。**櫓門**と**巽櫓**は幕末に造営されたもので、狭間は巨大で大砲（大筒）用に構えられたものである。

本丸内側から見た建物群（写真／石田多加幸）
左から櫓門・番所・巽櫓。

●**南丹市立文化博物館** Webサイト
所在地／南丹市園部町小桜町63

●築城年／元和5年（1619） ●築城主／小出吉親 ●所在地／京都府南丹市園部町小桜町 ●交　通／ＪＲ山陰本線園部駅下車。バス

大坂城

国特別史跡［1955］・国重文

幕府の威信を示すべく再築された城

豊臣秀吉が天下人の居城として築城したのが大坂城である。しかし現在の大坂城には秀吉による築城の痕跡は一切認められない。大坂夏の陣で灰燼に帰した大坂城は徳川幕府によって再建されるが、それは秀吉時代の城をすべて埋めてしまい、その上にまったく別の城を築くというものであった。第Ⅰ期工事は元和6年（1620）より開始され、北国、西国31か国の大名47家に動員がかけられた天下普請による築城であった。この再建工事はⅢ期にわたって実施され、寛永6年（1629）に完成した。こうして再建された大坂城は幕府の西国監視の要として譜代大名が大坂城代に任じられた。徳川大坂城の構造は、絵図に伝わる秀吉大坂城の本丸のほぼ直上に長方形の本丸が構えられ、その外周に二の丸と西の丸が構えられる輪郭式の縄張で、二の丸の外郭として寝屋川との間には北の丸が構えられていた。

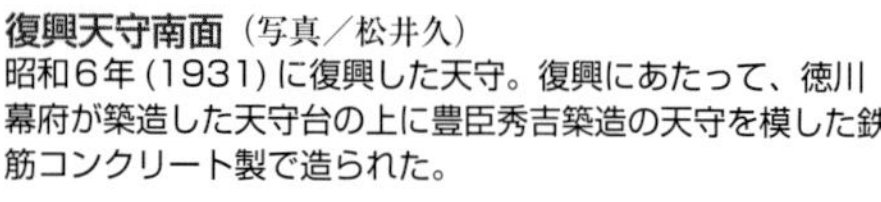

復興天守南面（写真／松井久）
昭和6年（1931）に復興した天守。復興にあたって、徳川幕府が築造した天守台の上に豊臣秀吉築造の天守を模した鉄筋コンクリート製で造られた。

本丸東面の櫓群古写真（宮内庁蔵）
本丸高石垣上に手前から馬印櫓、月見櫓、糒櫓。それぞれ三重櫓は、横矢掛りのため石垣屈曲部に建つ。大坂城内でも特に壮大な景観を呈していた。慶応元年（1865）の撮影。

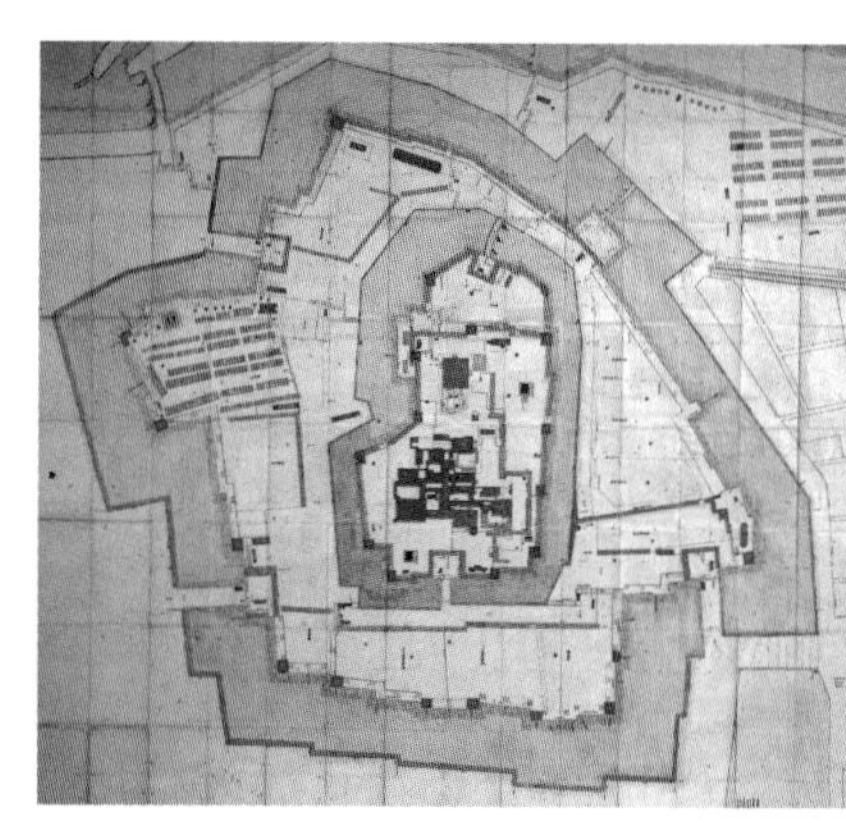

「大坂御城図」
（国立国会図書館蔵）

本丸桜門（国重文）（写真／石田多加幸）
慶応4年（1868）1月、桜門は鳥羽・伏見の戦い後の戦火で桝形の多聞櫓もろとも焼失した。その後の明治20年（1887）、陸軍大阪鎮台の手で再建された。

金明水井戸屋形（国重文）（写真／松井久）
寛永3年（1626）造営。本丸小天守台上に築かれている。

●築城年／天正11年（1583）、元和6年（1620）　●築城主／豊臣秀吉、徳川幕府　●所在地／大阪府大阪市中央区大阪城　●交　通／ＪＲ大阪環状線大阪城公園駅下車。徒歩10分

本丸西面（写真／中井均）
左端の一段低い石垣は山里曲輪の石垣。その左方向には山里口門跡と極楽橋がある。山里曲輪石垣の一段高い石垣は本丸石垣。本丸石垣より突出した、やや低い石垣は帯曲輪（隠曲輪）の石垣。後方は復興天守。

焔硝蔵（国重文）（写真／石田多加幸）
花崗岩の切り石造りの建物。現存唯一の石造火薬庫である。貞享２年（1685）の造営。

本丸にある金蔵（国重文）（写真／石田多加幸）
天保８年（1837）に平屋建てに改築された。「きんぞう」とも「かなぐら」とも呼ばれる。

◉見どころ

●徳川幕府が威信をかけて秀吉大坂城を凌ぐ築城を行なっただけに、徳川大坂城は超弩級の城郭で、その石垣は壮大である。特に**大手**、**京橋**、**本丸桜門**には30畳敷を超える**巨石**が用いられている。また**本丸の石垣**は高さ30メートルを超える日本最大の規模となる。さらに**南外堀**の幅は実に72メートルを測り、まず敵の攻撃は不可能である。

●現存する徳川大坂城の縄張は従来単純なものと評価されていたが、各曲輪には**仕切石塁**が構えられ、敵の進入を阻んでいる。こうした曲輪内の仕切石塁は豊臣秀吉による朝鮮出兵に際して築かれた倭城に多く見られ、その後の築城に大きな影響を与えた。徳川幕府による築城でも大坂城、二条城に採用されている。大坂城ではほとんど注目されていないが、ぜひとも見てほしい施設である。

本丸桜門桝形の蛸石（写真／中井均）

●**大阪城天守閣** Webサイト
所在地／大阪市中央区大阪城 1-1

二の丸千貫櫓（国重文）（写真／中井均）
二の丸大手口の脇にある櫓。元和6年（1620）の造営。

二の丸一番櫓（国重文）（写真／中井均）
寛永5年（1628）に造営されたが、寛文8年（1668）に大改造され現在の姿になったもので現存の六番櫓と共通した形式の二重櫓。

二の丸六番櫓（国重文）（写真／中井均）
寛永5年（1628）の造営。東側玉造口桝形から西側大手口まで7棟の櫓が建ち並んでいたが、現存するのは六番櫓と一番櫓の2棟のみである。

西の丸乾櫓（国重文）（写真／石田多加幸）
元和6年（1620）の造営。千貫櫓とともに城内で最古の現存建物。

大坂城空撮（写真／中田眞澄）
本丸・二の丸・西の丸は大阪城公園となっている。右手前の二の丸の高石垣は、連続した横矢折れの石垣で、側面からの攻撃ができるようにした城壁の工夫である。

大阪府

高槻城

淀川と西国街道の要衝に築かれた城

南北朝時代に入江氏が館を築いたところに天正元年（１５７３）に高山右近が大規模な城へと改修を行なう。大坂夏の陣後の元和３年（１６１７）には徳川幕府直営の大改修工事が実施され、近世城郭として完成する。慶安３年（１６４９）に永井直清が入れ置かれ、以後永井氏３万６０００石の居城となる。城の構造は方形の本丸と二の丸が並立し、その北に弁財天郭、西に厩郭が構えられ、それぞれは水堀で区切られていた。本丸北東隅には三重の天守が配されていた。

城跡の現況（高槻市立しろあと歴史館提供）
高城址公園に高槻城をイメージした堀と石垣がある。

石垣石材（写真／中井均）
石垣石材は高槻城の天守台の石垣を移したものである。

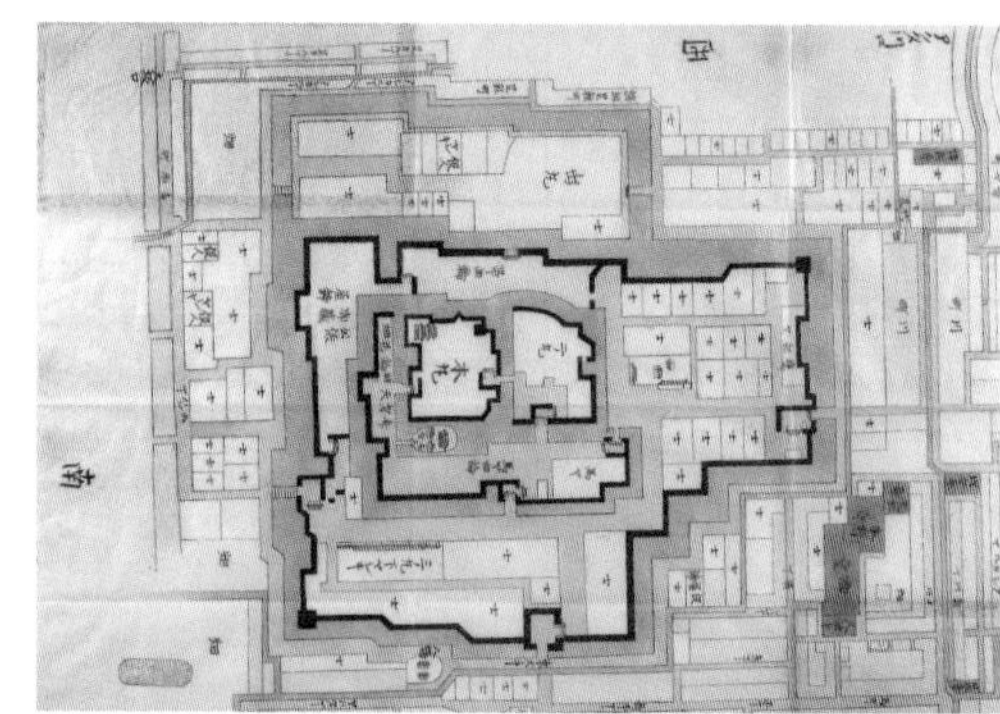

「高槻城図」
（日仏寺蔵／高槻市立しろあと歴史館提供）

梯子胴木（高槻市立しろあと歴史館提供）

◎見どころ

●明治以後徹底的に破壊され、現地にはほとんど遺構を残していない。本丸の発掘調査で石垣基礎に**梯子胴木**が検出されている。この遺構が現在城跡の一画に建つ**しろあと歴史館に実物が展示**されており、石垣の構築方法がよくわかる。

高槻城模型
（高槻市立しろあと歴史館提供）

●**高槻市立しろあと歴史館** Webサイト
所在地／高槻市城内町1-7

●築城年／元和３年（1617）　●築城主／徳川幕府　●所在地／大阪府高槻市　●交　通／阪急高槻市駅下車。徒歩10分

大阪府

岸和田城

府史跡［2014］・国名勝

紀州街道の要衝に築かれた城

岸和田には2ヶ所に城が築かれている。中世の城は岸和田古城と呼ばれ、位置も違う。戦国時代後半に現在の地に移り、天正11年（1583）には羽柴秀吉の紀州攻めの前線基地となり、中村一氏が入れ置かれた。その後小出秀政が城主となって大改修され、天守も造営された。正保城絵図では天守は本丸の中央に五重の独立型として描かれている。寛永17年（1631）に岡部宣勝が入城し、以後明治まで岡部家6万石の居城となる。城の構造は本丸の北西方に二之丸を馬出曲輪として構え、さらに二之丸の西に御菜園を構えているがこれも馬出曲輪で重ね馬出としている。

紀州古道
岸和田市役所
自泉会館
二の丸跡
WC
千亀利公園
だんじり会館
大手櫓門
本丸隅櫓
北二層櫓跡
岸城神社
藩薬園跡
天守閣
戎神社
岸和田城
岸和田高
三の丸神社
南海本線
蛸地蔵駅
0　100m

本丸石垣と模擬天守（写真／石田多加幸）
昭和29年（1954に復興された三重天守。江戸期の天守は五重であった。

本丸から見た模擬天守（写真／石田多加幸）
本丸内には国名勝に指定された庭園「八陣の庭」がある。

本丸石垣（写真／石田多加幸）

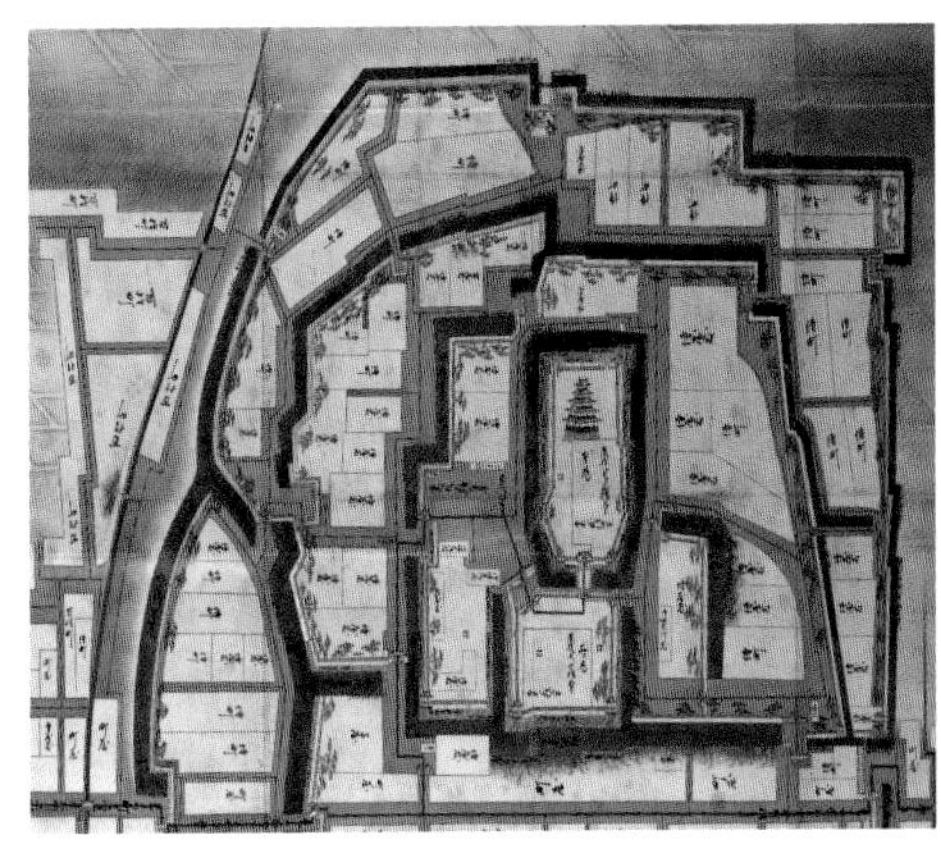

「和泉国岸和田城図」
（正保城絵図／国立公文書館内閣文庫蔵）

◉見どころ

●**二の丸の北東隅**には元和9年（1623）に廃された**伏見城から移された伏見櫓**が構えられていた。家康によって再建された伏見城の櫓を松平康重が賜ったものである。正保城絵図には二重櫓が描かれているが、それ以後に作成された絵図では三重櫓として描かれており、その詳細は不明である。

二の丸伏見櫓石垣（写真／中井均）

岸和田城古写真（岸和田市教育委員会提供）
昭和前期の撮影。

●**岸和田城天守閣** Webサイト
所在地／岸和田市岸城町9-1

●築城年／慶長2年（1597）　●築城主／小出秀政　●所在地／大阪府岸和田市岸城町　●交　通／南海本線岸和田・蛸地蔵駅より徒歩7分

兵庫県

姫路城

国特別史跡［1952］・国宝・国重文

400年前の姿をとどめる奇跡の城

播磨国府が置かれた姫路は中世においても府中として播磨の中心的都市であった。天正8年（1580）に中国攻略の拠点として羽柴秀吉が姫路に築城を行なったのは府中を支配下に置くためだったのであろう。現大天守の地下からは秀吉時代の天守台石垣が検出されている。この天守は三重四階の望楼型天守であった。慶長5年（1600）の関ヶ原合戦の戦功により池田輝政が播磨52万石を賜り姫路城に入城し、秀吉の天守を解体して新たな天守を造営した。城下を取り囲む惣構の堀もこの段階に築かれたものである。さらに大坂夏の陣後に入城した本多忠政によって西の丸が増築された。姫路城の縄張は姫山と鷺山という並立する小丘陵を利用した平山城である。姫山には天守を構え、曲輪は複雑に配置されている。一方、鷺山に構えられた西の丸はいたってシンプルな構造を示している。

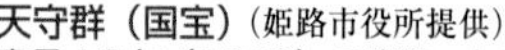

天守群（国宝）（姫路市役所提供）
慶長13年（1608）の造営。右の大天守は五重六階・地下一階の望楼型天守。左端の乾小天守は三重四階・地下一階。乾小天守の右に繋がるのはハの渡櫓。外観は二重で内部二階・地下一階からなる。ハの渡櫓の右に繋がるのは西小天守。外観は三重で内部三階・地下二階からなる。西小天守と大天守は二の渡櫓（写真でははわずかに見える）で繋がれ、渡櫓下は天守曲輪への入り口である水の五門がある。

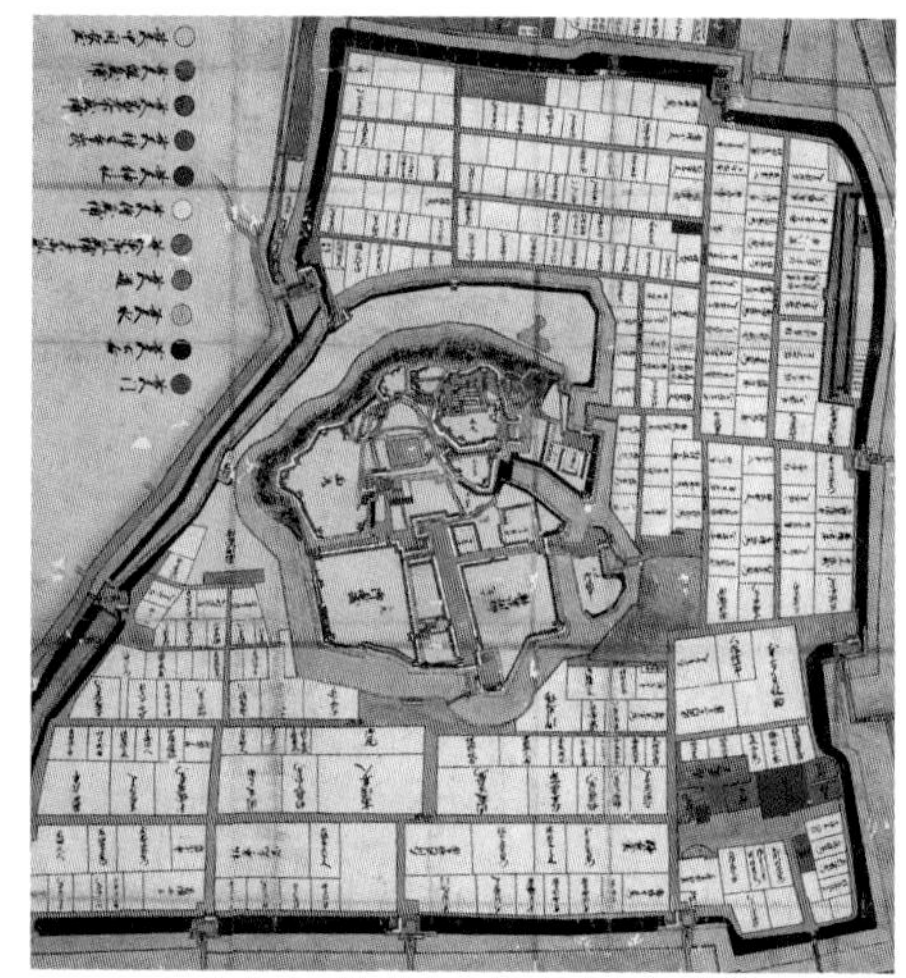

「姫路侍屋敷図」
（姫路市立城郭研究室蔵）

大天守と西小天守（国宝）
（写真／中井均）
大天守と西小天守の手前はリの二渡櫓。

菱の門南方土塀（国重文）・菱の門西方土塀（国重文）（写真／中井均）
菱の門の手前の土塀は南方土塀、左は西方土塀。

●築城年／天正8年（1580）、慶長6年（1601）　●築城主／羽柴秀吉、池田輝政
●所在地／兵庫県姫路市本町　●交　通／ＪＲ山陽本線姫路駅下車。徒歩15分

姫路城空撮（写真／中田眞澄）
城跡の主要部は姫路城公園となり、石垣・堀はもちろん建造物も多数現存する。大天守・乾小天守・東小天守・西小天守やイ・ロ・ハ・ニの各渡櫓は国宝に指定され、国の重要文化財は 74 件におよぶ。平成5年（1993）に世界遺産に登録された。

菱の門（国重文）（写真／松井久）
二の丸の正門で、城内で最も大きい脇戸付櫓門。門の周囲の土塀の菱の門西方土塀・菱の門東方土塀・菱の門南方土塀はいずれも国重文。

いの門（国重文）（写真／松井久）
菱の門をくぐってまっすぐ前にある脇戸付高麗門。菱の門から続く、い・ろ・は・に・ほの門は大手筋城道の門。

◎見どころ

●姫路城の**天守群**は五重六階地下一階の大天守と三重四階の東・乾・西小天守とそれらを繋ぐ二重の渡櫓から構成される連立式天守である。交互に入り交じる屋根の**唐破風**と**千鳥破風**、巨大な**出格子窓**や**竪格子窓**は美しいだけでなく、集中砲火を浴びせかけることを想定している。さらに籠城戦を想定して大天守の地階には**流し台**や**厠**が設けられており、天守が最後の防御施設として築かれたことを物語っている。

●姫路城の石垣は慶長5年（1600）の関ヶ原合戦の戦功により播磨を賜った池田輝政の築城によるものである。また、**西の丸**は元和4年（1618）に**本多忠政による増築**である。そうした姫路城のなかで**上山里丸の石垣**は天正8年（1580）の**羽柴秀吉による築城時のもの**である。石材には自然石を用いた**野面積み**で、勾配は直線的で、その角度は垂直に近い。また一気に高石垣が築けず、段築としているのも天正期の石垣の特徴を示している。

大天守地階の流し台
（写真／中井均）

●**兵庫県立歴史博物館** Web サイト
所在地／姫路市本町 68

1. 菱の門
2. カの櫓
3. ワの櫓
4. レの渡櫓
5. ヲの櫓
6. タの渡櫓
7. ルの櫓
8. ヨの渡櫓
9. ヌの櫓
10. カの渡櫓
11. 化粧櫓
12. ろの門西南方土塀
13. カの櫓北方土塀
14. 菱の門南方土塀

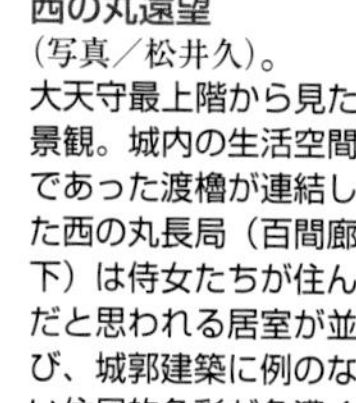

西の丸遠望
(写真/松井久)。
大天守最上階から見た景観。城内の生活空間であった渡櫓が連結した西の丸長局（百間廊下）は侍女たちが住んだと思われる居室が並び、城郭建築に例のない住居的色彩が色濃くでている。

ワの櫓（国重文）(攻城団提供)
西の丸南端にある二重二階の櫓。唐破風を設けている。

カの櫓（国重文）
西の丸南東端にある二重二階の櫓。

ろの門（国重文）
いの門のさらに奥、二の丸にある脇戸付高麗門。

ルの櫓・ヨの渡櫓・ヌの櫓・カの渡櫓（いずれも国重文）
(写真/松井久)

レの渡櫓内部（国重文）(写真/松井久)
手前が西の丸南東端にある二重二階の櫓内部。後方は長局内部。

(P120 ~ 121 の記名のない写真/姫路市立城郭研究室提供)

1. はの門
2. にの門
3. にの門東方上土塀・にの門東方下土塀
4. 水の一門
5. イの渡櫓
6. ロの渡櫓
7. ハの渡櫓
8. ニの渡櫓
9. ホの櫓
10. への渡櫓
11. への門
12. との一門
13. トの櫓
14. との二門
15. 折廻り櫓
16. 備前門
17. 井郭櫓
18. 帯の櫓
19. 帯郭櫓
20. 太鼓櫓
21. りの門
22. 太鼓櫓南方土塀
23. 帯郭櫓北方土塀
24. ぬの門
25. リの二渡櫓
26. リの一渡櫓
27. チの櫓
28. ロの櫓

天守群周辺（写真／中田眞澄）

A. 大天守　B. 西小天守　C. ハの渡櫓　D. 乾小天守
E. ロの渡櫓　F. 東小天守　G. イの渡櫓

化粧櫓内部（国重文）（写真／松井久）
千姫が休息所としたことから、この櫓を化粧櫓・化粧の間と呼んだ。

化粧櫓（国重文）
天満宮のある男山を遥拝した千姫が、この櫓を休息所とした。

にの門（国重文）
門の中は薄暗い空間で、侵入した敵を二階から攻撃できる仕組みになっている。

はの門（国重文）（写真／松井久）
はの門を挟んだ東土塀・西土塀はいずれも国重文。

はの門南方土塀（国重文）
ろの門からはの門に向かう登り坂の右側の土塀。白漆喰仕上げの土塀には、四角形や三角形状の狭間が備えられ、鉄砲や弓矢で迎撃できた。

備前丸から見た天守群（国宝）（姫路市役所提供）
大天守の高さは天守台から15.18m、天守台と併せて46.36m（いずれも備前丸からの値）である。大天守の左に二の渡櫓と西小天守。二の渡櫓下は天守曲輪への入り口である水の五門がある。大天守へは水の五門から西小天守の地階の水の六門を通り、中庭へ出て大天守地階の入り口に通じる。

六階内部（最上階）

五階内部

地階内部

二階内部

四階内部

大天守内部（写真／松井久）
大天守の外観は五重であるが、内部は六階・地下一階（大天守台石垣の裏にある地階）で構成されている。地階には便所や流し台などの生活面を配慮した施設がある。一階・二階・三階は武具掛けが並べられている。四階は「石打棚」と呼ばれる武者台を四方に備え、五階は地階から立ち上がった二本の大柱が六階の底部を支える構造となっている。最上階の六階は四方に入側を設け、一室となっている。

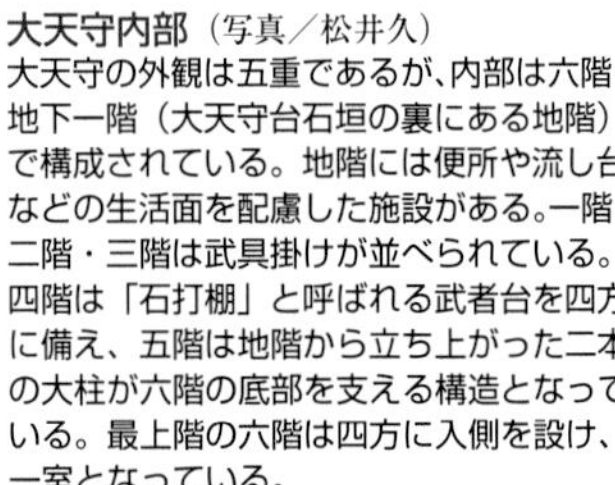

一階内部

三階内部

との二門（国重文）
裏口を固める七曲がり石段を上った位置にある門。左上にとの一門（櫓門）がある。

との一門（国重文）
搦手口の最後の関門とした櫓門。

への門（国重文）
東小天守の下に位置する門。

天守群周辺　（写真／中田眞澄）　天守群の手前が備前丸、その手前が二の丸。二の丸の左はぬの門（国重文）。備前丸右下に帯の櫓（国重文）、帯郭櫓（国重文）。備前丸は築城主・池田輝政が住んでいた曲輪で、客と会見する対面所などがあった。

ロの渡櫓（国重文）内部の井戸
一連の渡櫓は塩櫓とも呼ばれる倉庫。

水の二の門・二の櫓（国重文）
乾小天守下の石垣と二の櫓石垣とに挟まれた門。

水の一の門（国重文）と油塀（国重文）
天守曲輪に通じる水曲輪の第一関門。

（P122 ～ 123 の記名のない写真／姫路市立城郭研究室提供）

三の丸方向から見た天守群（国宝・国重文）（姫路市役所提供）
大手側から見た大天守と西小天守。右の櫓は太鼓櫓、左の櫓群はチの櫓、リの一の渡櫓、リの二の渡櫓が連なる。手前の塀は上山曲輪に巡らされたもの。

井郭櫓（国重文）
搦手口を防備する櫓。井戸の間が設けられ、流し、箱樋もある。

備前門（国重文）
築城時に石不足のために古墳の石棺（門の右の大石）を転用した。

折廻り櫓（国重文）
備前門の北側にある二重二階の櫓。本丸（備前丸）入り口を守る。

帯の櫓の埋門（国重文）
石垣には井戸曲輪への唯一の出入り口となる穴門（埋門）。

帯の櫓（国重文）
物見櫓と数寄屋風建物からなる一重櫓。

天守群西面（国宝）（姫路市役所提供）
右の西小天守は三重三階・地下二階からなる。西小天守から左にはしるのはハの渡櫓。左端の乾小天守（三重四階・地下一階）に繋がる。ハの渡櫓屋根上に大天守がのぞく。いずれも国宝。

帯郭櫓北方土塀（国重文）
二の丸腰曲輪の北東出入り口となる麗門。

りの門（国重文）・太鼓櫓（国重文）
二の丸腰曲輪の北東出入り口となる高麗門。

帯郭櫓（国重文）本丸東部を防御する井戸曲輪の二重二階の櫓。内部に武者台がある。

帯郭櫓（国重文）
本丸東部を防御する井戸曲輪の二重三階の櫓。

ぬの門（国重文）・リの二渡櫓（国重文）
ぬの門は黒鉄板張の門の上に二階建て櫓を載せた城内最大の門。

（P124 ～ 125 の記名のない写真／姫路市立城郭研究室提供）

兵庫県

明石城

国史跡［2004］・国重文

西国大名を牽制した譜代大名の城

大坂の陣の戦功により小笠原忠真は高山右近の築いた船上城に入城する。しかしその直後に徳川秀忠より西国への押さえとして明石築城の命が下る。城主は激しく替わるが常に譜代大名が配された。城は瀬戸内海を見下ろす丘陵に稲荷郭、本丸、二の丸、東の丸が一直線に配置された連郭式の縄張で、南山麓には堀で囲まれた三の丸が配置されていた。城の背面には巨大な剛ノ池があり、ここから水が引かれ桜堀が設けられ城の背面を防御していた。

坤櫓（国重文）
（写真／中井均）
元和3年（1617）頃に造営された三重三階の櫓。

明石城空撮
（明石市役所提供）
坤櫓と巽櫓の建造物をはじめ本丸・二の丸・東丸の石垣などが現存する。城跡は兵庫県立明石公園となっている。

本丸石垣（明石市役所提供）
本丸を南から望んだもので、右側が巽櫓、左側が坤櫓である。

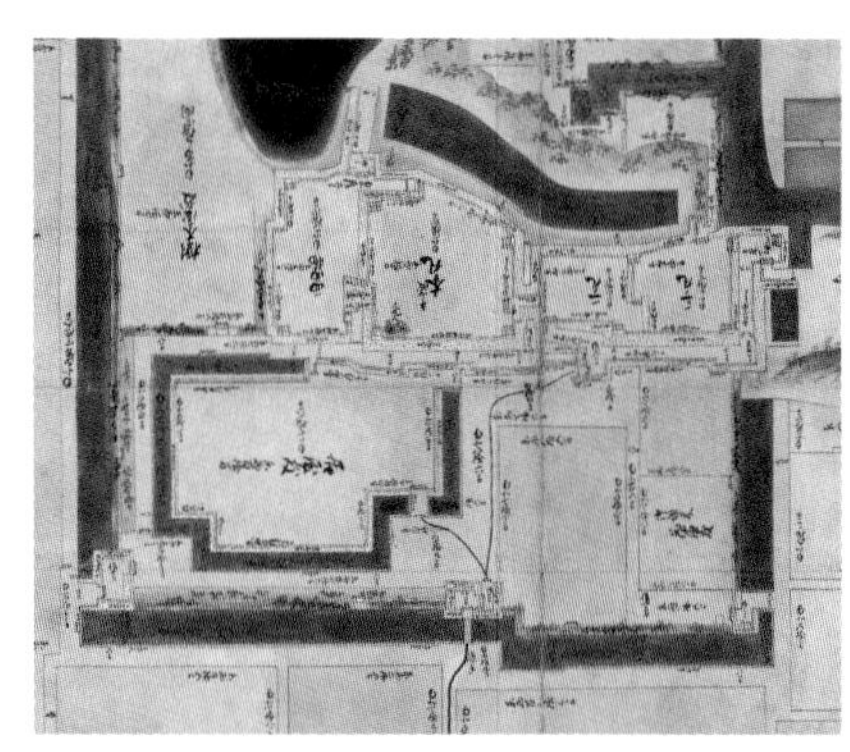

「播磨国明石城絵図」
（正保城絵図／国立公文書館内閣文庫蔵）

◎見どころ

●本丸の西辺の中央に突出して**天守台**が構えられている。20×24メートルという巨大なもので五重天守の載る規模である。しかしこの上に天守が築かれることはなかった。

天守台の石垣（写真／中井均）

巽櫓（国重文）（写真／中井均）
元和3年（1617）頃に造営された三重三階の櫓。

●**明石市立文化博物館** Webサイト
所在地／明石市上ノ丸2-13-1

●築城年／元和4年（1618）　●築城主／小笠原忠真　●所在地／兵庫県明石市明石公園　●交　通／JR山陽本線明石駅下車。徒歩5分

国史跡［1971］・国名勝

赤穂城

江戸時代の軍学によって築かれた城

正保2年（1645）、常陸笠間より浅野長直が赤穂へ入封する。その3年後より新城の築城が開始される。縄張は甲州流軍学者近藤正純が行ない、本丸を二の丸が囲い込み、二の丸の北面に三の丸を構えた輪郭式に梯郭式を合体させた構造で、いずれの曲輪も塁線をいたるところで屈曲させて横矢をきかせている。特に本丸は多角形を呈し、まるで稜堡のようである。このように赤穂城は江戸時代の軍学によって築かれた代表的城郭である。

赤穂城空撮（写真／中田眞澄）
本丸・二の丸は史跡公園となっている。

本丸門（ひょうご観光提供）
平成４年（1992）から７年にかけて復元された本丸の正門の桝形を構成した高麗門と櫓門（高麗門の後方）。

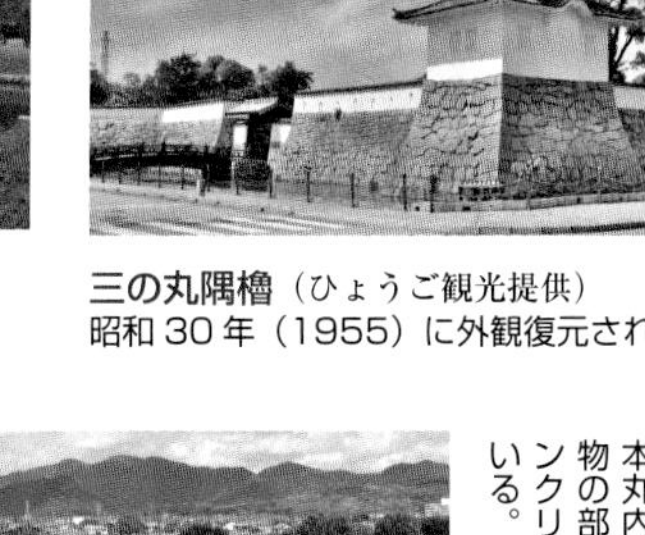

本丸内堀（ひょうご観光提供）
本丸の周囲は水堀で固めている。

三の丸隅櫓（ひょうご観光提供）
昭和 30 年（1955）に外観復元された。

「播磨赤穂城図」
（赤穂市立歴史博物館蔵）

本丸（ひょうご観光提供）
本丸内には、御殿などの建物の部屋の間仕切りを、コンクリートの盤上に示している。

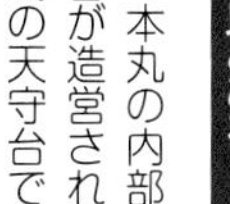

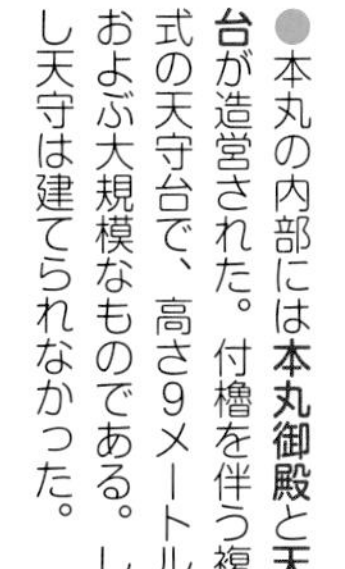

明治初期撮影の本丸門（花岳寺蔵）
昭和２年（1927）、校舎建設のため本丸門の桝形が撤去された。

◎見どころ

●本丸の内部には**本丸御殿**と**天守台**が造営された。付櫓を伴う複合式の天守台で、高さ9メートルにおよぶ大規模なものである。しかし天守は建てられなかった。

天守台（写真／中井均）

●**赤穂市立歴史博物館** Web サイト
所在地／赤穂市上仮屋 916-1

●築城年／慶安元年（1648）　●築城主／浅野長直　●所在地／兵庫県赤穂市上仮屋　●交　通／ＪＲ赤穂線播州赤穂駅下車。徒歩15分

篠山城

国史跡［1956］

高石垣で囲んだ天下普請の大要塞

関ヶ原合戦直後、徳川家康は大坂城を牽制する目的で山陰道の要衝篠山の地に築城を命じた。総奉行には池田輝政が命じられ、加藤清正、浅野幸長らが助役として動員された天下普請であった。その縄張は藤堂高虎によるものと伝えられ、本丸の周囲に二の丸が巡らされる極めてシンプルな輪郭式の構造で、二の丸に設けられた3ヶ所の虎口の前面には角馬出が構えられていた。西国の近世城郭に馬出が設けられるのは極めて珍しい。本丸の東端には天守丸が一段高く配され、その南東隅に天守台が置かれたが天守は築かれなかった。

二の丸高石垣（ひょうご観光提供）
石垣上に見える屋根は大書院。

大書院内部（ひょうご観光提供）

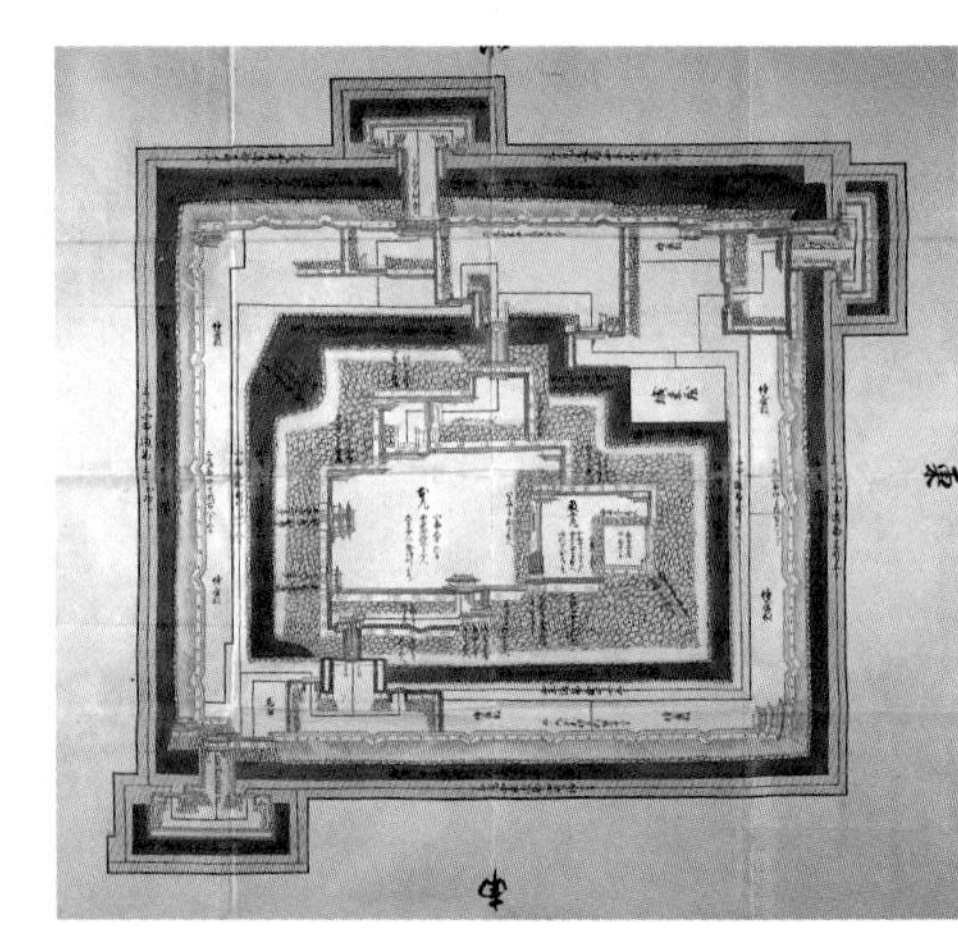
「丹波篠山城之図」
（池田家文庫　岡山大学附属図書館蔵）

天守台と本丸石垣（篠山城大書院提供）
本丸の南東隅にある天守台の高さは約17メートル。天守台に天守は築かれなかった。

大正10年（1921）頃撮影された本丸（篠山市教育委員会蔵）

二の丸高石垣（篠山城大書院提供）
高さ約4メートルの石垣上に見えるのは大書院の屋根。

●築城年／慶長14年（1609）　●築城主／徳川家康　●所在地／兵庫県篠山市北新町
●交　通／ＪＲ福知山線篠山口駅下車。篠山営業所行きバス二階町下車。徒歩３分

篠山城空撮（写真／中田眞澄）
本丸・二の丸は史跡公園となっている。本丸・二の丸の石垣や東馬出、南馬出などが現存する。

大書院（篠山城大書院提供）
大書院は、慶長 14 年（1609）に篠山城築城と同時に創建された。昭和 19 年（1944）に惜しくも焼失したが、平成 12 年（2000）に復元された。また大書院は、現存する同様の建物の中では、京都二条城の二の丸御殿に匹敵する規模の建物である。

◎見どころ

●二の丸は後に三の丸となるが、その東と北と南に虎口が設けられ、前面には角馬出が構えられていた。北側の大手馬出と東馬出は石垣によって築かれていた。また南馬出は土塁によって築かれていた。虎口内部は桝形や仕切りによって複雑で堅固な構造となっていた。大手馬出は消滅したが、現在**東馬出と南馬出**はほぼ完全な形で残されている。

●慶長14年（１６０９）に**天下普請**によって築かれた篠山城には**石垣の石材**に数多くの**刻印**を見ることができる。大半は普請に動員された大名の略紋などの記号が多い。**本丸裏門の桝形に残る刻印**は「作左衛門」と刻まれているが、これは普請奉行を務めた池田作左衛門輝政のものである。

東馬出（写真／中井均）

●**篠山城大書院** Web サイト
所在地／丹波篠山市北新町 2-3

兵庫県

竹田城

国史跡［2009］

雲海に浮かぶ石垣造りの天空の山城

竹田城の築城に関しては山名宗全の家臣太田垣氏によって嘉吉3年（1443）に築かれたといわれている。しかし現在残されている石垣遺構は明らかに織豊期に築かれたものであり、文禄・慶長年間に城主となった赤松広秀によるものと考えられる。本丸を中心に南北両翼に広がる尾根上に階段状に曲輪を配置し、それらをすべて石垣によって築き上げた縄張は織豊系城郭の到達点を示している。本丸に構えられた天守台は山麓城下から見上げると正面にあたり、まさに見せるためのシンボルであった。

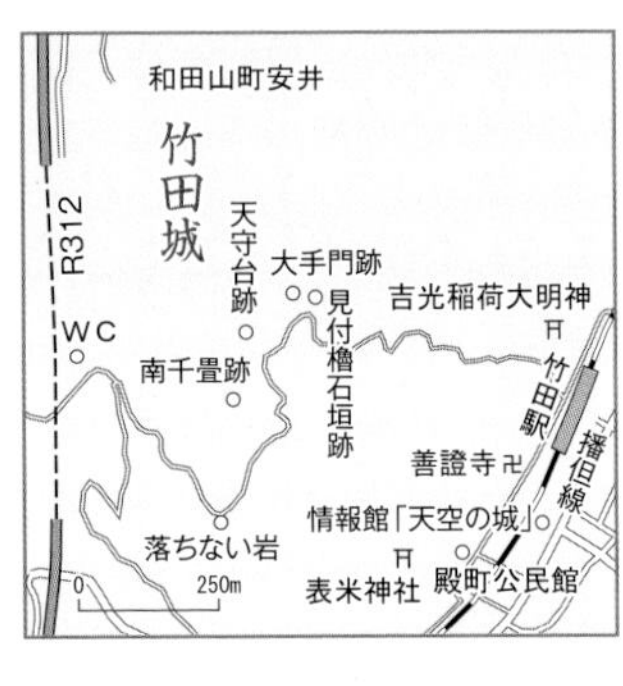

本丸から見た南千畳敷
（朝来市役所提供）
標高約 353 mの虎臥山の山頂に天守台・本丸・二の丸・三の丸はじめ北千畳・南千畳などの現存する壮大な石垣群は全国屈指。

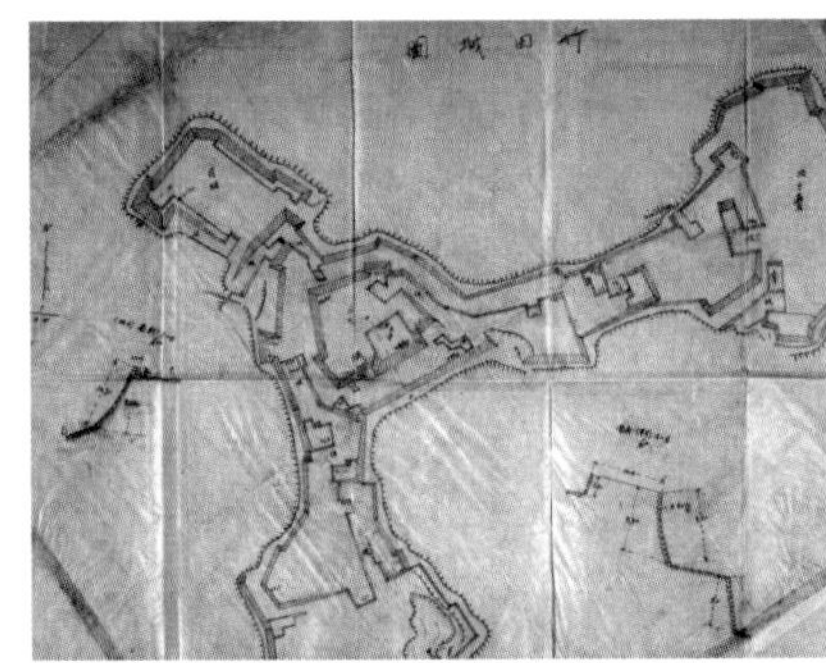

戦前に作成された竹田城の測量図
（国立国会図書館蔵）

天守台を南二の丸から望む
（写真／中井均）
天守台の規模は約 11 m×約 13 m。東側の石垣は約 10.6 mで城内で最も高い。

南千畳敷（朝来市役所提供）

●築城年／文禄・慶長年間（1592 ～ 1615）●築城主／赤松広秀　●所在地／兵庫県朝来市和田町竹田　●交　通／ＪＲ播但線竹田駅下車。徒歩１時間 30 分

竹田城遠望（撮影写真／吉田利栄・朝来市役所提供）
竹田城跡は、生野銀山を守備する城として重要視され、豊臣政権の時代に近世山城へと改造された。関ヶ原合戦の後廃城となるが、現存する石垣は、山城として日本屈指の規模となっている。

天守台の石垣（写真／中井均）
石垣の隅の部分は算木積みで積まれている。

竹田城空撮（朝来市役所提供）
中央の天守台を中心に曲輪が放射線状に配されている。山頂部分の規模は南北約 400 m、東西約 100 m。

登り石垣（写真／中井均）

◎見どころ

●北千畳より北西部に張り出した尾根上には**階段状に築かれた登り石垣**が構えられている。登り石垣は文禄・慶長の役の影響を受けた防御施設であり、竹田城の築城年代を知るうえで重要な遺構である。

●天空の城として著名な竹田城は**文禄から慶長初年に築かれた**とみてよい。その縄張には統一感があり一気に築かれたものと見られている。しかし、**南千畳の西辺石垣に継ぎ目**が認められる。これを増築と見るのか、築城途中の設計変更と見るのかは議論の分かれるところであるが、安土城や肥前名護屋城といった短命の城からも埋没石垣が検出されており、やはり竹田城でも**築城途中に設計変更**がなされたものとみられる。

●**情報館　天空の城** Web サイト
所在地／朝来市和田山町竹田 363

兵庫県

出石城

市史跡［1968］

一国一城制による但馬国唯一の城

出石には但馬守護所として此隅山城が築かれていたが、羽柴秀吉の但馬攻めで落城する。その後築かれたのが有子山城である。関ヶ原合戦後に入封した小出吉英は有子山城を廃し、その北山麓に居城を移した。これが出石城である。その構造は山麓に稲荷曲輪、本丸、二の丸、下の曲輪を階段状に四段に造成し、これらを囲い込むように山下に内堀が巡らされて三の丸を形成していた。

本丸西隅櫓（写真／中井均）
昭和 43 年（1968）に復興された。明治の廃城令で城の建物は取り壊されたが、堀・石垣などが現存。また城跡の主要部は出石城公園として整備されている。

登城橋と登城門（写真／中井均）
平成6年（1994）に復興した。

「出石城絵図」
（豊岡市教育委員会提供）

本丸西隅櫓遠望（豊岡市役所提供）
本丸、二の丸、下の曲輪の曲輪群はコの字状に巡らされた堀で囲まれ、三ヶ所に虎口が設けられていた（右の絵図参照）。

◎見どころ

●出石城の背後に築かれた**有子山城**には天正8年（1580）に羽柴秀長によって築かれた石垣がほぼ残されている。粗割りの小石材を積み上げており、高さは4メートルを測る。

有子山城の石垣（写真／中井均）

出石城石垣（写真／中井均）

●**出石史料館** Web サイト
所在地／豊岡市出石町宵田 78

●築城年／慶長 9 年（1604）　●築城主／小出吉英　●所在地／兵庫県豊岡市出石町内町　●交　通／ＪＲ山陰本線豊岡駅下車。全但バス出石行き終点下車。

洲本城

国史跡［1999］

山上の城郭を総石垣で築いた城塞

洲本城は長宗我部氏に備えて淡路に派遣された仙石秀久によって築かれた。さらに天正13年（1585）に淡路を賜った脇坂安治によって山上部の城郭はほぼ完成された。江戸時代に淡路は阿波蜂須賀氏の所領となり、筆頭家老稲田氏が城代に任じられ、山麓部分に居館が築かれた。山上の城郭は総石垣で固められ、その構造は複雑にして壮大である。さらに山城と山麓居館を一体化して防御するため東西に二条の登り石垣が築かれている。

本丸大石段（写真／中井均）
南の丸から本丸に登る石段。

本丸西側の高石垣
（洲本市役所提供）

天守台と模擬天守（洲本市役所提供）
天守は昭和3年（1928）に建てられた模擬天守。天守台に続く櫓台上からは大阪湾を一望できる。

大手門跡（洲本市役所提供）

天守台の石垣
（洲本市役所提供）

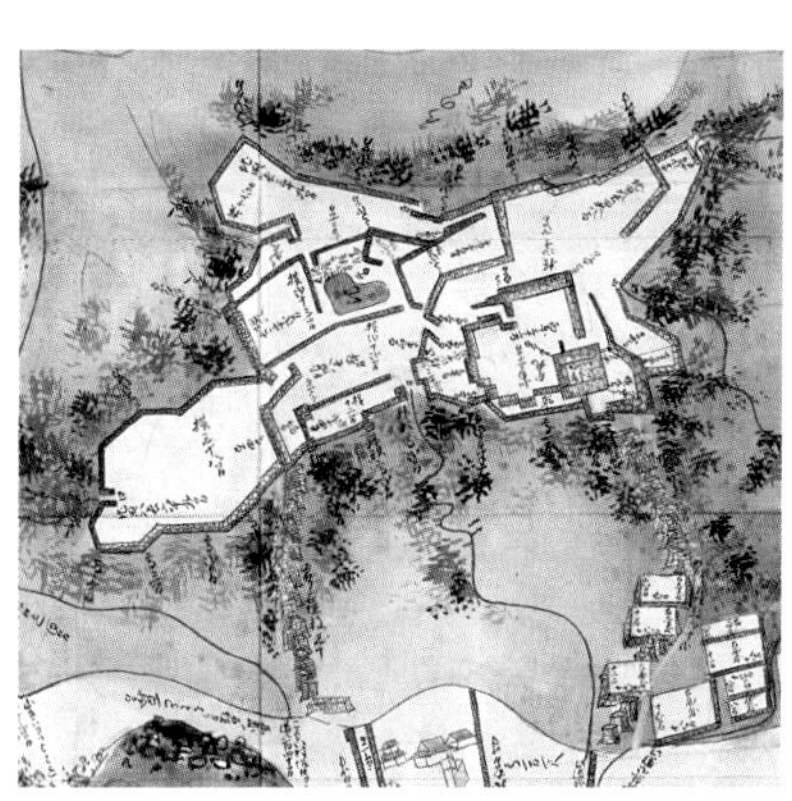
「淡路国洲本之御城絵図」
（国文学研究資料館蔵）

大きく隅を欠く小天守台の石垣（写真／中井均）

◎見どころ

●洲本城の天守は本丸北西隅に**大天守台**と北東隅に**小天守台**を設け、**渡り櫓によって接続する連結式天守**である。小天守台の北東隅は大きく隅を欠いているが、これは鬼門除けである。

継ぎ目が認められる石垣（写真／中井均）

●**洲本市立淡路文化史料館** Web サイト
所在地／洲本市山手 1-1-27

●築城年／天正10年（1582）　●築城主／仙石秀久　●所在地／兵庫県洲本市小路谷　●交　通／大阪・神戸三宮駅下車。淡路交通高速バス洲本バスセンター行き終点下車。徒歩20分

奈良県

郡山城

県史跡［1960］

大和国を統治する総構えの大城郭

織田信長の大和一国破城により、郡山城以外の城郭はすべて破却され、大和守護筒井順慶も郡山城に移った。筒井氏が伊賀に移封されると豊臣秀長が大和、和泉、紀伊100万石の太守として郡山城を居城としたため、大改修が行なわれた。さらに増田長盛が城主となると外堀の普請が行なわれ、ほぼ現在の姿に整備された。城は西京丘陵の南端に築かれ、その構造は本丸の周囲に毘沙門郭、法印郭、二の丸、麒麟郭などを配した輪郭式の縄張となっている。

郡山城天守台空撮
（大和郡山市教育委員会提供）
近年、天守台の石垣の修復と展望台の整備が完了した。

追手門
（大和郡山市役所提供）
昭和58年（1983）に復元された。

大和郡山城
天守跡
城址会館
追手門
柳澤神社
追手向櫓
郡山城公園
五軒屋敷池
城内町
西公園
WC
柳沢文庫
鰻堀池
郡山高
鷺池
永慶寺
城見町
近鉄橿原線
三ノ丸緑地
至近鉄郡山
0　150m

追手向櫓（大和郡山市役所提供）
昭和62年（1987）に復元された。

郡山城空撮（大和郡山市教育委員会提供）
城郭の中心部の石垣・土塁が現存する。

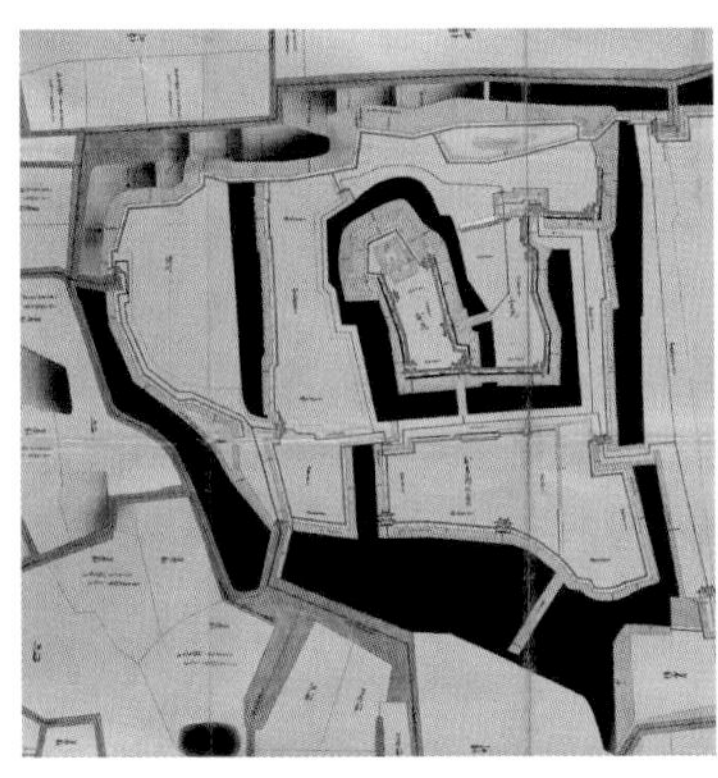

「和州郡山城絵図」
（正保城絵図／国立公文書館内閣文庫蔵）

◎見どころ

●郡山城の**石垣**には多くの石仏、**五輪塔、宝篋印塔などが転用**されている。特に**天守台の石垣**には集中して用いられ、なかには平城京羅城門の礎石と伝えられる巨大な礎石まで用いられている。

●豊臣秀長によって築かれた郡山城では本丸の中央に**複合型の天守台**が残されている。近年その改修工事に伴い発掘調査が実施された。その結果、穴蔵は伴わず、天守台上面に礎石を配置した構造であることが明らかとなった。天守柱は直接礎石に据えられるのではなく、根太を配した上に据えたものとみられる。現在この発掘された状態で見学できるように整備されている。

天守台石垣のさかさ地蔵（写真／中井均）

●**柳沢文庫** Webサイト
所在地／大和郡山市城内町2-18

●築城年／天正8年（1580）　●築城主／筒井順慶　●所在地／奈良県大和郡山市城内町　●交　通／近鉄橿原線大和郡山駅下車。徒歩3分

奈良県

国史跡【1953】

高取城

石垣が多用された日本最大級の山城

日本3大山城に数えられる高取城の創建は南北朝時代といわれている。しかしその実態が明らかとなるのは永正8年（1511）頃に越智氏の拠点となってからである。豊臣秀長の大和支配では重要な支城となり、近世城郭へと整備された。城内は11区画に分けられ、二の門、吉野口門、壺阪口門より内側を城内と称し、それより外側の山城部分を郭内と称した。

高取城鳥瞰ＣＧ復元
（制作／奈良産業大学（現・奈良学園大学））
山頂の本丸上段には三重天守と小天守（三重）が聳え、数多くの曲輪は石垣が多量に使われていた。

明治初年頃に撮影された二の丸
（高取町教育委員会蔵）
竹櫓と十五間多聞櫓、太鼓櫓、新櫓を見上げた景観。

二の丸太鼓櫓石垣（写真／石田多加幸）

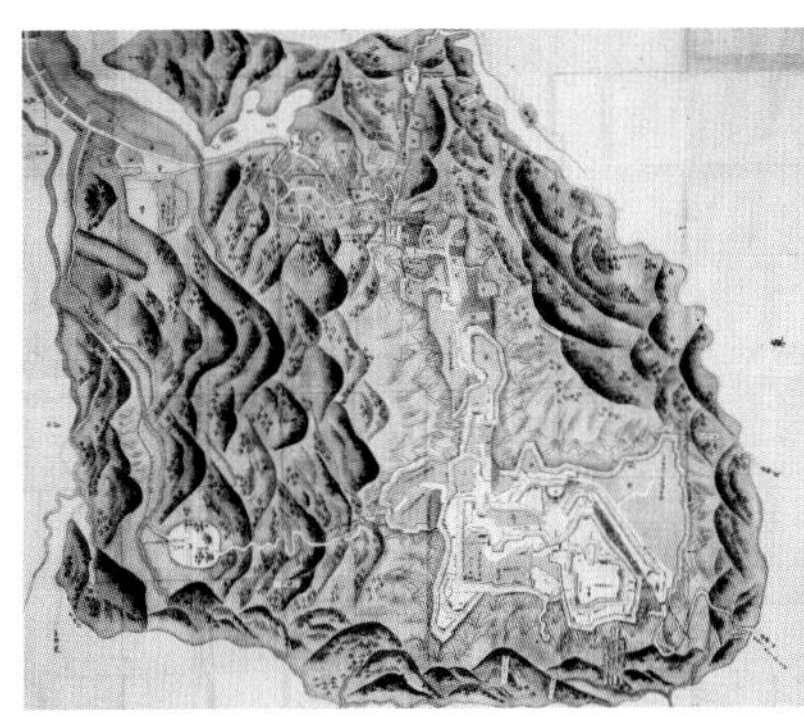

「和州高取城図」
（正保城絵図／国立公文書館内閣文庫蔵）

移築されて現存する高取城二の門
（写真／中井均）
明治6年（1873）、城の建物は民間に払い下げられたが、このとき小嶋寺に二の門が移築された。

◉見どころ

●高取城は中世の山城と同じように城郭の外周部の尾根を切断する**堀切**が設けられている。特に本丸南東尾根に位置する**赤土郭**の先端には**みろく堀切**と呼ばれる巨大な堀切が設けられていた。

●日本3大山城のひとつである高取城はそのなかでも群を抜く**巨大な城郭**である。江戸時代を通じて幕府に届け出なくても修理が許された常普請唯一の城でもある。築城当初は家臣団も含め山城で生活をしていたため数多くの井戸が掘られている。なかでも本丸直下に構えられた**大井戸**は土手を設けた巨大なもので、**山城における貯水施設の代表例**である。

みろく堀切（写真／中井均）

●築城年／天正13年（1585）　●築城主／豊臣秀長　●所在地／奈良県高市郡高取町
●交　通／近鉄吉野線壺阪山駅下車。壺阪寺行きバス壺阪寺前下車。徒歩40分

和歌山城

国史跡［1952］・国重文・国名勝

吉宗を輩出した紀州徳川家の城

豊臣秀長は大和、和泉、紀伊3国100万石の太守となり、紀伊支配の拠点として和歌山城を築き、桑山重晴を置いた。関ヶ原合戦の戦功により浅野幸長が和歌山に入城すると本丸、二の丸を築き天守を造営した。さらに元和5年（1619）に入城した徳川頼宣によって山麓部が整備された。城は山城と見てよい。山上に本丸と天守曲輪が並立し、山麓に二の丸、砂の丸、南の丸、御蔵の丸が配置され、その周囲に内堀が巡らされていた。豊臣、浅野時代は現在の岡口門が大手であったが、徳川時代に北東の一の橋口が大手となった。

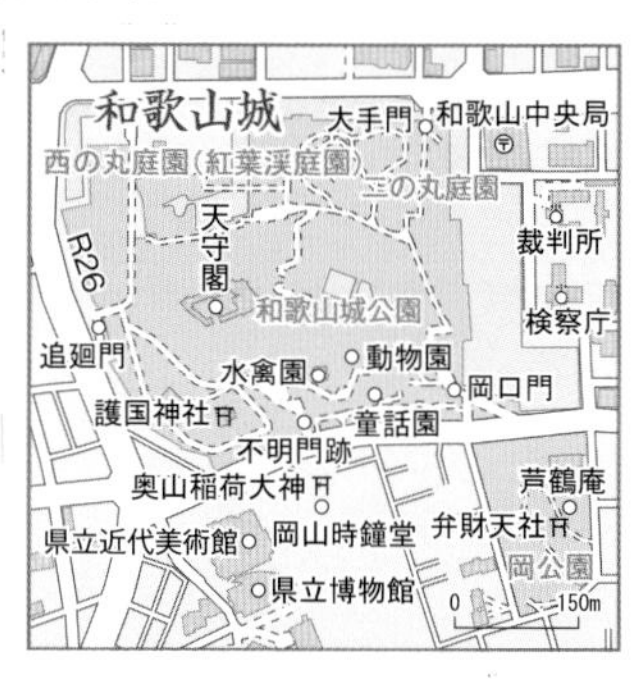

天守遠望（和歌山城整備企画課提供）
和歌山城天守は昭和10年（1935）に国宝に指定されていたが、惜しくも昭和20年に戦災で焼失。昭和33年、三重三階の大天守をはじめ小天守・隅櫓などの天守曲輪の建物が外観復元された。

岡口門（国重文）（和歌山城整備企画課提供）
現在の門は、元和7年（1621）に城を拡張した際に、改修された。往時は門の左右に櫓が付属していた。

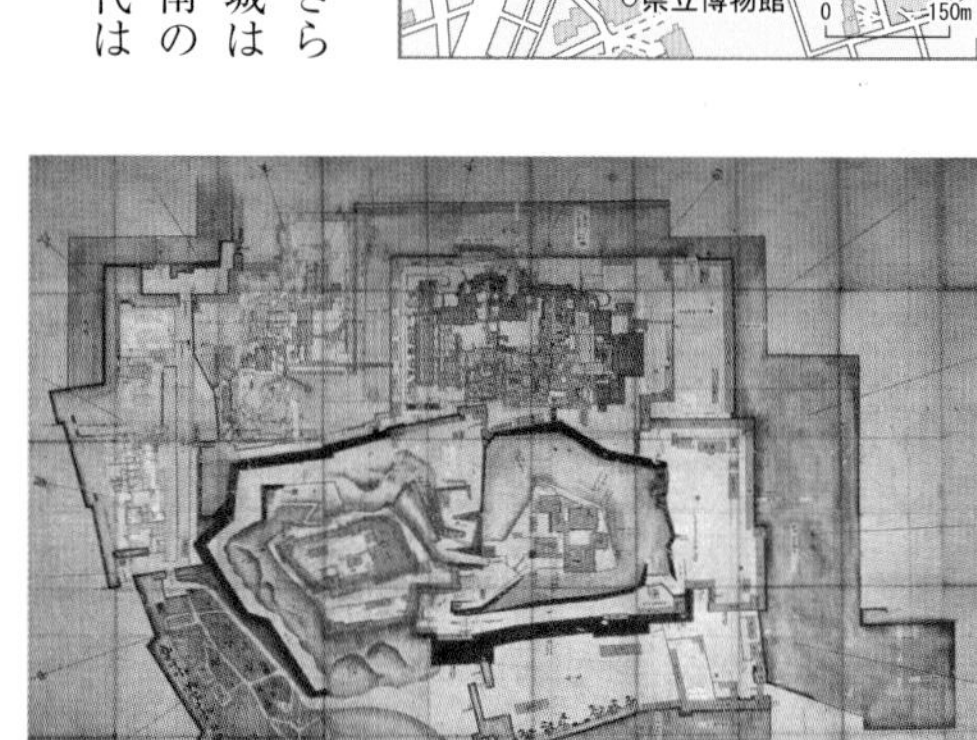

「和歌山城御城内惣御絵図」
（和歌山県立図書館蔵）

本丸遠望（写真／中井均）
大天守、小天守、二之御門櫓、乾櫓を多聞でつなぐ連立式天守である。徳川御三家の居城にふさわしい威容を見せる。

和歌山城二の丸古写真（個人蔵）
明治期の撮影。右端の二重櫓は駿河櫓。その左に一部を二重櫓とした多聞櫓が続く。

●築城年／天正13年（1585）　●築城主／豊臣秀長　●所在地／和歌山県和歌山市一番丁
●交　通／JR紀勢本線和歌山駅下車。和歌山バス公園前下車。徒歩10分

和歌山城空撮（和歌山城整備企画課提供）
現在は、内堀と外堀の一部しか残されていないが、天守曲輪をはじめ本丸・二の丸ほか城の主要部の石垣が現存し、和歌山城公園となっている。

天守・岡口門遠望（和歌山城整備企画課提供）

御橋廊下（和歌山城整備企画課提供）
御橋廊下は、藩主が二の丸と西の丸の間を移動するために使用した専用の橋。屋根や板壁が付いており、外から中が見通せないようになっていた。平成 18 年（2006）に復元された。

◎見どころ

●和歌山城では紀州の変成岩を用いた豊臣時代と浅野前期の**野面積石垣**と、和泉砂岩を用いた浅野時代と徳川時代の**打込接の石垣**と、花崗斑岩を用いた徳川時代の**切込接の石垣**を一度に見学することができる。

野面積石垣（写真／中井均）

●**わかやま歴史館** Web サイト
所在地／和歌山市一番丁 3

国史跡［2003］

新宮城

一国一城令後に再び築かれた支城

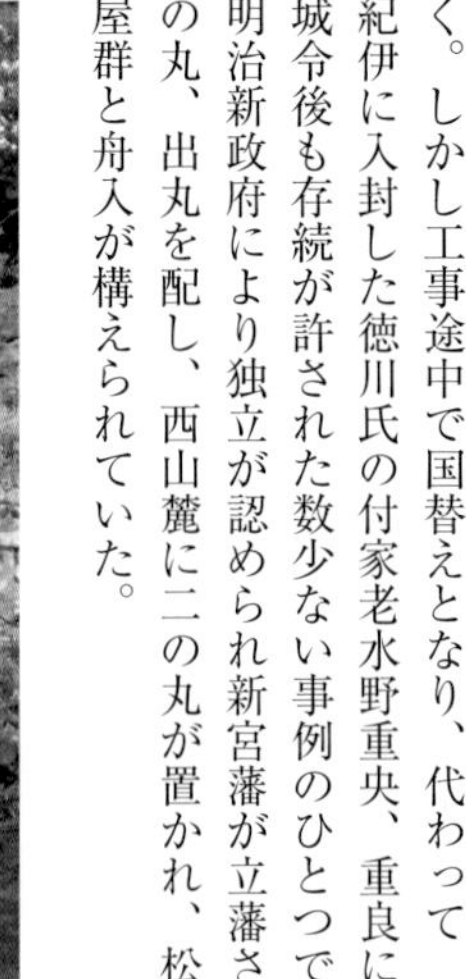

和歌山城主浅野幸長の次男忠吉が分封され、熊野川の河口に突出した丹鶴山に新宮城を築く。しかし工事途中で国替えとなり、代わって紀伊に入封した徳川氏の付家老水野重央、重良によって完成した。元和の一国一城令後も存続が許された数少ない事例のひとつである。慶応4年（1868）に明治新政府により独立が認められ新宮藩が立藩された。山上に本丸、鐘の丸、松の丸、出丸を配し、西山麓に二の丸が置かれ、松の丸直下の熊野川に面して炭納屋群と舟入が構えられていた。

本丸入り口の桝形の石垣（新宮市役所提供）
城は熊野川河口近くの断崖絶壁上に築かれ、最高所に本丸を置いた。

水の手曲輪港湾部（新宮市役所提供）
松の丸北下の熊野川に面して水の手曲輪を設け、ここに蔵と舟入を設置していた。

新宮城古写真（新宮市教育委員会提供）
右上は本丸石垣。往時には天守丸には天守と小天守が構えられていた。

「紀伊国新宮城之図」
（正保城絵図／国立公文書館内閣文庫蔵）

◉見どころ

●新宮城の北西山麓、熊野川に面して数段にわたって小曲輪が構えられている。これらはすべて**炭納屋群**であった。この炭は熊野の特産品として集荷され、ここから舟に積まれて出荷されたのである。

出丸の石垣（写真／中井均）

石垣（写真／中井均）

●**新宮市立歴史民俗資料館** Webサイト
所在地／新宮市阿須賀1-2-28

●築城年／元和4年（1618）　●築城主／浅野忠吉　●所在地／和歌山県新宮市新宮字丹鶴　●交　通／JR紀勢本線新宮駅下車。徒歩約15分

鳥取県

米子城

国史跡［2006］

山頂に大小2基の天守があった城

米子城は伯耆の拠点として天正19年（1591）に吉川広家によって築かれた。しかし工事途中で、関ヶ原合戦により岩国へ移されてしまう。替わって入城した中村一忠によって築城工事は完成した。江戸時代に因幡・伯耆2ヶ国の太守となった池田光仲は家老荒尾成利に米子城を預け、伯耆は荒尾氏による自分手政治に任された。中海に面した湊山の山頂に本丸を、丸山に内膳丸を置き、山麓に二の丸、三の丸が配されていた。本丸には四重五階の大天守と三重四階の小天守が並立して築かれていた。

本丸の石垣
（米子市教育委員会提供）
主要部の石垣は旧状をよくとどめ、石垣の積み直しも実施されている。城跡は現在、湊山公園となっているため、自由に散策が可能である。

米子城遠望
（写真／石田多加幸）

明治初期に撮影された天守
（山陰歴史館蔵）
写真中央上に四重五階の望楼型天守が見える。

大天守台石垣（写真／石田多加幸）
明治13年（1880）頃、天守以下の建物が取り壊された。

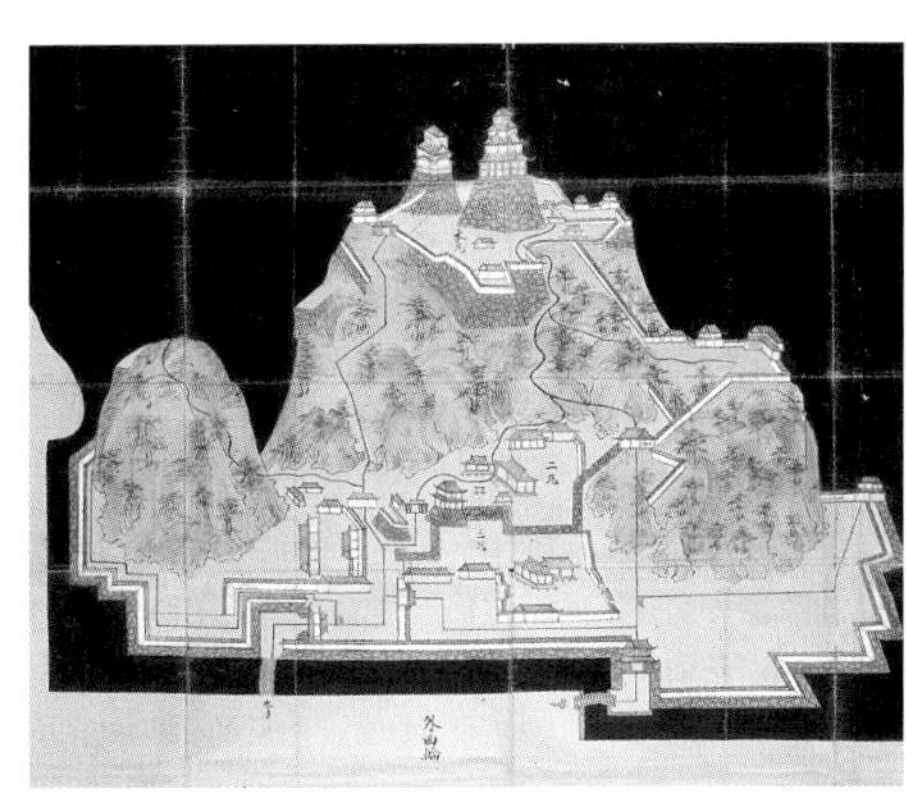
「米子城石垣修覆御願絵図」
（鳥取県立博物館蔵）

◎見どころ

●三の丸から二の丸にいたる前面には**巨大な外枡形**が構えられており、その石垣が現存している。この枡形には一の門が設けられておらず、外部とは開口する構造となっている。

●米子城では発掘調査によって**山上の遠見櫓台から山腹の内膳丸**に向かって構えられた**登り石垣**が検出された。この登り石垣によって中海側からの敵を遮断したと考えられる。**登り石垣**は豊臣秀吉の朝鮮出兵に際して朝鮮半島南岸に築かれた**倭城に多用される防御施設**であり、その直後の日本の山城でも導入されている。米子城の登り石垣は朝鮮出兵に参戦渡海した吉川広家が帰陣後の慶長初年に増築したものと考えられる。

登り石垣（写真／中井均）

●**米子市立山陰歴史館** Webサイト
所在地／米子市中町20

●築城年／天正19年（1591）　●築城主／吉川広家　●所在地／鳥取県米子市久米町　●交　通／JR山陰本線米子駅下車。徒歩10分

鳥取城

国史跡［1957］

山上に天守を持つ近世的な山城

毛利氏の最前線となった鳥取城は吉川経家によって守られていたが、天正9年（1581）羽柴秀吉の兵糧攻めによって落城した。その後豊臣大名の宮部継潤らが入れ置かれ、久松山の山頂を石垣造りの城に改修した。関ヶ原合戦後に入城した池田長吉は城の中心を南山麓に移し、天球丸、二の丸、三の丸などを新たに築いた。山上に二重の天守が存在したが、山麓の二の丸には天守代行の御三階櫓が構えられていた。

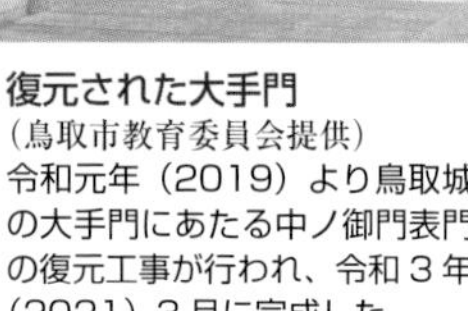
復元された大手門
（鳥取市教育委員会提供）
令和元年（2019）より鳥取城の大手門にあたる中ノ御門表門の復元工事が行われ、令和３年（2021）３月に完成した。

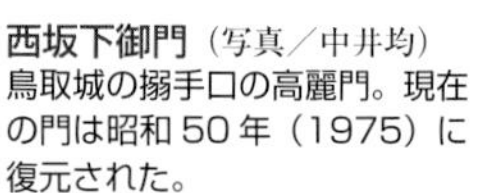
西坂下御門（写真／中井均）
鳥取城の搦手口の高麗門。現在の門は昭和50年（1975）に復元された。

二の丸三階櫓台石垣
（写真／中井均）
石垣は昭和35年(1960)から６年かけて修理された。

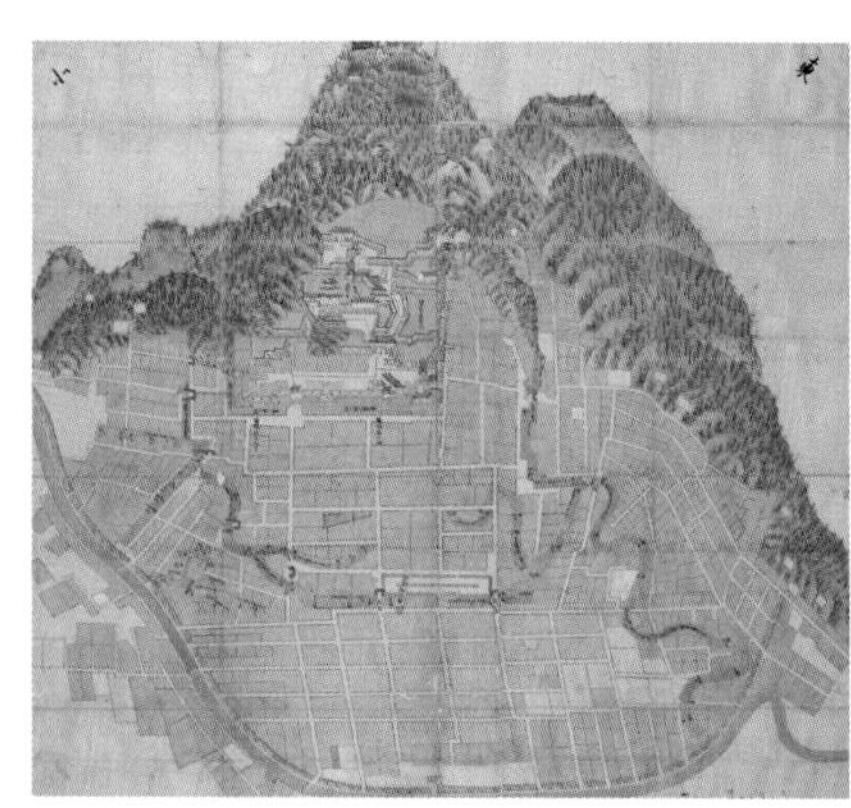
「鳥取城修覆願図」
（鳥取県立博物館蔵）

二の丸三階櫓台石垣遠望（写真／中井均）

明治初期に撮影された二の丸三階櫓（鳥取市教育委員会蔵）
三階櫓は明治12年（1879）に解体撤去された。

●築城年／慶長7年(1602)　●築城主／池田長吉　●所在地／鳥取県鳥取市東町●交　通／ＪＲ山陰本線鳥取駅下車。バス日赤県庁前下車。徒歩５分

二の丸三階櫓台石垣

内堀から望んだ城跡（写真／中井均）
内堀の奥に二の丸三階櫓台と石垣群が見える。山上の丸と山下の天球丸・二の丸・三の丸の石垣と堀の大部分が現存する。

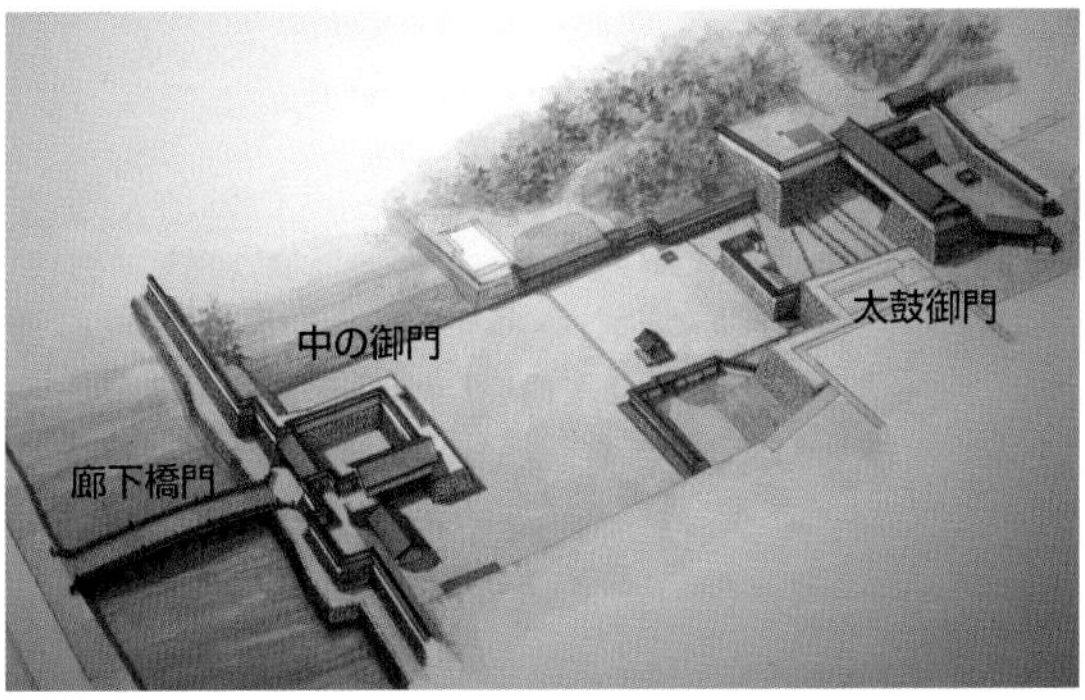

中の御門
太鼓御門
廊下橋門

大手登城路復元整備イメージ図（鳥取市教育委員会提供）
鳥取城の復元計画を示した図。今後、太鼓御門の復元をめざす。

整備された天球丸の巻石垣（写真／中井均）
鳥取城では、球状に造形した巻石垣で石垣を補強している。

◉見どころ

●久松山の山頂に構えられた山上の丸は本丸、二の丸、三の丸から構成される。本丸北西隅に天守が造営された。当初三重であったが、池田長吉によって二重に改修された。現在その**天守台**が残されている。ここからは日本海を望むことができる。

●現在見られる鳥取城の石垣は慶長5年（1600）の関ヶ原合戦の戦功により因幡を賜った池田長吉、さらには池田光政によって築かれたものであり、戦国時代の鳥取城の遺構はほとんど残されていない。天正8年（1580）に吉川経家が立て籠もる鳥取城を攻めた**羽柴秀吉の本陣**が東方に残され、**太閤ヶ平**と呼ばれている。**土塁と横堀**を駆使した構造は**陣城**の典型的な事例である。なお、『信長公記』には「御大将の陣」と記されており、あるいは信長を迎えるために秀吉が構えた陣城であったものかも知れない。

天守台石垣（写真／中井均）

●**鳥取県立博物館** Web サイト
所在地／鳥取市東町 2-124

島根県

松江城

国宝・国史跡［1934］

漆黒の五重天守を誇る出雲の大城郭

関ヶ原合戦の戦功により出雲・隠岐の太守となった堀尾吉晴、忠氏父子は一旦月山富田城に入城する。しかし富田城は領国の東に偏った山中に位置していたため、新たな居城として築城されたのが松江城である。堀尾氏絶家の後、京極忠高が入城するが嗣子なく絶家となり、松平直政が松本より入城し、以後明治維新まで10代の居城となった。宍道湖に面した亀田山に本丸と腰曲輪を重層的に構え、いずれも石垣塁線に折を多用している。本丸の南には二の丸上段が配され、東山麓には二の丸下段が配され、亀田山を囲い込むように内堀が巡らされていた。二の丸上ノ段の南側には方形の三の丸が構えられているが、これは同時期に築かれたものではなく、後に藩邸機能を移すために設けられたものである。

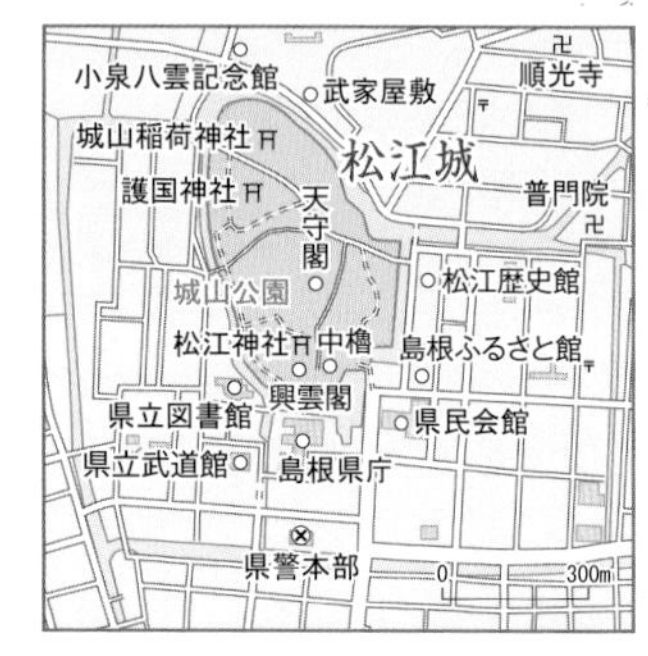

天守（国宝）（松江市役所提供）
山陰地方唯一の現存天守。天守の三階出窓だけは白漆喰の塗籠となっているが、その他の外壁はすべて黒塗りの下見板張りである。

二の丸高石垣を望む
（松江市役所提供）
平成13年（2001）、二の丸高石垣上に二重櫓の南櫓（左）、単層櫓の中櫓（中）と太鼓櫓（右）の3基の櫓が復元された。

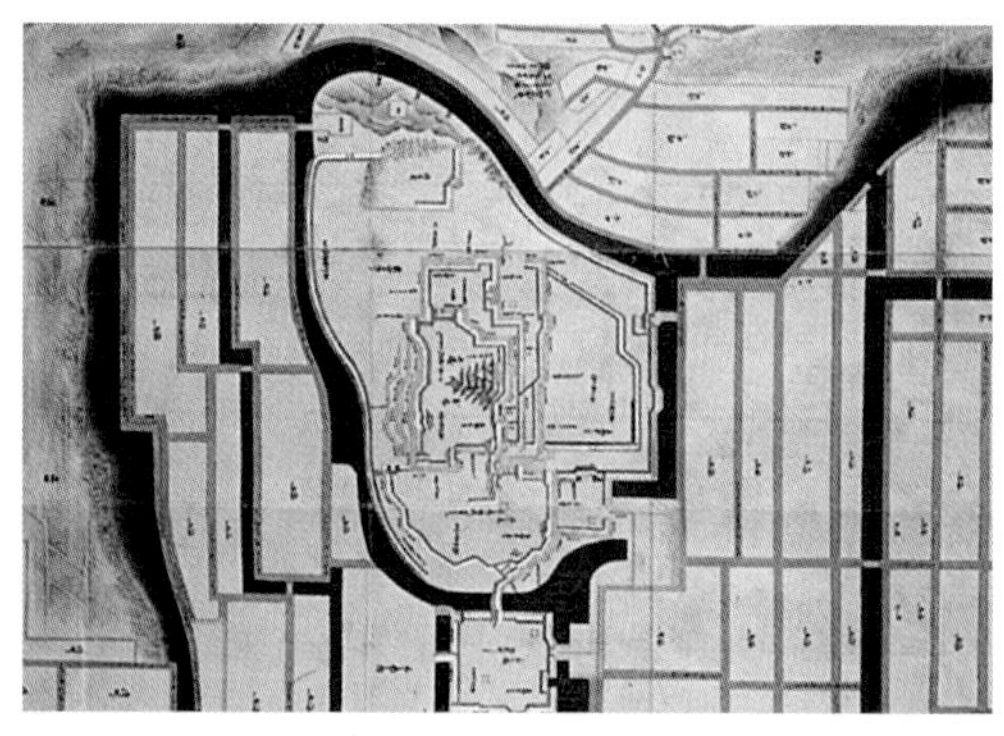

「出雲国松江城絵図」
（正保城絵図／国立公文書館内閣文庫蔵）

天守（国宝）・二の丸下段遠望
（島根県観光連盟提供）

●築城年／慶長12年（1607）　●築城主／堀尾吉晴・忠氏　●所在地／島根県松江市殿町
●交　通／ＪＲ山陰本線松江駅下車。バス松江城（大手前）下車

天守（国宝）（島根県観光連盟提供）
造営は慶長16年（1611）、四重五階・地下一階の望楼型天守。天守の正面には一重一階、地下一階の付櫓を設けた複合式天守でもある。現存天守では一階の床面積は姫路城に次ぐ第2位の天守である。

天守五階内部（松江市役所提供）

天守四階内部（松江市役所提供）

天守一階内部（松江市役所提供）

◎見どころ

●現存12天守のひとつである松江城の天守は慶長16年（1611）に堀尾忠晴によって築かれたもので、付櫓を設けた**複合式天守**である。その構造は**四重五階地下一階**の**望楼型**で、外観は**全面板張**となる。二重目に**石落**を張り出して構え、一重目の屋根の軒裏に石落が設けられている。**付櫓**には鉄砲狭間を付けた石落が両脇に設けられている。なお、天守一重目と二重目には77か所にものぼる鉄砲狭間が設けられるなど**実戦本位の天守**であった。

天守付櫓（写真／中井均）

天守内部の寄木柱（松江市役所提供）
一本の松柱の外側に板を接ぎ合わせ、鎹で打ちつけ、金輪で締めて太い柱にしている。この寄木柱のほうが、力学的に普通の柱より強い。

●**松江歴史館** Web サイト
所在地／松江市殿町 279

二の丸内から見た南櫓（松江市役所提供）
建造物は『史跡松江城整備事業報告書』を資料として復元。

二の丸南櫓（松江市役所提供）
平成 13 年（2001）に復元された。

松江城古写真
（松江市役所提供）
明治初期の撮影。中央二の丸高石垣上の大屋根が二の丸御殿。その右に中櫓、御殿左の二重櫓が南櫓。後方には天守が見える。左下は三の丸の長屋。明治８年（1875）、天守以下の建物の払い下げ、取り壊し処分が下されたが、天守のみの保存が認められた。

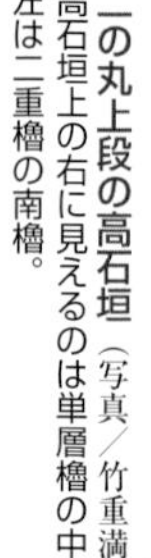

二の丸上段の高石垣（写真／竹重満憲）
高石垣上の右に見えるのは単層櫓の中櫓。左は二重櫓の南櫓。

南多聞櫓（松江市役所提供）
昭和35年（1960）に復元した多門櫓。

本丸一の門（松江市役所提供）
昭和35年（1960）に復元した門。右に本丸南多聞櫓がある。

松江城空撮（写真／中田眞澄）
本丸･二の丸は城山公園となっている。標高約 28m の亀田山の高所に天守、本丸を配置した松江城の縄張の形をよくとどめている。

二の丸中櫓（松江市役所提供）
建造物は『史跡松江城整備事業報告書』を資料として復元。

城内から見た二の丸中櫓（松江市役所提供）
平成 13 年（2001）に完成した単層櫓。

北の門（松江市役所提供）
本丸搦手側の門。周囲を石垣で固めているため守りは固い。

二の丸太鼓櫓（松江市役所提供）
平成13年（2001）に復元した単層櫓。

島根県

浜田城

県史跡［1962］

譜代・親藩を配した長州藩押えの城

浜田城の築城は古田重治によって元和5年（1619）に行なわれた、元和一国一城令後の数少ない築城である。山頂に本丸を配し、二の丸、三の丸を南に連続して配置している。虎口は何度も屈曲を繰り返す複雑な構造となる。天守は本丸の北西隅に配置された独立式の三重三階構造であったが、天守台を構えず、本丸に直接造営された。東山麓には内堀を設けて、その内部には御殿が構えられていた。また、馬蹄形を呈する東側谷筋には中ノ御門が置かれていた。古田氏が二代で改易されると、松平（松井）氏、本多氏、松平（松井）氏、松平（越智）氏が城主となる。慶応2年（1866）の第2次幕長戦争で、長州藩に攻められ、敗走する浜田藩兵に城と城下を放火され焼失した。

城跡遠望（浜田市教育委員会提供）
浜田城は比高68 mの亀山に築かれた山城である。亀山は北に松原湾、南から西にかけて浜田川が　流れる独立丘陵である。

本丸跡（島根県観光連盟提供）

一の門石垣（浜田市教育委員会提供）

三の丸へ続く大手道（浜田市教育委員会提供）
二の丸の下段に「三の丸」と呼ばれた曲輪へ向かう大手道は石段が残り、往時の様子を伝えている。

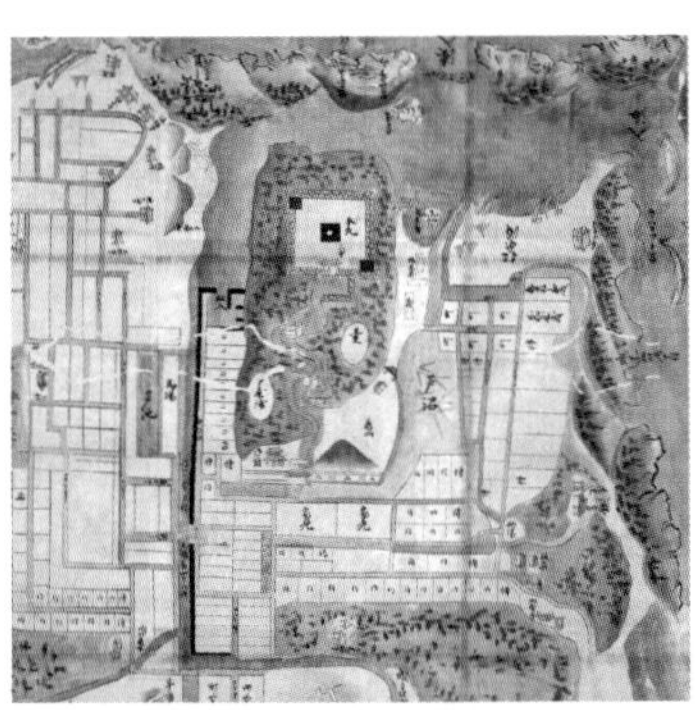
「石州浜田城并地図」（国立国会図書館蔵）

二の門の内桝形（浜田市教育委員会提供）

◎見どころ

●天守は明治初年まで残されていたようであるが、現在城跡には石垣が残されるのみである。三の丸から本丸に至る石垣も見事であるが、何と言っても**中ノ御門の石垣**は元和の築城当初のものと見られ、**巨石**を用いた構造は圧巻である。なお、三の門に立つ城門は浜田城のものではなく、明治に津和野より移築されたものである。

中ノ御門石垣（中井均提供）

三の丸の高石垣（浜田市教育委員会提供）
浜田城で最も高い石垣。三の丸や中の門・本丸の石垣は元和6年（1620）前後の築城時の形態をとどめている。

●**浜田市浜田城資料館** Webサイト
所在地／浜田市殿町83-246

●築城年／元和5年（1619）　●築城主／古田重治　●所在地／島根県浜田市殿町　●交　通／JR浜田駅よりバス城山公園前下車　徒歩5分

島根県

国史跡［1942］

津和野城

亀山山上に高石垣で築かれた山城

鎌倉時代末より吉見氏歴代の居城であったが、関ヶ原合戦の結果、吉見氏は毛利氏に従い萩へ移り、替わって津和野へは坂崎出羽守成正が入城した。この成正によって石垣が築かれ、天守が造営されるなど、近世城郭へと整備された。また、それまで西山麓が大手であったが、東山麓に改められた。成正が千姫騒動で改易されると、亀井政矩が城主となり明治まで続いた。亀井氏は東山麓に新居館を構えて藩邸とした。

城跡遠望
（津和野町役場提供）
標高 367 m、比高 200 m の霊亀山山頂に設けられた本丸・二の丸・三の丸・腰曲輪の石垣はほぼ完存している。

天守台石垣
（写真／中井均）
本丸より西に一段下がった位置にあり、三重天守が建てられていた。

本丸跡空撮（津和野町役場提供）
最高所にある本丸の三十間台と呼ばれる石垣上には多聞櫓が連なり、左端には三重櫓が築かれた。三十間台の西（写真上）に下がった尾根には天守台があった。天守台には三重天守が聳えていたが、貞享3年（1686）に落雷で焼失した。

「石見津和野城絵図」
（正保城絵図／国立公文書館内閣文庫蔵）

◎見どころ

●山上には坂崎成正によって築かれた**石垣**がほぼ完存している。山麓御殿には隅櫓として築かれた**馬場先櫓**と、**物見櫓**と称する外観一重、内部二階となる壮大な多聞櫓が残されている。

馬場先櫓（津和野町役場提供）

人質櫓の石垣（島根県観光連盟提供）
本丸の一段下に張り出した櫓台は人質櫓と呼ばれ、石垣の高さは城内で最も高い。

●**津和野町郷土館** Web サイト　所在地／鹿足郡津和野町森村ロ 127

●築城年／慶長6年（1601）　●築城主／坂崎成正　●所在地／島根県鹿足郡津和野町　●交　通／ＪＲ山口線津和野駅下車。バス津和野高校前下車

岡山城

国史跡［1987］・国重文

宇喜多秀家が築いた漆黒の大城郭

当初岡山城は戦国大名宇喜多直家によって石山と呼ばれる小丘陵に構えられた小規模な城郭であったが、その子秀家は有力な豊臣大名として大改修を行ない、本丸に高石垣を組み、金箔瓦に飾られた五重六階の壮大な天守を造営するなど、近世城郭としての体裁を整えた。関ヶ原合戦後は小早川秀秋が入城し、外堀を掘って三の丸外曲輪の整備を行なっている。また秀秋の後に岡山城主となった池田忠継、忠雄らによる整備によりほぼ現在見られる構造として完成した。旭川が大きく迂回する丘陵に三段に築造された本丸を構え、その周囲には内堀が巡らされていた。

岡山城空撮（写真／中田眞澄）
岡山城本丸は史跡公園・烏公園。旭川をはさんで対岸は日本三大庭園として知られる後楽園。旭川さくらみちなどを含めた一帯は、桜の名所でもある。本丸跡には天守をはじめ不明門、廊下門、六十一雁木上門、周囲の塀などが復元されている。

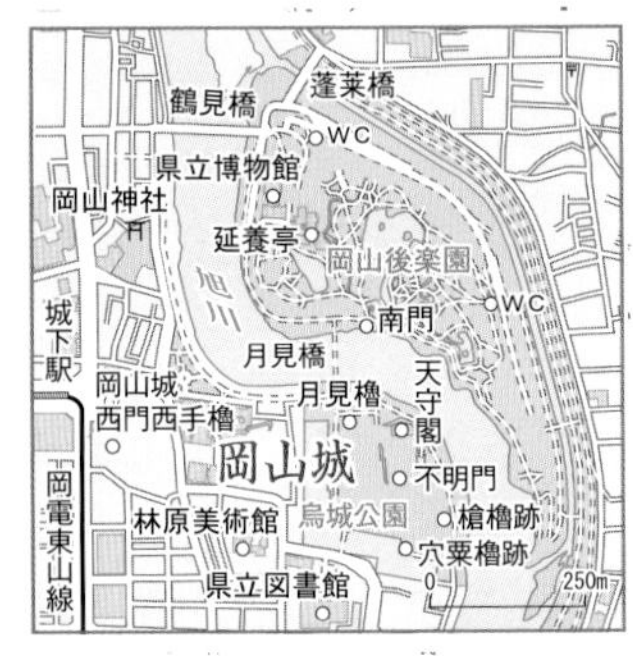

月見櫓（国重文）（岡山市教育委員会提供）
岡山城本丸内で戦火を免れた唯一の建物。池田忠雄が岡山城主時代の元和年間から寛永9年（1615～32）造営の二重二階・一部地階の隅櫓。

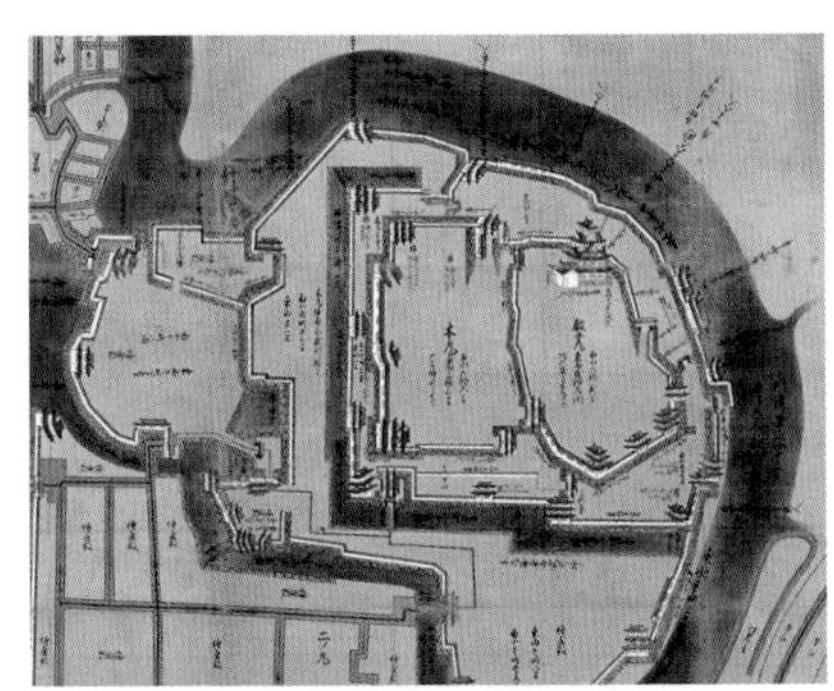

「備前国岡山城絵図」
（正保城絵図／国立公文書館内閣文庫蔵）

丸本段へ直接上がる通用門（岡山市教育委員会提供）
本来と異なる薬医門形式で昭和41年（1966）に再建された。

明治初期に撮影された岡山城（岡山市教育委員会提供）

●築城年／天正18年（1590）　●築城主／宇喜多秀家　●所在地／岡山県岡山市丸の内
●交　通／JR山陽本線岡山駅下車。徒歩20分

天守（岡山県庁提供）
天守が現存していた時は、国宝に指定されていたが、昭和20年（1945）、市街地空襲で惜しくも天守・石山門を焼失した。昭和41年に外観復元された。

西丸西手櫓（国重文）
（写真／中井均）
文禄３年〜慶長２年（1594〜97）の造営。

大納戸櫓の石垣（岡山市教育委員会提供）
小早川時代に築かれた石垣。

旭川から見た天守（岡山県庁提供）
不等辺五角形の天守台の上に等辺六角形の一重目、その上は長方形、さらに上の最上階は方形の載る構造となっている。

不明門（岡山市教育委員会提供）
表書院から本段に通じる石段の入り口に設けた渡櫓門。昭和41年（1966）に外観復元された。

廊下門（岡山市教育委員会提供）
昭和41年（1966）に外観復元された表書院の通用門。

◎見どころ

●山内堀の西側は**二の丸内屋敷**と呼ばれ、**階段状に曲輪が配されている**。これはこの周辺が石山を下地とするためである。本丸に一番近い曲輪は江戸時代池田家の祖廟のあった場所である。ここには現在も見事な**割石による打込接の高石垣**が残されている。以前は直家の本丸遺構として紹介されてきたが、その構造は明らかに池田氏時代の石垣である。本丸と並立する小丘陵を防御するために築かれた石垣である。

●岡山城では石垣の構造によってほぼその構築年代がわかる。本丸下段に構えられた**月見櫓**は元和年間の池田忠雄時代のものである。この月見櫓両側の石垣で注目できるのは石垣天端に小さな凹が彫り込まれている点である。これは**石狭間**、**笠石銃眼**などと呼ばれるもので**鉄砲狭間の一種**である。石狭間の設けられた城は大坂城、二条城など幕府直轄の城だけで、大名の居城に施されているのは岡山城だけである。

月見櫓脇の石狭間（写真／中井均）

●**岡山城天守閣** Web サイト
所在地／岡山市北区丸の内 2-3-1

岡山県

津山城

国史跡［1963］

堅固な高石垣で囲んだ城

関ヶ原合戦の戦功により森忠政に美作が与えられた。その居城として新たに築かれたのが津山城である。鶴山に3段、もしくは4段の石垣によって築かれた山城で、こうした構造は一二三（ひふみ）の段と呼ばれている。天守は破風の付かない五重五階地下一階の層塔型天守で、明治まで偉容を誇っていた。櫓は二重櫓25基、平櫓25基、多聞櫓10基、計60基が石垣上に累々と建ち並んでいた。まさに日本一の山城であった。

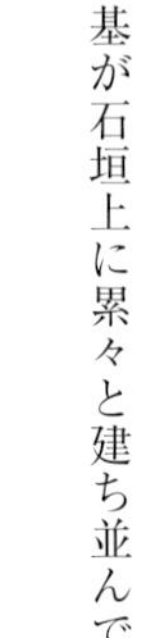

復元された備中櫓（写真／中井均）
60を数える津山城の櫓の中でも最大級の規模の櫓。天守に次いで象徴性の高い建物といわれる。明治6年（1873）に天守以下の建物が払い下げられ、その後取り壊されたが、平成17年（2005）に復元された。

内側から見た備中櫓（写真／中井均）
二重櫓の1階部分は内部は畳敷きとなっていて、御座間・御次・御茶席などがあり、2階は御上段が設けられていた。

高石垣遠望（写真／中井均）

「美作国津山城絵図」
（正保城絵図／国立公文書館内閣文庫蔵）

城跡遠望（写真／竹重満憲）
比高約50mの城山の山頂部に、本丸を中心に二の丸、三の丸の三段構えとした山城であった。

●築城年／慶長9年（1604）●築城主／森忠政　●所在地／岡山県津山市山下
●交　通／JR津山線津山駅下車。徒歩15分

津山城空撮（津山市教育委員会提供）
城郭の主要部分である本丸・二の丸・三の丸を中心とした範囲は鶴山公園となっている。

明治初期の津山城（津山郷土博物館蔵）
天守を中心とした天守曲輪・本丸には大小の櫓31棟、門15棟を連ねていた。明治初年に撮影された写真には天守をはじめ数多くの櫓や門などが写されているが、撮影直後にそれらはすべて解体されてしまった。

高石垣の粟積櫓の櫓台（写真／中井均）

裏下門（写真／中井均）

◎見どころ

●本丸の東面は斜面を石垣にするだけではなく、本丸内側にも壁のように立ち上がる長大な石塁が構えられ、この石塁にいち早く駆け上るため、**合雁木と呼ばれる石段**が設けられている。

●津山城は典型的な平山城として紹介されているが、正保城絵図には**「本丸　山城」**と記されている。現存する**天守台**は本丸の一画に**天守曲輪を設ける構造**で、天守台には穴蔵が設けられている。

天守台石垣（写真／中井均）

合雁木石段（写真／中井均）

●**津山郷土博物館** Webサイト
所在地／津山市山下92

松山城

国史跡［1956］・国重文

山頂に天守が残る貴重な近世山城

松山城が築かれた臥牛山には大松山と、小松山の二つの峰があり、戦国時代に三村氏が居城としたのは大松山である。関ヶ原合戦の後、西国目付として備中代官が置かれ、小堀正次、政一（遠州）父子が赴任し、修築が進められた。さらにその後城主となった水谷勝隆の整備によりほぼ松山城の普請は完成した。現存する天守も水谷氏によって造営されたものと考えられる。この近世松山城は小松山に本丸、二の丸、三の丸を階段状に配した構造で、大松山との間には巨大な堀切が設けられている。天守は現存12天守のひとつで二重二階構造となり、一階には暖を取るための囲炉裏が設けられている。また二階には宝剣を祀った御社壇と呼ばれる一室が設けられている。

天守（国重文）（写真／中田眞澄）
天和元年から３年（1681～83）に造営。標高480ｍの臥牛山（小松山）頂上付近に建つ天守は、山城として唯一現存する天守である。二重二階の層塔型天守は昭和初期に腐朽のため半ば倒壊しかけたが、昭和５年（1930）から数回に分けて部分修理・解体修理を経て今日の姿となった。

天守古写真（高梁市教育委員会蔵）
昭和初期に撮影された天守。老朽化が激しく、無惨な姿であった。

「備中松山城本丸立絵図」
（池田家文庫／岡山大学附属図書館蔵）

三の平櫓東土塀（国重文）（写真／中田眞澄）
天和元年から3年（1681～83）に造営。四角い鉄砲狭間と丸い鉄砲狭間を備えた現存の土塀。

●築城年／慶長10年（1605）　●築城主／小堀正次・政一　●所在地／岡山県高梁市内山下
●交　通／ＪＲ伯備線備中高梁駅下車。徒歩20分

六の平櫓（左）・南御門（中）・五の平櫓（岡山県庁提供）
明治6年（1873）、城の建物は払い下げられ、天守以外は放置され腐朽倒壊したが、平成9年（1997）に本丸の二つの建物が復元された。平成6年から本丸の五の平櫓・六の平櫓・本丸南門（表門）・本丸腕木門（裏門）・本丸路地門・土塀などが復元されている。

二重櫓（国重文）（写真／中田眞澄）
天和元年から3年（1681～83）に造営。

番所跡の高石垣（岡山県庁提供）
自然岩盤を巧みに取り込み築かれた高石垣。天守も岩盤上に築かれ、二重櫓も岩盤を利用している建造物である。

◉見どころ

●大松山の山中に**四面を石垣によって築かれた大池**と呼ばれるプールがある。築城当初には覆屋が架けられ、落ち葉などが入らないように管理された、**飲料水用の貯水池**である。

●備中松山城の**天守**は初階に囲炉裏を設ける特異な構造となるが、なかでも二階には舞良戸によって仕切られた**神棚が置かれ、十六神と三振の宝剣が祀られていた**。天守が神の場となったことを示している。松本城では二十六夜様が、姫路城では刑部姫が祀られ、小田原城では最上階に摩利支天が祀られていた。

大池（写真／中井均）

●**高梁市歴史美術館** Web サイト
所在地／高梁市原田北町 1203-1

国史跡［1953］

広島城

豊臣大坂城をも凌ぐと言われた城

毛利輝元は天正16年（1588）に上洛し、豊臣秀吉に謁見する。そして翌年より突然広島城の築城にとりかかる。毛利氏にとっての聖地吉田郡山城を廃してまでの築城であり、おそらく上洛の際に見学した聚楽第や大坂城が大きく影響したことはまちがいない。その築城は太田川の河口のデルタ地帯であり、当時「島普請」と称された。関ヶ原合戦で敗れた輝元に代わって福島正則が入城し、北側と西側に外郭を造営し、ほぼ縄張は完成した。正則の改易後には浅野長晟が城主となり、明治まで浅野氏歴代の居城となった。

天守（広島市文化財団広島城提供）
昭和6年（1931）に天守は国宝に指定されたが、昭和20年の原爆投下で倒壊。昭和33年に外観復元された。

戦災前に撮影された天守東面（個人蔵）
天守下方の切妻造りの渡櫓は東小天守と結んでいた。

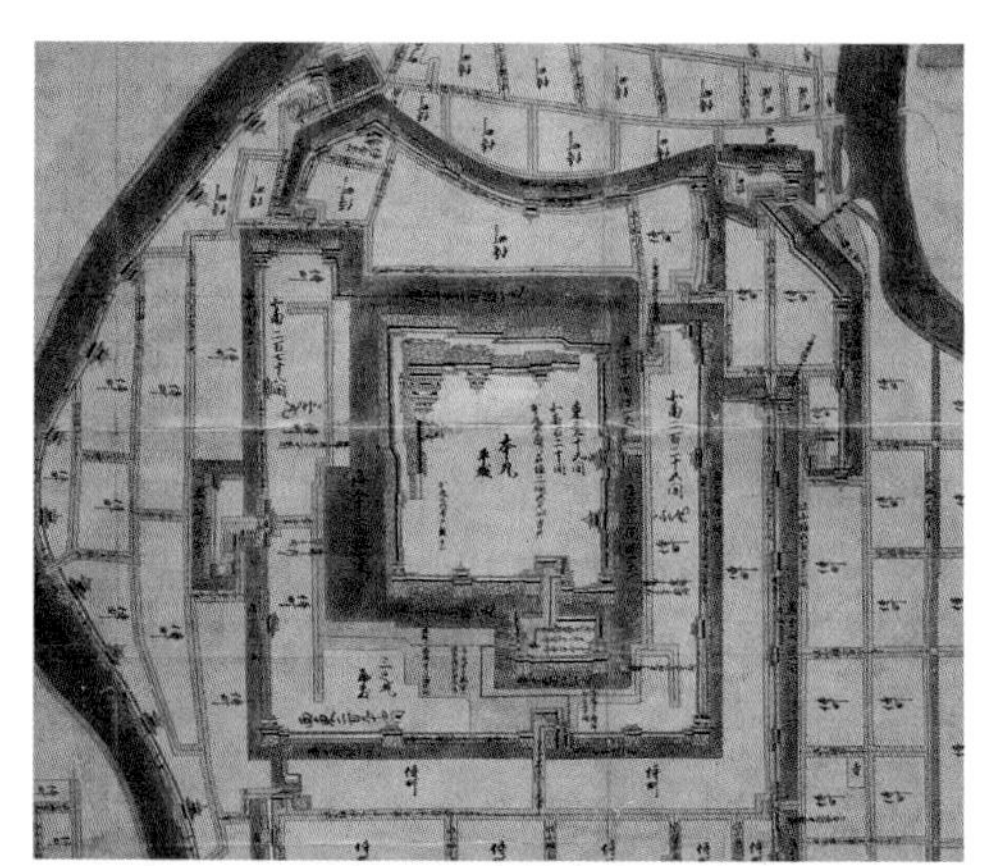
「安芸国広島城所絵図」
（正保城絵図／国立公文書館内閣文庫蔵）

二の丸遠望（写真／中井均）
二の丸平櫓と太鼓櫓を結ぶ長櫓の長さは約67メートルある。

天守台の石垣（写真／中井均）
毛利時代の石垣で、隅石は算木積ではなく、毛利氏独自の積み方である。

●築城年／天正17年（1589）　●築城主／毛利輝元　●所在地／広島県広島市中区基町
●交　通／JR山陽本線・山陽新幹線広島駅下車。広島電鉄市内線紙屋町下車。徒歩15分

広島城空撮（写真／竹重満憲）
本丸・二の丸の石垣、内堀が現存する。平成４年（1992）から二の丸表門・表門橋が復元され、平成６年には二の丸平櫓・多聞櫓・太鼓櫓が復元された。

二の丸表御門と平櫓（写真／中井均）
表御門は二の丸入り口にある門で櫓門と呼ばれる形式の門。右は太鼓櫓と長大な長櫓（多聞櫓）でつながる平櫓。

◎見どころ

●広島城の縄張は秀吉の聚楽第に倣ったもので、長方形の巨大な本丸の正面虎口を防御するように**角馬出の二の丸**が設けられている。二の丸には正面の**表御門**と、南西隅に平櫓が、南東隅に太鼓櫓が配され、それらを結ぶように南面と東面には長大な**多聞櫓**が巡らされていた。これらの大半は明治以後も残されていたが、昭和20年の原爆投下により失われてしまった。現在のものは古写真などをもとに平成6年（１９９４）に木造で再建されたものである。

復元された二の丸（写真／中井均）

●**広島城天守閣** Web サイト
所在地／広島市中区基町 21-1

福山城

国史跡［1964］・国重文

徳川譜代が守る西国鎮護の城

元和5年（1619）に福島正則は広島城の無断修築により改易されると、安芸には浅野長晟が封ぜられ、備後には水野勝成が入封し、その居城として築かれたのが福山城である。西国の外様大名領国のなかに打たれた楔として水野氏絶家後も松平氏、阿部氏と譜代大名が配された。城は常興寺山を利用した平山城で、本丸の下段に帯曲輪のように二の丸、三の丸が輪郭式に配され、東、南、西の三方には二重に水堀が巡らされていた。ただし、城の北方には人工的な防御施設は設けられず、自然の河川や沼地を利用したにすぎない。

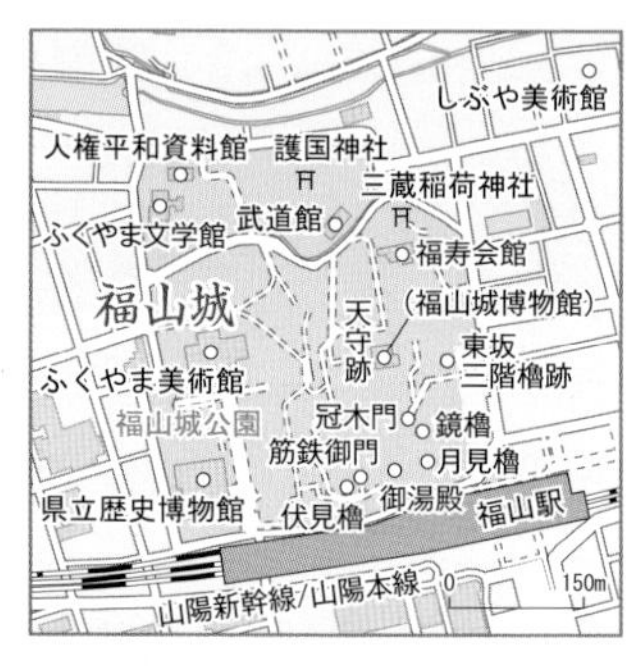

伏見櫓（国重文）（写真／竹重満憲）
二重二階の入母屋屋根の上に、小型な櫓（三階）を載せる古式な三重櫓。現存唯一の伏見城（徳川期）の櫓である。

本丸鉄御門（国重文）（写真／中井均）
元和時代（1615～24）造営。本丸御殿近くにある本丸正門（櫓門）。伏見櫓・湯殿・月見櫓とともに伏見城からの移築といわれる。

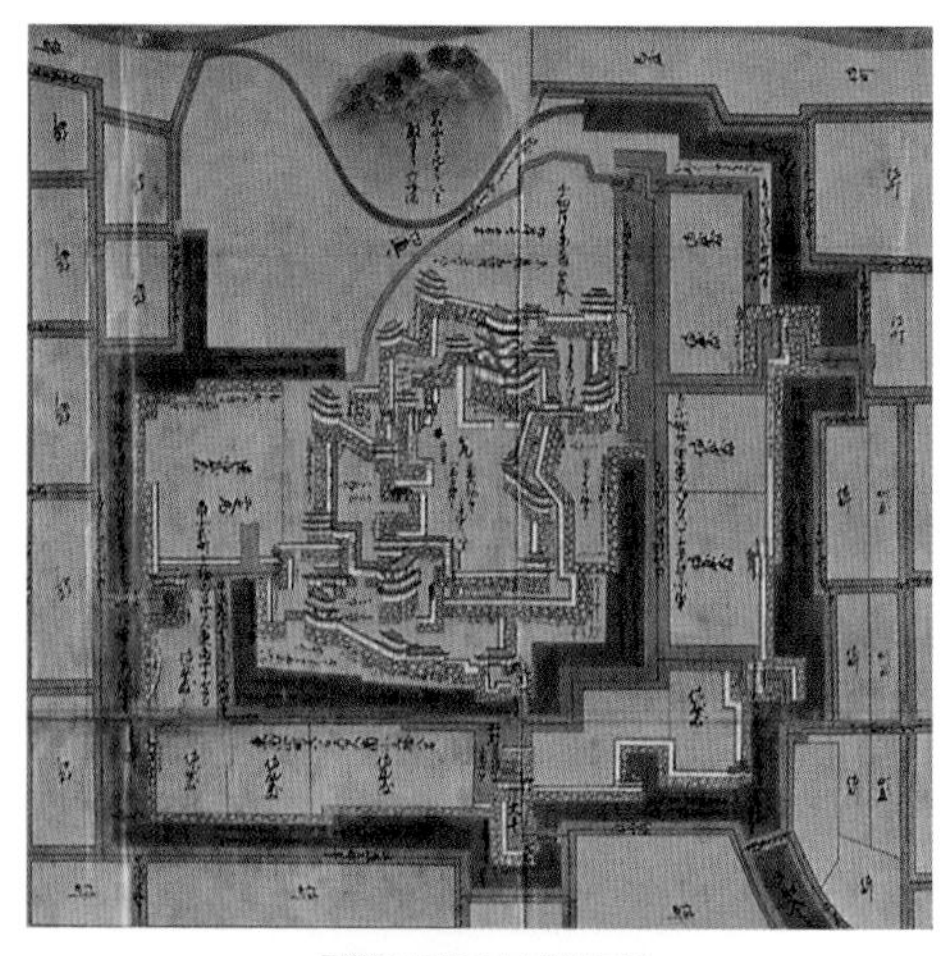

「備後国福山城絵図」
（正保城絵図／国立公文書館内閣文庫蔵）

高石垣遠望（写真／中井均）

月見櫓（写真／竹重満憲）
明治初年に取り壊されたが、昭和41年（1966）に外観復元された。

●築城年／元和６年（1620）　●築城主／水野勝成　●所在地／広島県福山市丸之内
●交　通／ＪＲ山陽本線・山陽新幹線福山駅下車。徒歩５分

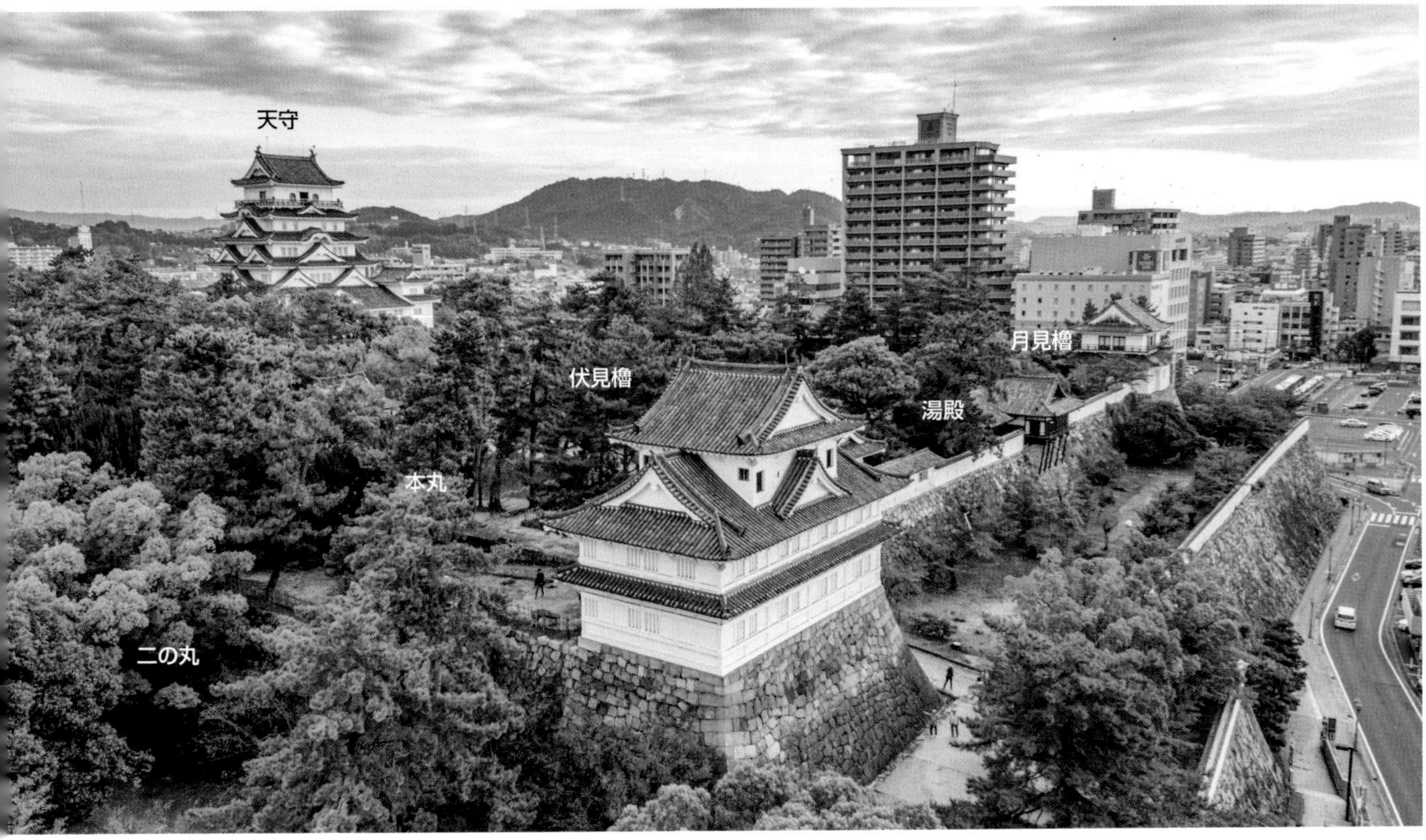

城跡遠望（福山市役所提供）
本丸･二の丸は史跡公園となり、石垣･堀や伏見櫓･筋鉄門･鐘櫓などが現存する。右から伏見城からの移築といわれる伏見櫓・湯殿（外観復元）・月見櫓（外観復元）が並ぶ。

福山城古写真（小畠軍治氏蔵／園尾裕氏提供）
明治６年（1873）頃の撮影。取り壊し中の福山城。右から天守、月見櫓、伏見櫓（現存）が確認できる。

天守（写真／竹重満憲）
五重六階の天守は惜しくも戦災で焼失したが、昭和 41 年（1966）に外観復元された。

伏見櫓（福山市役所提供）

◉見どころ

●福山築城にあたっては伏見城や神辺城から櫓や門などが移築されている。その代表的な建物が**伏見櫓**である。三重三階の望楼型の巨大な櫓で、梁に「松ノ丸ノ東やぐら」の刻書があり、伏見城から移築されたものであることがわかる。

復元された湯殿（写真／中井均）

●**福山城博物館** Web サイト
所在地／福山市丸之内 1-8

広島県

国史跡［1957］

三原城

小早川隆景の隠居城

三原城は毛利水軍の拠点として小早川隆景によって築かれた。豊臣政権下、隆景は筑前に移されるが、家督を秀秋に譲ると三原城を隠居城とし、大改修を行なった。江戸時代には広島藩領となるが、一国一城令後も存続が許され、広島藩の支城として筆頭家老浅野忠吉の家が代々城主を務めた。沼田川河口に浮かぶ島を利用し、海に突出して本丸と二の丸が築かれた。

本丸天守台空撮（三原市役所提供）
天守台には一度も天守は築かれなかったが、多聞櫓で連結した二重隅櫓が築かれていた。

三原小
本町
成就寺
丸金橋
広島大附属三原小
広島大附属三原中
三原城跡歴史公園
天守跡
小早川隆景像
三原城
館町
三原駅
山陽新幹線/山陽本線
本丸中門跡
本丸五番櫓跡
船入櫓跡
城町1
0
150m

明治初期に撮影された本丸（三原歴史民俗資料館蔵）

本丸天守台石垣（三原市役所提供）

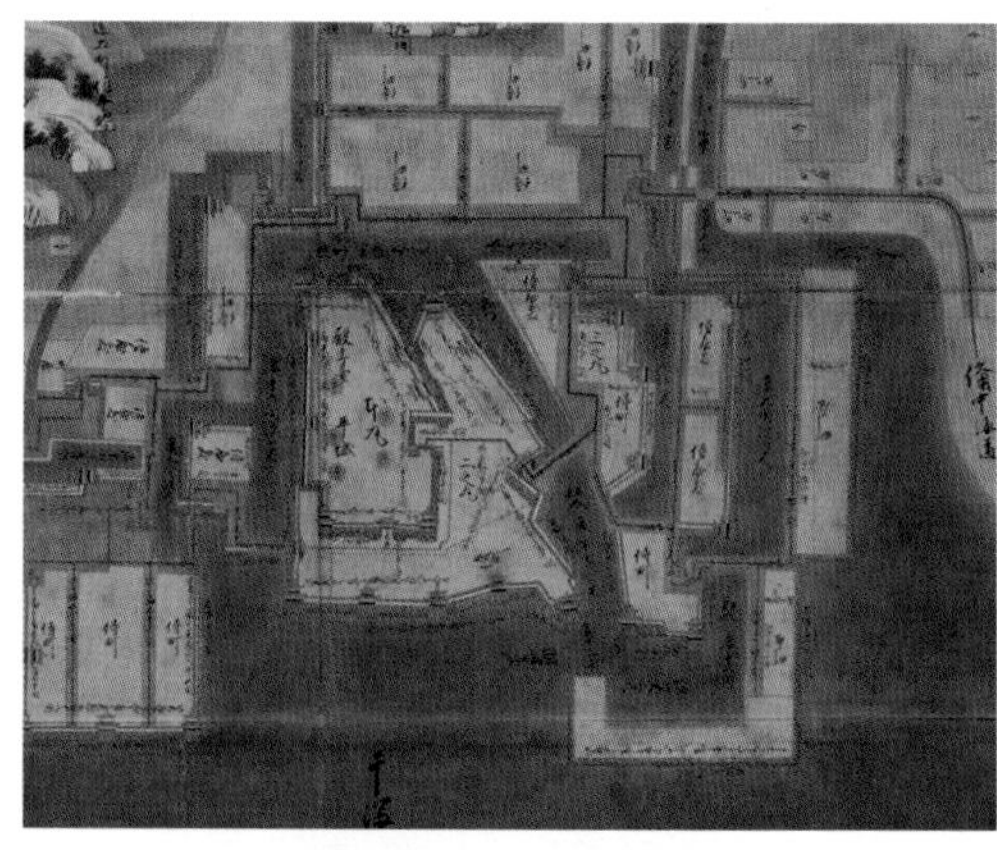
「備後国之内三原城所絵図」
（正保城絵図／国立公文書館内閣文庫蔵）

本丸天守台（三原市役所提供）

◉見どころ

●二の丸の南東に突出して築かれた**船入櫓の石垣**が市街地のなかに奇跡的に残されている。周囲にはわずかに船入の堀も残る。櫓台の南東隅の基底部では海岸の岩礁を利用して石垣を積んだ構造がよくわかる。

船入櫓石垣（写真／中井均）

●**三原市歴史民俗資料館** Webサイト
所在地／三原市円一町2-3-1

●築城年／永禄10年（1567）　●築城主／小早川隆景
●所在地／広島県三原市城町　●交　通／JR山陽本線三原駅下車

岩国城

南蛮造りの天守が聳える山上の城

関ヶ原合戦の敗北により毛利氏の一族である吉川広家も出雲・伯耆12万石から周防の内4万石に減封となった。そこで新たに居城として築いたのが岩国城である。関ヶ原合戦後の築城であるにもかかわらず山城を築き、山麓に御土居と称する居館を構えた。しかし元和の一国一城令により山城はわずか7年で破却されてしまう。御土居は吉川氏の屋敷として存続するが、吉川氏が大名ではなくなってしまう。ようやく正式に大名に列せられ岩国藩が立藩されたのは慶応4年（1868）のことである。

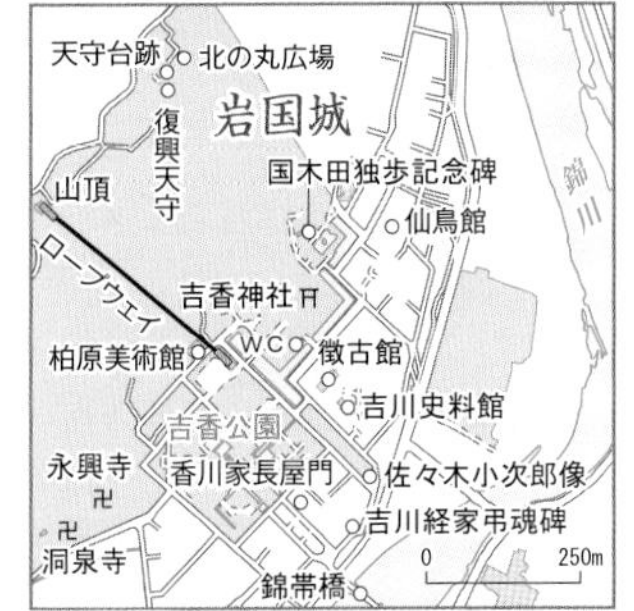

復興天守（山口写真館提供）
昭和37年（1962）に外観復元された。本来の天守台と違う位置に築かれている。

岩国城空撮（写真／中田眞澄）
山上の石垣・空堀が現存する。

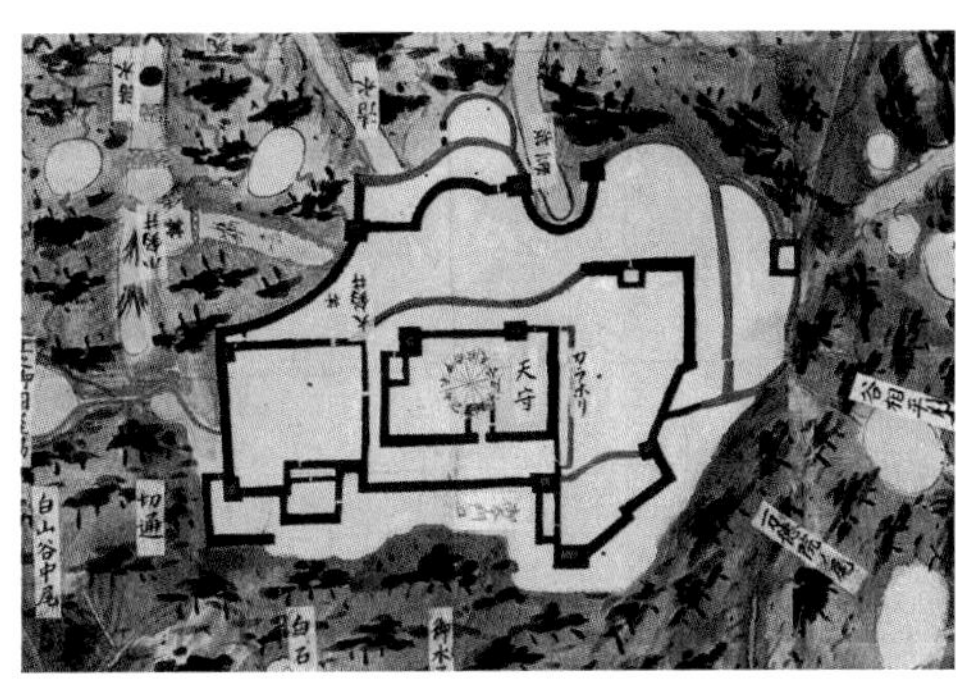

「御城山平図」
（岩国徴古館蔵）

◉見どころ

●復興天守の建つ位置は元来の天守の位置ではなく、山麓からの景観を意識して新たに造営されたものである。実はその北方に本物の**天守台**が整備され残されている。発掘調査の結果、元和年間と寛永年間の2度にわたって破城を受けた痕跡が確認された。

旧天守台

錦雲閣（写真／中井 均）
明治18年（1885）に居館跡に吉香神社を遷座して、公園として開放された際に旧畳矢倉の位置に建てられた絵馬堂。市の登録有形文化財。

●**吉川史料館** Webサイト
所在地／岩国市横山2-7-3

●築城年／慶長6年（1601） ●築城主／吉川広家 ●所在地／山口県岩国市横山
●交　通／ＪＲ山陽本線岩国駅下車。バス錦帯橋バスセンター下車。徒歩10分

山口県

萩城

国史跡［1951］

毛利氏累代の詰丸要害を備えた城

関ヶ原合戦の敗北により毛利輝元は中国6ヶ国から防長2ヶ国に大きく減封され、居城広島城を退去した。そこで新たに居城として築かれたのが萩城である。松本川と橋本川に挟まれた三角洲に位置する指月山の南山麓部に本丸、二の丸、三の丸を重ねて配置する梯郭式の縄張に加え、指月山の山頂には詰丸が構えられるという二元的な構造は戦国的である。本丸の南西隅には天守台が築かれ、五重五階の天守が建てられた。また本丸には藩庁と藩主の居館機能を兼ね備えた広大な御殿が造営された。二の丸には南側に武具庫などの土蔵が並び、東側は東園と呼ばれる園地や満願寺が建立された。二の丸の外方に配された三の丸には重臣たちの屋敷があった。

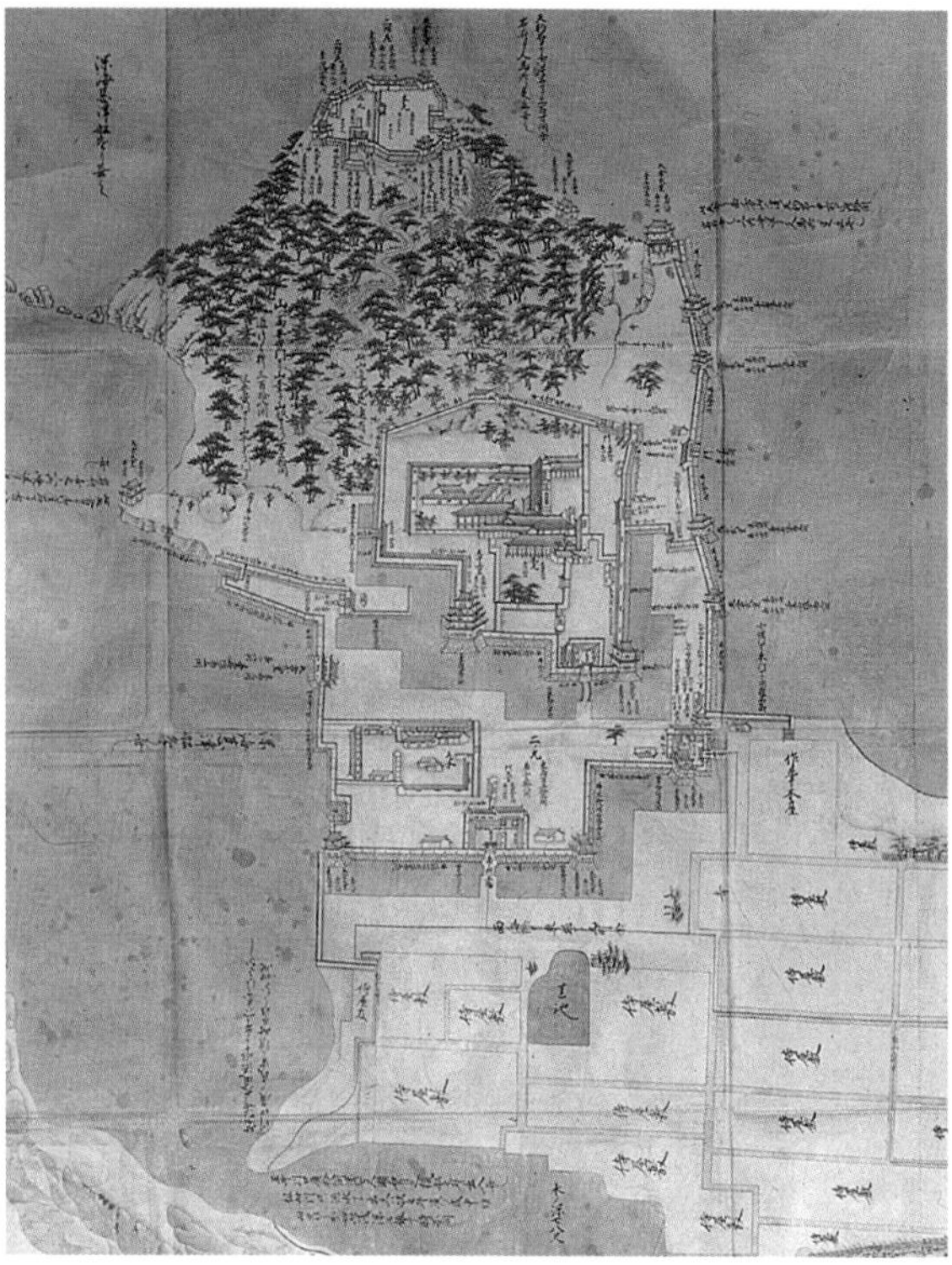

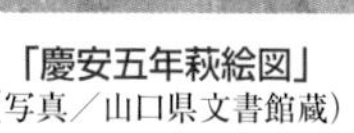

「慶安五年萩絵図」
（写真／山口県文書館蔵）

城跡遠望（萩博物館提供）
指月山上の詰の丸や山下の天守台・本丸・二の丸の石垣が現存する。本丸・二の丸は指月公園となっている。

●築城年／慶長９年（1604）　●築城主／毛利輝元　●所在地／山口県萩市堀内
●交　通／ＪＲ山陰本線東萩駅下車。徒歩30分

明治初期撮影の天守（山口県文書館蔵）
明治7年（1874）、天守は民間に払い下げられ、取り壊された。

本丸石垣（萩市役所提供）

天守台石垣（写真／中井均）
天守台石垣はゆるやかな反りをもつ典型的な扇の勾配で実に美しい。

◎見どころ

●指月山の頂上に構えられた**詰丸**は要害とも呼ばれ、本丸と二の丸の2段からなり、虎口は山麓の本丸からの登城口である要害門と、背面の山中櫓と結ぶ埋門の2ヶ所に構えられていた。本丸の中央には岩盤を利用した巨大な**貯水槽**が設けられており、周囲は漆喰によって塗り固められていた。また**二の丸には方形の貯水槽**が設けられており、籠城戦に備えて水の確保に努めていたことがうかがえる。なお詰丸のいたるところに露頭している岩盤には縦横無尽に矢穴が穿たれており、石垣の石材は指月山から切り出されていた。

詰丸の貯水槽（写真／中井均）

●**萩博物館** Webサイト
所在地／萩市堀内355

香川県

丸亀城

国史跡［1953］・国重文

西讃岐に築かれた堅牢強固な名城

高松城を築いた生駒親正は西讃岐の押さえとして丸亀城を築くが、元和の一国一城令により廃城となる。生駒氏改易に伴い山崎家治に西讃岐が与えられ、丸亀古城の再建工事にとりかかった。修築工事は山崎氏3代の後に入城した京極高和によって完成した。城は丸亀平野の独立丘陵亀山に本丸、二の丸、三の丸を一二三（ひふみ）の段に築いた見事な平山城（おそらくは山城）で、その高石垣の出隅部は扇の勾配と呼ばれる美しい曲線を描いている。山麓には方形に内堀を巡らせ、山下屋敷として御殿が構えられていた。なお、生駒氏時代の大手は南側であったが、山崎氏時代に北側に変えられた。

現存の御殿表門・番所長屋（写真／石田多加幸）
御殿は明治2年（1869）に焼失した。御殿表門は薬医門。

大手一の門・大手二の門（国重文）
寛文10年（1670）頃の再建。正面の門は大手二の門（高麗門）。その右の櫓門が大手一の門。

丸亀城空撮（香川県観光協会提供）
標高66mの城山の内堀以内の地は亀山公園となっている。内堀以内の石垣や堀、天守をはじめ大手一の門・二の門、大手東西土塀などが現存する。

●築城年／慶長2年（1597）●築城主／生駒親正　●所在地／香川県丸亀市一番丁
●交　通／JR予讃線丸亀駅下車。徒歩10分

城跡遠望（丸亀市役所提供）

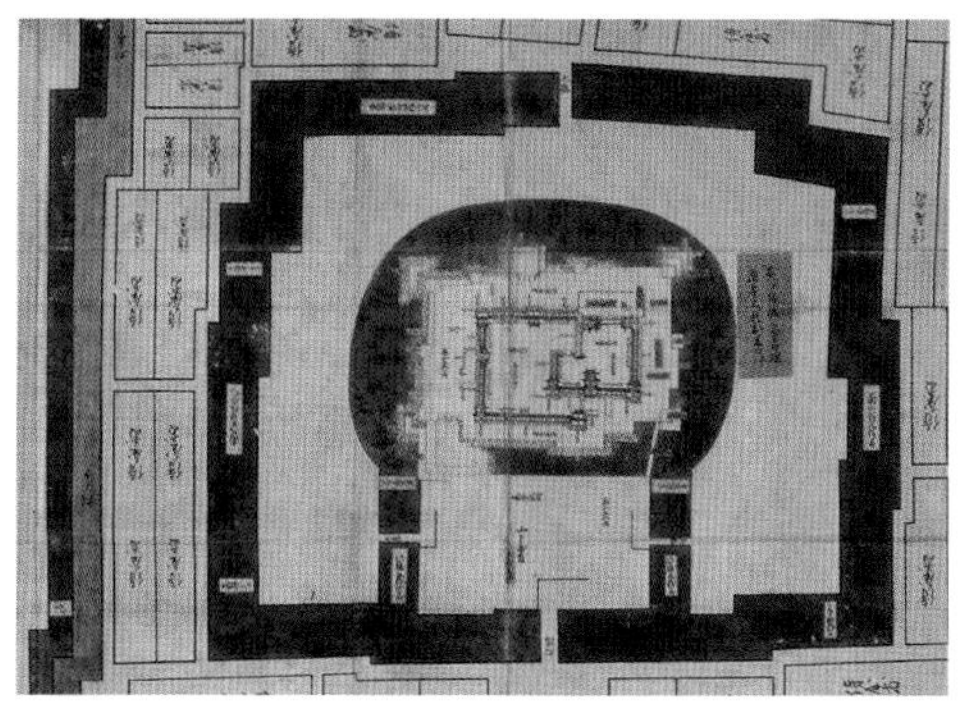

「讃岐国丸亀絵図」
（正保城絵図／国立公文書館内閣文庫蔵）

天守遠望（香川県観光協会提供）

◉見どころ

●丸亀城の天守は現存12天守のひとつで、万治3年（1660）に京極高和によって造営されたもの。江戸時代には天守と呼ばず、**三重櫓**と称していた。**三重三階の層塔型天守**で現存天守のなかで最も小規模である。城下から望まれる北面を意識して、東西に長い平面構造であるにもかかわらず、最上層の入母屋の屋根の棟を南北にとり、北面に入母屋破風の妻側を見せることにより、天守を大きく見せようと配慮している。しかしその結果、東西の棟側が極端に短くなっている。

天守南西面（写真／中井均）

●**丸亀市立資料館** Webサイト
所在地／丸亀市一番丁

香川県

高松城

国史跡［1955］・国重文

海と直接つながっていた堀

高松城は豊臣秀吉より讃岐一国を賜った生駒親正によって築かれた。二の丸、三の丸、桜の馬場に取り囲まれた広い内堀の中央にまるで小島のように本丸が築かれ、唯一鞘橋が二の丸との間に架けられていた。本丸の最奥部には四階が三階よりも大きい南蛮造りの天守がそびえていた。二の丸、三の丸の城壁は直接瀬戸内海に面し、内堀は直接海とつながっていた。生駒氏が御家騒動で改易されると水戸徳川家より松平頼重が入城し、北の丸と東の丸を増築した。

高松城空撮（高松市役所提供）
城跡の主要部は玉藻公園となっている。天守台や本丸・二の丸・三の丸の石垣をはじめ、北の丸の月見櫓・水手御門・渡櫓が現存する。

大正年間撮影の東の丸艮櫓と月見櫓（個人蔵）
右方の三重櫓は北の丸月見櫓。左方は艮櫓。昭和42年（1967）に艮櫓は太鼓櫓跡に移築された。

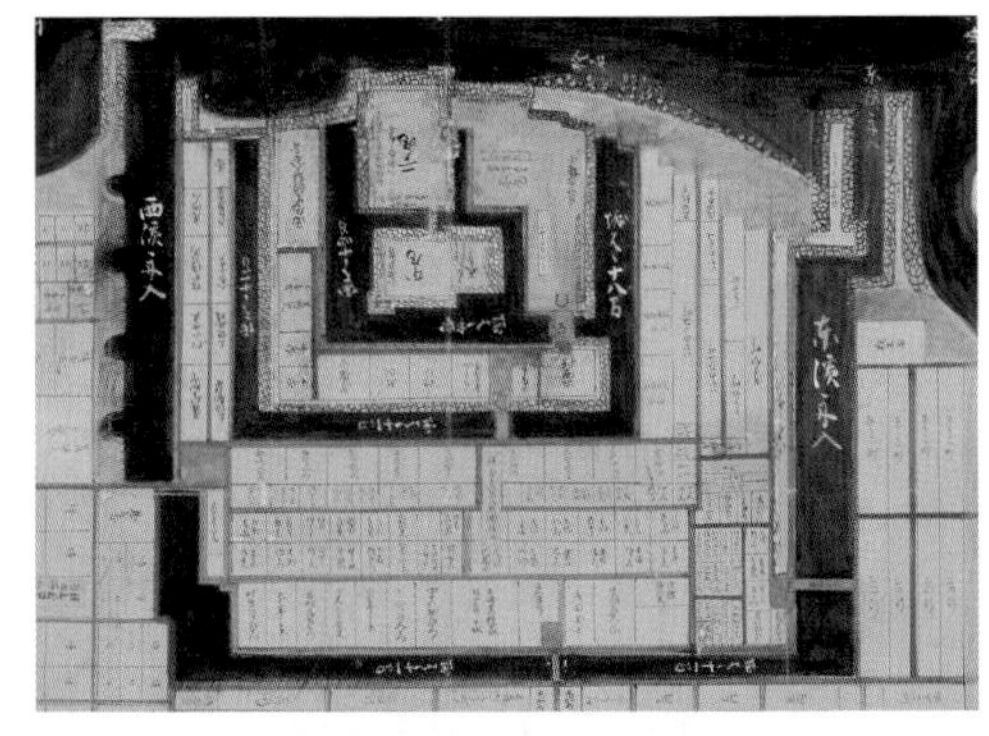

「生駒家時代讃岐高松城屋敷割図」
（高松市歴史資料館蔵）

◉見どころ

●現在高松城には桜の馬場の太鼓櫓跡に移築された旧東の丸艮櫓と、**北の丸月見櫓・水手御門**が残されている。水手御門は北の丸から直接海へ出る城門で、**全国で唯一の現存例**である。

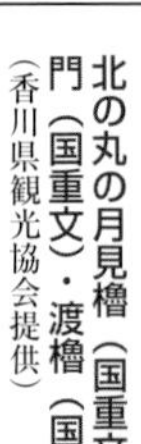

北の丸の月見櫓（国重文）・水手御門（国重文）・渡櫓（国重文）
（香川県観光協会提供）

艮櫓（国重文）（香川県観光協提供）
東の丸の艮櫓として造営され現存するが、現在は太鼓櫓跡に移築されている。

●**玉藻公園陳列館** Webサイト
所在地／高松市玉藻町2-1

●築城年／天正16年（1588）●築城主／生駒親正
●所在地／香川県高松市玉藻町
●交　通／高松琴平電鉄、高松築港駅下車。徒歩3分

徳島城

国史跡［2006］・国名勝

蜂須賀氏が築いた阿波一国の居城

天正13年（1585）、豊臣秀吉の四国平定により阿波1国が蜂須賀家政に与えられた。当初家政は一宮城に入ったが、翌年より徳島築城を開始する。工事はわずか1年で完成し、以後蜂須賀氏14代の居城となった。城は吉野川河口のデルタ地帯に注ぐ助任川と寺島川に挟まれた渭山に築かれた。山頂には本丸、東二の丸、西二の丸、西三の丸を階段状に配し、山麓には御城と呼ばれる居館部が築かれるという二元的な縄張となっている。築城当初は本丸に天守が構えられていたが、元和年間（1615～24）に取り壊された後に、東二の丸に三重の天守が築かれた。

下乗橋（写真／中井均）
もともとは木製の太鼓橋であったが、明治41年（1908）に現在のように水平の石橋に改造された。御殿への出入り口のため、桝形が設けられ、厳重に守られていた。

復元された三木郭の鷲の門（写真／石田多加幸）
明治8年（1908）の城取り壊しの際に、城のシンボルとして鷲の門が残されていたが、惜しくも戦災で焼失。平成元年（1989）に復元された。

明治初期に撮影された鷲の門と月見櫓（写真／徳島市市史編纂室蔵）
中央の高欄付の二重櫓が月見櫓。左は三木郭の鷲の門。月見櫓は明治8年（1908）に破却された。

「徳島城絵図」
（個人蔵）

◉見どころ

●徳島城の**石垣**には阿波の青石と呼ばれる**緑色片岩**が用いられている。山城部分は粗割石を用いた打込接で築かれているが、山麓の大手などでは片岩の切石を用いた切込接によって築かれている。山麓御城の西面、寺島川沿いの石垣上には15～17間おきに**屏風折塀**が設けられていた。塀の折は石垣の塁線よりも突出するため、塀の突出部の柱を受けるため、石垣に突き出した**舌石**と呼ばれる台石が全国で唯一残されている。

石垣に突き出した舌石（写真／中井均）

●**徳島城博物館** Web サイト
所在地／徳島市徳島町城内1-8

●築城年／天正13年（1585）　●築城主／蜂須賀家政
●所在地／徳島県徳島市徳島町城内
●交　通／JR高徳線徳島駅下車。徒歩15分

愛媛県

松山城

国史跡［1952］・国重文

賤ヶ岳七本槍、加藤嘉明の居城

関ヶ原合戦の戦功により加藤嘉明は伊予半国を賜り、松前城に替わる新城を勝山に築いた。これが松山城である。しかし嘉明は築城途中に会津へ転封となり、蒲生忠知が引き継ぎ、二の丸を完成させた。さらに忠知改易により松平定行が入城し、加藤時代に造営された五重天守を三重に改築し、三の丸が完成したのはさらにその後のことである。勝山山頂に本丸を置き、その北端に一段高く本壇と呼ばれる天守曲輪を構えていた。当初居館として二の丸が中腹に設けられたが、後に藩邸は山麓の三の丸に移る。

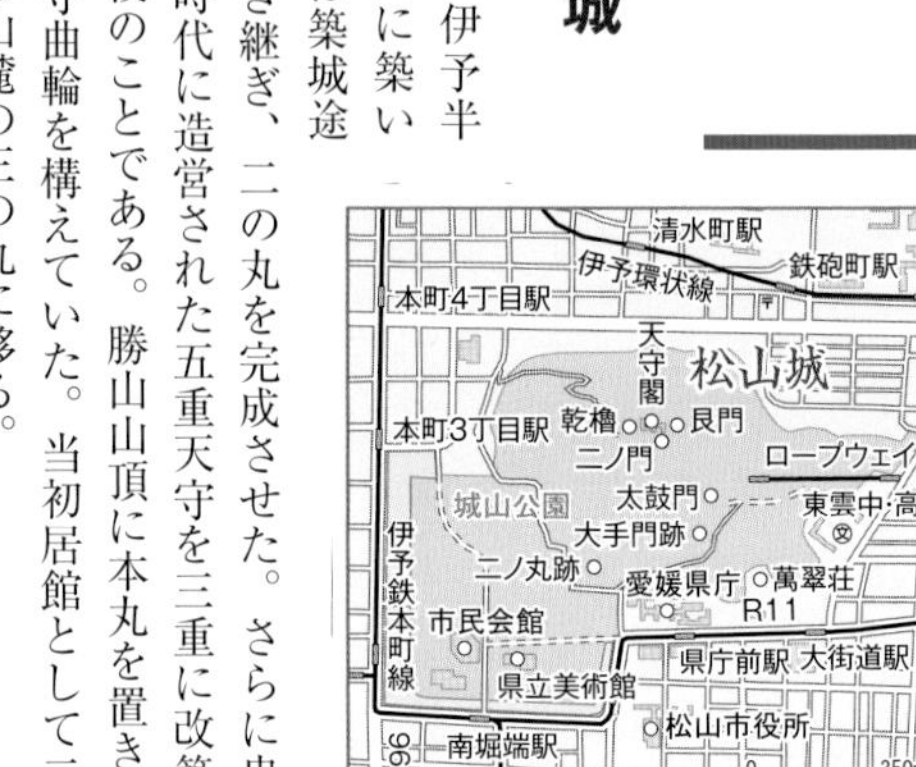

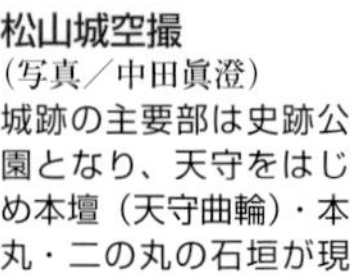

松山城空撮
（写真／中田眞澄）
城跡の主要部は史跡公園となり、天守をはじめ本壇（天守曲輪）・本丸・二の丸の石垣が現存するほか、現存建物や復元建物が多数ある。

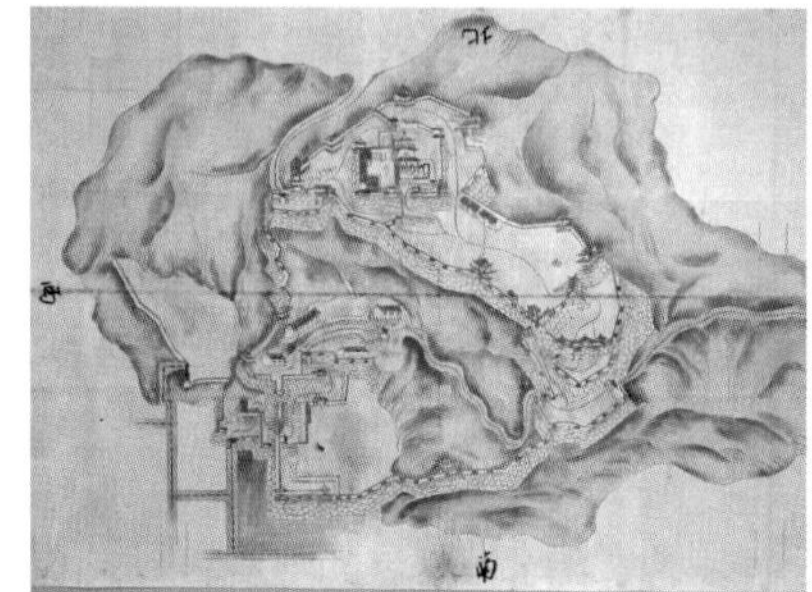

「伊予松山城古絵図」
（伊予史談会蔵）

天守（国重文）と小天守（復元）
嘉永5年（1852）の再建。三重三階・地下一階の層塔型天守。小天守（二重櫓）は、小天守東櫓とも呼ばれ、大天守、小天守、北隅櫓、南隅櫓を多聞櫓で繋いだ連立式天守の形式である。昭和43年（1968）に小天守、北隅櫓、南隅櫓、多聞櫓、十間廊下が復元された。

●築城年／慶長7年（1602）　●築城主／加藤嘉明　●所在地／愛媛県松山市丸之内
●交　通／ＪＲ予讃線松山駅下車。伊予鉄道大街道下車。ロープウェイで山上へ

野原櫓（国重文）
江戸前期の造営。全国で唯一現存する望楼型二重櫓である。

乾櫓（国重文）
江戸前期の造営。乾櫓は築城当初の二重の隅櫓で、搦手（裏側）を防衛した。

一の門・一の門南櫓・二の門南櫓・三の門南櫓（すべて国重文）
文化・安政年間（1804～60）に造営された建物群。写真手前中央から時計回りに一の門（写真下方）、三の門南櫓、二の門南櫓、一の門南櫓。

二の門（国重文）
文化から安政年間（1804～60）の造営。

三の門（国重文）
文化から安政年間（1804～60）の造営。

仕切門・仕切門内塀（国重文）
文化から安政年間（1804～60）の造営。

筋鉄門東塀（国重文）
文化から安政年間（1804～60）の造営。

紫竹門（国重文）
文化から安政年間（1804～60）の造営。

一の門（国重文）
文化から安政年間（1804～60）の造営。

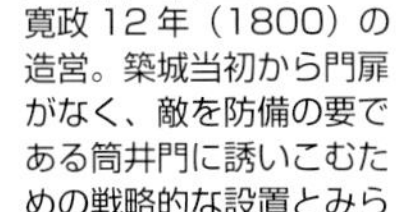

戸無門（国重文）
寛政12年（1800）の造営。築城当初から門扉がなく、敵を防備の要である筒井門に誘いこむための戦略的な設置とみられている。

隠門と続櫓（国重文）
江戸前期の造営。筒井門に向かう敵を隠門から打ち出て、背後から襲う戦略的な設置とみられている。門の上には続櫓があり、堅牢さがわかる。

◉見どころ

●勝山の中腹の谷部には二の丸が構えられ、広大な二の丸御殿が造営された。その御殿の中央に位置するのが**大井戸**である。東西18メートル、南北13メートル、深さ9メートルを測る規模はまるで巨大なプールのようである。この二の丸を山上の本丸と一体化して防御する目的で**本丸の両端より二の丸に向かって2本の登り石垣**が構えられている。絵図によると、この登り石垣上には土塀が巡り、櫓も構えられていた。

●山城である松山城では山腹に二の丸御殿を構えて藩主の居住空間としていた。この二の丸の両端には山上の本丸より伸びた2本の**登り石垣**が構えられ、その姿は両手を抱え込んで守っているようである。松山城の登り石垣は1本の石塁とはならず、**階段状に段築**されて構えられている。

二の丸大井戸（愛媛県庁提供）

（P166～167の記名のない写真／松山城総合事務所・松山市役所提供）

宇和島城

国史跡［1937］・国重文・市重文

五角形の外郭を持つ海城

戦国時代には伊予の支城的存在で、板島丸串城と呼ばれていたが、文禄4年（1595）に藤堂高虎が宇和郡に封ぜられると、板島丸串城を居城として大改修を施し、近世城郭へと整備した。その縄張も高虎自らの手によるものであった。慶長19年（1614）には伊達家が入城し、名を宇和島城と改め、2代宗利の時に現存する三重天守が造営された。宇和海に突出した城山の山頂部の本丸を中心に、曲輪を階段状に配し、山麓には三の丸とともに平面が五角形となる惣構を設けていた。この惣構の一辺は直接海に接していた。

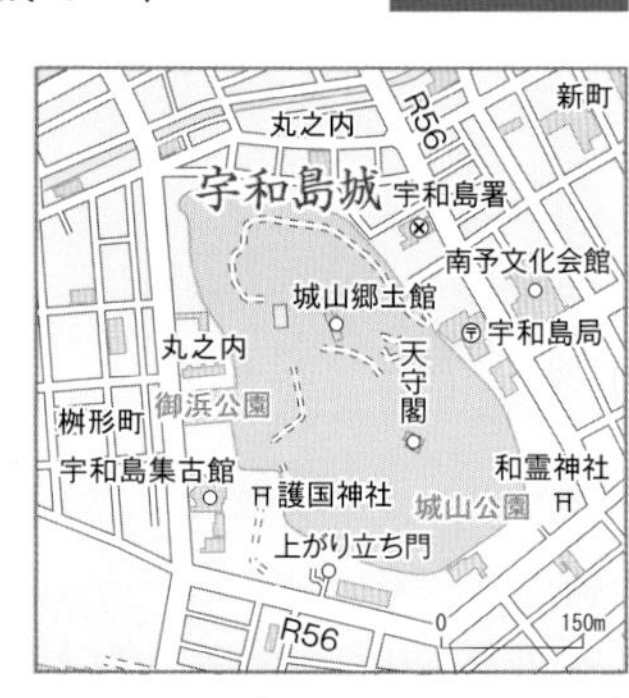

上り立ち門（市重文）（宇和島市教育委員会提供）
宇和島城で唯一現存する門。寛文年間（1624～44）造営。

城跡遠望（宇和島市教育委員会提供）

宇和島城空撮（佐川印刷提供）
城郭の主要部は城山公園となり、天守や本丸・二の丸・二の丸帯曲輪・藤兵衛丸・長門丸・代右衛門丸などの石垣が現存する。

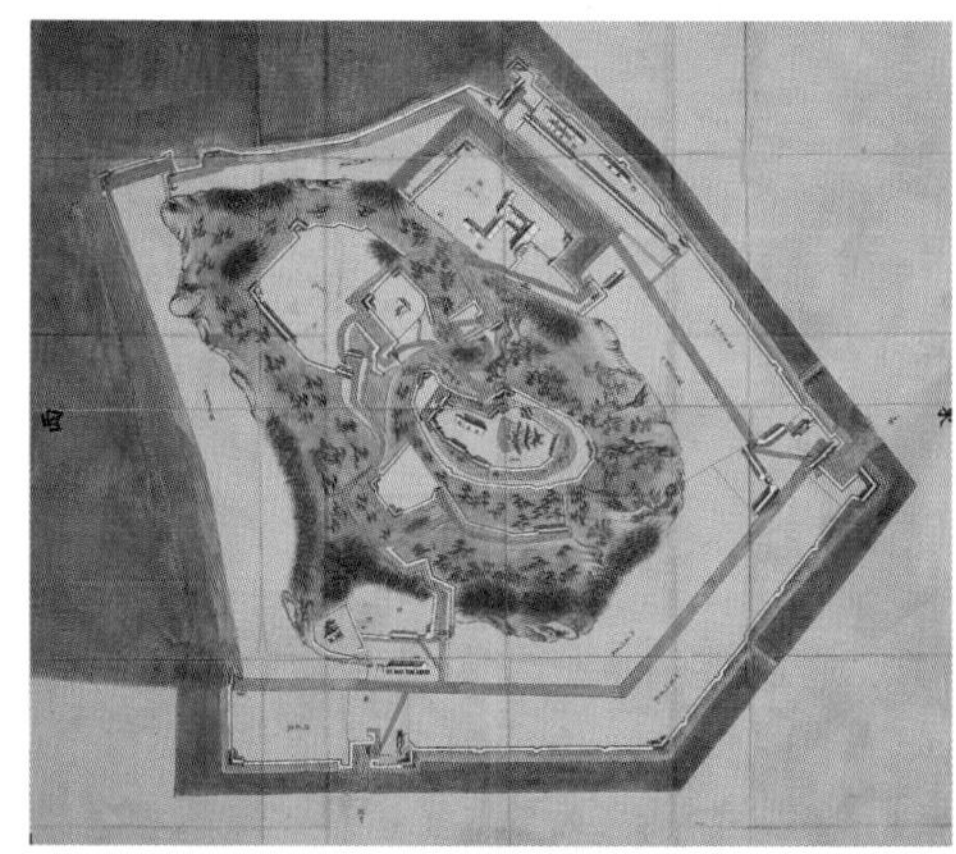

「伊予国宇和島城絵図」
（宇和島伊達文化保存会蔵）

明治中期撮影の追手門と多聞櫓
（宇和島市教育委員会提供）

●築城年／文禄４年（1595）　●築城主／藤堂高虎　●所在地／愛媛県宇和島市丸之内
●交　通／ＪＲ予讃線宇和島駅下車。徒歩20分

天守（国重文）（宇和島市教育委員会提供）
寛文5年（1665）の再建。三重三階の層塔型天守。

櫛形門跡
左側に北角櫓、右側に櫛形門櫓が建っていた。

三の門跡

◉見どころ

●**天守は現存12天守のひとつ**で、寛文4年（1664）に伊達宗利によって造営が開始され、翌5年に完成した。本丸中央に配された独立式天守で、その構造は**三重三階の層塔型天守**であった。天守台には幅の広い犬走りが設けられ、唐破風の玄関を付け、石落しや狭間も設けられず、各階に設けられた破風も単なる飾りであった。このように宇和島城の天守は太平の世のシンボル的存在として築かれたものであった。

天守（愛媛県庁提供）

●**宇和島市立歴史資料館** Web サイト
所在地／宇和島市住吉町 2-4-36

愛媛県

今治城

県史跡【1953】

藤堂高虎築城の日本屈指の海城

関ヶ原合戦の戦功により伊予一国の太守となった藤堂高虎は新たに今治城を築き、宇和島城より居城を移した。その縄張は高虎自らが行なったものである。高虎が伊賀へ移ると一旦養子の高吉が入城するが、その後は松平（久松）氏が明治まで続いた。城は海岸に砂を盛って築かれ、構造は極めてシンプルな輪郭式であるが、虎口には枡形を重ねて厳重にしている。なお、本丸に造営された五重天守は日本で最初の層塔型天守であった。

模擬天守と二の丸山里櫓
中央に昭和55年（1980）に築かれた模擬天守。左の二重櫓は平成2年（1990）に復元された二の丸山里櫓。

鉄御門
平成19年（2007）に復元された鉄御門。

二の丸武具櫓と鉄御門
右手に昭和55年（1980）復元の武具櫓、土塀の右奥は平成2年（1990）復元の山里櫓、武具櫓の左は多聞でつながる鉄御門（平成19年復元）。

「伊予今張（治）城図」
（今治史談会蔵）

◉見どころ

●**石垣**は直線的で反りがない。これは**高虎の関与した城郭**の石垣の特徴である。またその基底部には**犬走り**が設けられているが、これは不安定な海岸に築かれた石垣の土台と考えられる。

本丸の高石垣

本丸古写真
慶応3年（1867）撮影された。

（P170の写真／今治市役所提供）

●**今治城** Webサイト
所在地／今治市通町3-1-3

●築城年／慶長7年（1602）　●築城主／藤堂高虎　●所在地／愛媛県今治市通町
●交　通／JR予讃線今治駅下車。徒歩20分

愛媛県

大洲城

県史跡［1953］・国重文

復元四重天守が聳える平山城

豊臣秀吉の四国平定で伊予に封ぜられた戸田勝隆により整備されるが、現在の姿に整備されるのはその後に入城した藤堂高虎、脇坂安治の改修によるものである。江戸時代には加藤氏歴代の居城となる。大洲城は蛇行する肱川に突出した地蔵ヶ嶽に築かれた山城で、南山麓には肱川の水を引き込んだ内堀と外堀を巡らせ、二の丸と三の丸を構えていた。山頂本丸の北西隅には四重天守が造営され、台所櫓と高欄櫓と結んで連立天守を形成していた。

台所櫓（国重文）と復元天守（大洲市役所提供）
台所櫓は安政6年（1859）の造営。天守は明治25年（1892）に取り壊されたが、平成16年（2004）に復元された。

高欄櫓（国重文）と復元天守（大洲市役所提供）
高欄櫓は文久元年（1861）の造営。

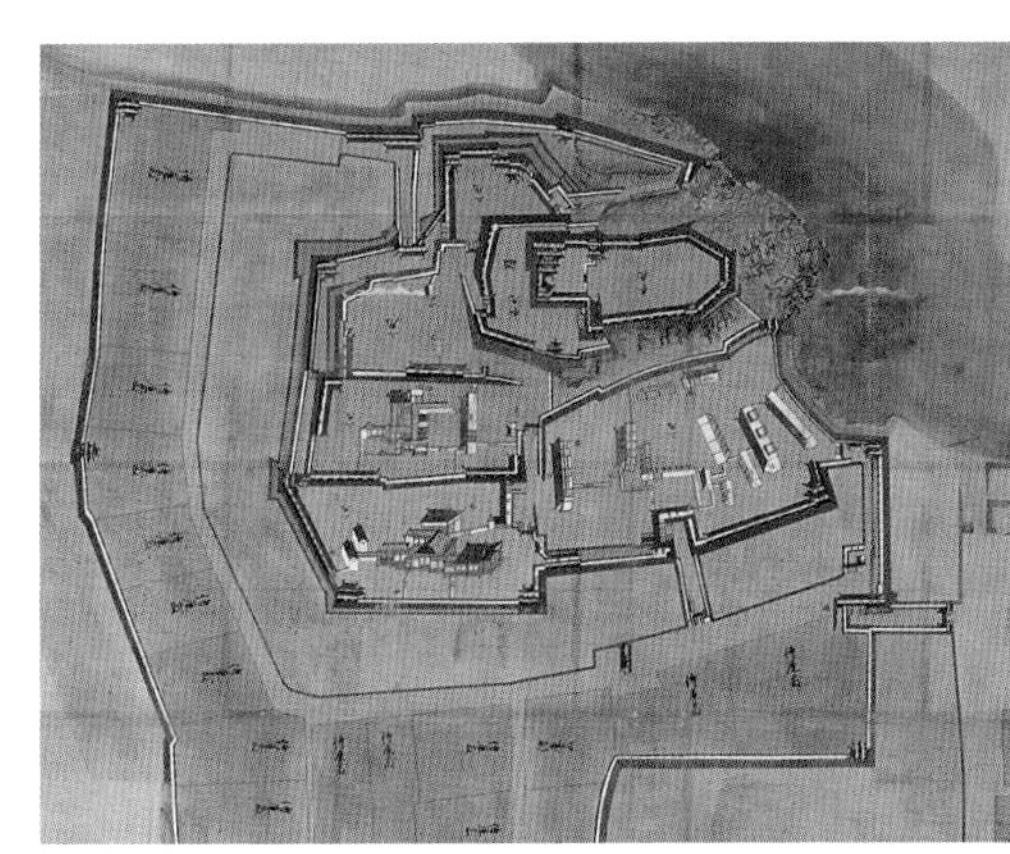

「元禄五年大洲城絵図」（大洲市立博物館蔵）

台所櫓・高欄櫓（国重文）と復元天守（愛媛県観光物産協会提供）

◉見どころ

●南山麓に構えられた三の丸は侍屋敷地となっていたが、その石垣塁線上には櫓が配されており、**苧綿櫓**、**南隅櫓**の2基が残されている。市街地になった外郭に櫓が残る例は極めて珍しい。南隅櫓は明和3年（1766）に再建されたもの。

三の丸南隅櫓（国重文）（写真／中井均）

苧綿櫓（国重文）（大洲市役所提供）
天保14年（1843）の造営。

●**大洲城** Webサイト
所在地／大洲市大洲903

●築城年／文禄4年（1595）　●築城主／宇都宮氏　●所在地／愛媛県大洲市大洲
●交　通／JR予讃線伊予大洲駅下車。徒歩20分

高知城

国史跡［1959］・国重文

天守、御殿が現存する土佐一国の本城

南北朝時代に築かれた大高坂城を近世城郭へと整備したのは長宗我部元親である。近年の発掘調査により元親時代の石垣が検出されている。関ヶ原合戦によって土佐一国を与えられた山内一豊は居城をこの大高坂山に定め大改修を施し、本丸と二の丸が完成した。さらに2代忠義によって山腹部の三の丸が完成した。また忠義は名を高智山と改め、これが後に高知となった。現存する天守は寛延2年（1749）に再建されたものであるが、初期望楼型構造となる。こうした古式天守は藩祖一豊によって築かれた天守復元を目指したものであった。

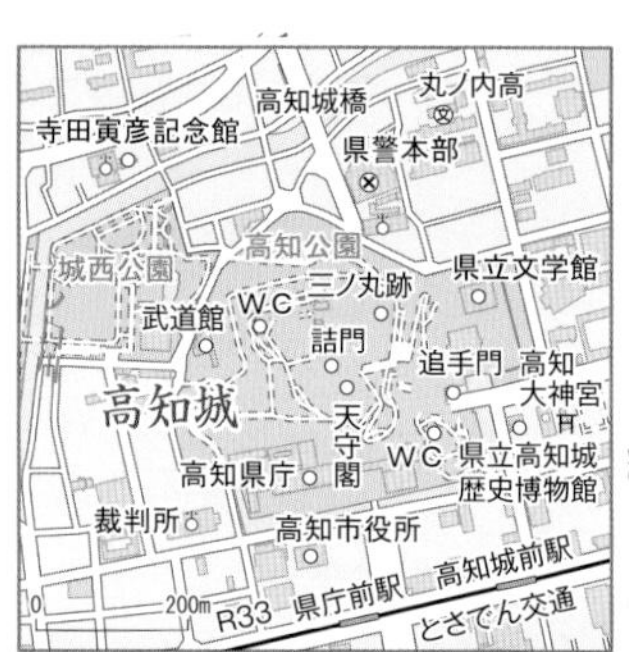

高知城空撮（写真／中田眞澄）
城郭の主要部は高知公園となり、天守や本丸・二の丸・三の丸などの石垣などが現存する。

追手門と天守古写真（個人蔵）
明治末期の撮影。追手門の手前は山内神社の鳥居。

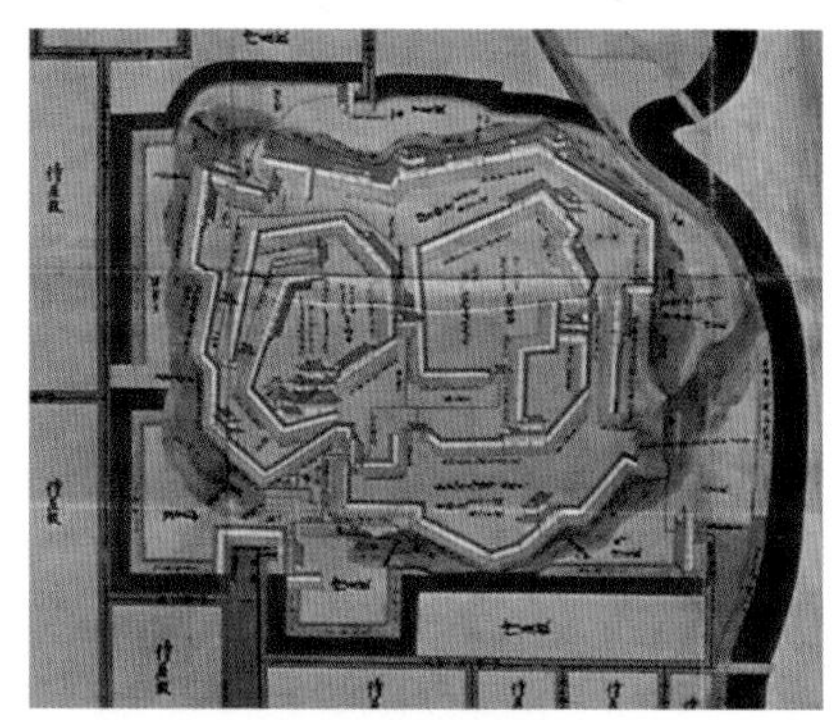

「土佐国城絵図」
（正保城絵図／国立公文書館内閣文庫蔵）

天守（国重文）と追手門（国重文）
（高知県観光コンベンション協会提供）
天守は延享4年（1747）の再建。四重六階の望楼型天守。追手門は享和元年（1801）の再建。

詰門（国重文）
享和2年（1802）の再建。

●築城年／慶長6年（1601）　●築城主／山内一豊　●所在地／高知県高知市丸ノ内
●交　通／ＪＲ土讃線高知駅下車。徒歩20分

御殿上ノ間と二ノ間

懐徳館（国重文）
享保12年（1727）の大火災で天守・御殿をはじめ本丸の大多数の建物が焼失。現在の御殿は寛延2年（1749）の再建。

追手門西南矢狭間塀（国重文）

追手門東北矢狭間塀（国重文）

詰門（国重文）・廊下門（国重文）と天守（国重文）
詰門・廊下門の2門は享和年間（1801～04）の再建。

天守東南矢狭間塀（国重文）

天守西北矢狭間塀（国重文）と東多聞（国重文）
東多聞は享和年間（1801～04）の再建。

黒鉄門（国重文）と黒鉄門東南矢狭間塀（国重文）
黒鉄門は享保15年（1730）の再建。

西多聞と黒鉄門西北矢狭間塀（国重文）

天守東南矢狭間塀（国重文）

廊下門（国重文）
享和年間（1801～04）の再建。

西多聞（国重文）
江戸中期の再建。

◉見どころ

●高知城の本丸には様々な建物が残されており、縄張と建造物がどう組み合わされて機能していたかがよくわかる好例といえる。そのなかでも注目されるのが**詰門**である。藩政時代には**橋廊下**と呼ばれており、並立する**本丸と二の丸間に設けられた堀切に架けられた**ものである。二階は詰所、一階は塩倉として用いられているが、本来は二階が橋となり、一階は堀切をふさぐ櫓門として築かれたものである。

詰門（国重文）（写真／中井均）

（P172～173の記名のない写真／高知城管理事務所提供）

●**高知城歴史博物館** Webサイト
所在地／高知市追手筋2-7-5

福岡県

福岡城

国史跡［1957］・国重文

黒田長政が築いた大城郭

関ヶ原合戦の戦功により黒田長政は筑前一国を賜り、それまで筑前を領していた小早川氏の居城名島城に入るが、あまりに手狭であったため、新たな拠点として築いたのが福岡城である。以後明治まで黒田氏歴代の居城となる。城は博多支配をも視野に入れ、玄海灘を望む福崎の丘陵の先端が選ばれた。その構造は丘陵上に本丸と二の丸を並立させ、南二の丸と東二の丸を鉤の手状に張り出させていた。これらは総て高石垣によって築かれ、随所で屈曲する複雑な塁線となっていた。また丘陵下段には広大な内堀を巡らせた三の丸が土塁によって築かれ、三の丸御殿や重臣の屋敷地となっていた。

天守台空撮（福岡市役所提供）
東西約 25 m、南北約 22 m の天守台跡。現在、天守台は展望台になっているが、台上からは全方向が見渡せる。

福岡城古写真（福岡市教育委員会提供）
明治初期の撮影。二の丸の松ノ木坂御門の土塀と建物が残っていた。

下ノ橋御門（県重文）と伝潮見櫓（県重文）（福岡市教育委員会提供）
下ノ橋御門は下ノ橋を渡った所に建つ大手門。平成 19 年（2007）に二階櫓門として修理復元された。写真右の伝潮見櫓は明治末期に黒田家別邸内に移築されていたが、昭和 31 年（1956）に現在の位置に復元された。

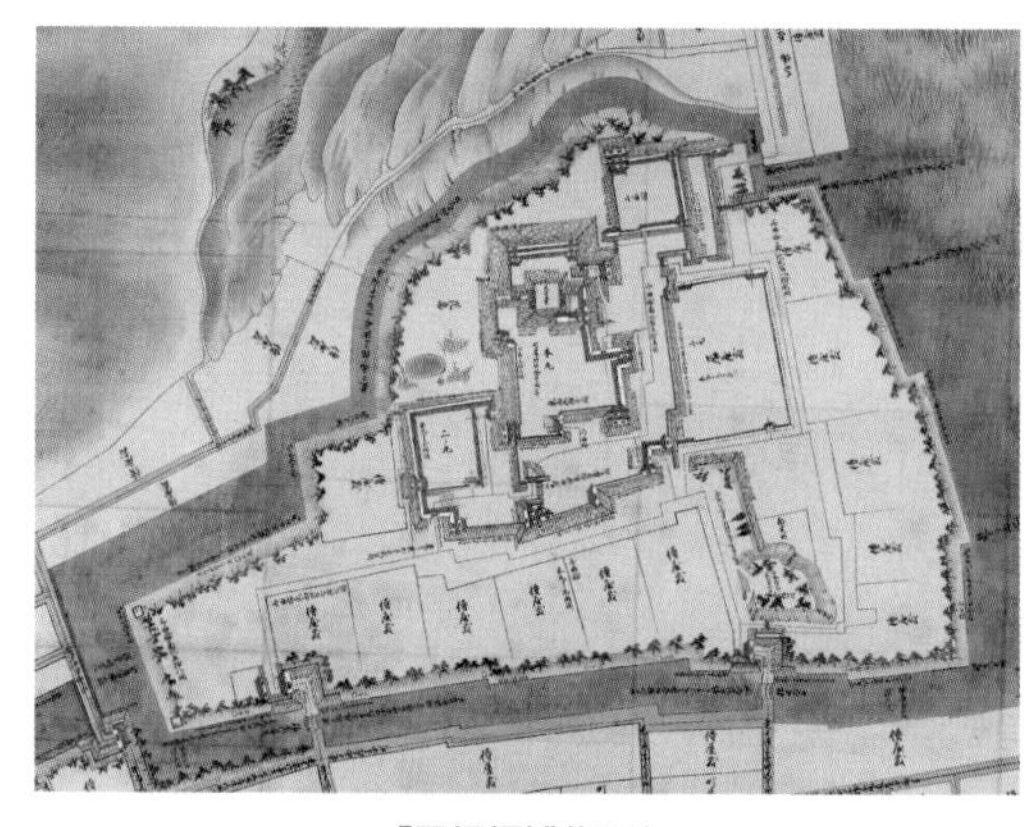

「正保福博惣図」
（福岡市博物館蔵）

伝潮見櫓（県重文）
下之橋御門の側に伝潮見櫓が移築されている。現在では、本丸にあった時打櫓の建物と考えられている。

旧母里太兵衛邸長屋門
黒田長政家臣の母里太兵衛の屋敷にあった長屋門。

●築城年／慶長６年（1601）●築城主／黒田長政　●所在地／福岡県福岡市中央区城内
●交　通／ＪＲ鹿児島本線博多駅下車。地下鉄大濠公園下車。徒歩５分

南二の丸多聞櫓の北隅櫓（国重文）
二重二階の隅櫓。昭和 50 年（1975）に解体修理された。

南二の丸多聞櫓・西隅櫓（国重文）（福岡市教育委員会提供）
別名武具櫓とも呼ばれる多聞櫓。二重二階の隅櫓2基と 30 間におよぶ平櫓からなる。嘉永7年（1854）に大改修をされた。

埋門跡
大天守台の西にある門跡。往時は渡櫓がかかっていた。

本丸祈念櫓（県重文）（福岡市教育委員会提供）
万延元年（1860）造営の二重二階櫓。大正７年に崇福寺に払い下げられ、大正寺観音堂として移築されていたが、昭和 58 年（1982）に元の位置に移築復元された。

◉見どころ

●本丸の中央には**巨大な天守台**が築かれている。その規模から五重天守の存在が考えられる。ところで福岡城ではこれまで天守の存在を記した文書や絵図は見つかっていない。このため天守台のみが築かれたとも考えられている。しかし、現存する天守台の穴蔵には礎石まで残されている。細川家文書には元和６年（１６２０）に長政が幕府に遠慮して天守を取り壊したとの噂が記されている。まさに謎の天守台といえよう。

天守台（写真／中井均）

●**福岡城むかし探訪館** Web サイト
所在地／福岡市中央区城内 1-4

久留米城

県史跡［1983］

本丸を二重多聞櫓で囲んだ堅固な城

豊臣秀吉の九州平定により毛利秀包によって築かれ、関ヶ原合戦後は田中吉政の支城となるが、本格的な築城は筑後半国の太守となり久留米城を居城とした有馬豊氏によるものである。筑後川に面した丘陵を利用して本丸、二の丸、三の丸を一直線上に配した連郭式の縄張で、本丸には7つの三重櫓が配され、それらを二重の多聞櫓によって連結する壮大な構えであった。

久留米城空撮（久留米市教育委員会提供）
明治7年（1874）、城の建物は取り壊され、現在、本丸には有馬豊氏を祀る篠山神社や有馬家資料などを展示した有馬記念館がある。

本丸高石垣
（久留米市教育委員会提供）
水堀からの高さ約15mの高石垣。石垣上には、天守のかわりとされる三重三階の巽櫓と三重三階の櫓6基、そして二重の多聞櫓が廻り、本丸を厳重に固めていた。

「延宝八年久留米城下図」
（久留米市教育委員会蔵）

本丸入口（写真／中井均）

本丸高石垣（写真／中井均）

◉見どころ

●筑後半国を領する大大名の居城にふさわしく**本丸は壮大な高石垣**によって築かれている。堀の大半は埋められてしまったが、筑後川方面の石垣は見事に残されている。

明治初期に撮影された本丸（久留米市教育委員会提供）
左より坤櫓、太鼓櫓、巽櫓。その間を多聞櫓で結ぶ。

●有馬記念館 Webサイト
所在地／久留米市篠山町444

●築城年／天正15年（1587）　●築城主／毛利秀包　●所在地／福岡県久留米市篠山町　●交　通／JR鹿児島本線久留米駅下車。バス久留米大付属病院前下車

福岡県

柳川城

市史跡〔1978〕・国名勝

水郷の中に築かれた水城

豊臣秀吉の九州平定により立花宗茂に筑後半国が与えられ、柳川城を築いて居城とした。関ヶ原合戦で西軍に属した宗茂は改易、筑後一国は田中吉政に与えられ、その居城を柳川と定め、近世城郭へ再整備された。田中家が改易されると再び立花宗茂が城主となり、以後明治まで立花氏歴代の居城となる。城は有明海のデルタ地帯に築かれた平城で、石垣によって築かれた方形の本丸と、土塁によって築かれた二の丸からなり、その周囲に幅の広い内堀が巡っていた。

明治初期に撮影された天守（柳川古文書館蔵）
明治５年（1872）、原因不明の火災により天守以下の主要な建物が焼失した。天守は五重五階の層塔型天守であった。

立花氏庭園
（柳川市役所提供）
元文３年（1738）に立花貞俶が築いた庭園。

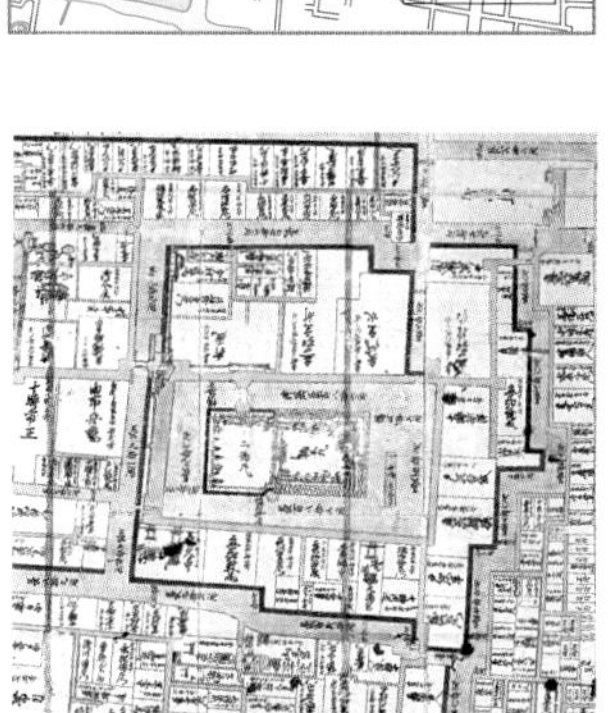
「寛政三年二月改柳川城城下図」
（立花家史料館蔵）

本丸跡の石垣（柳川市役所提供）
本丸・二の丸付近は市立柳城中学校・柳川高校の敷地となり、天守跡の高台が市指定史跡となる。

天守跡の石垣（柳川市役所提供）
天守台にわずかに石垣が残っている。

◉見どころ

●柳川城の特徴はなんといっても内堀のさらに外側に幾重にも巡らされた**水堀**であろう。城下町全体がこうした水堀によって水郷となっている。**水門**は川より水を取り入れるために設けられたものである。

水門（写真／中井均）

水堀（柳川市役所提供）
城下を縦横無尽に掘割された水堀は、今は水郷巡りの名所となっている。

●**立花家史料館** Webサイト
所在地／柳川市新外町１

●築城年／慶長６年（1601）●築城主／田中吉政　●所在地／福岡県柳川市本城町　●交　通／西鉄大牟田線柳川駅下車。バス

福岡県

小倉城

南蛮造りの天守が聳える城

小倉城は戦国時代に毛利氏によって築かれたが、豊臣秀吉の九州平定後は九州の玄関口として森吉成が入れ置かれ、このとき石垣による築城が行なわれた。関ヶ原合戦後は豊前一国の太守となった細川忠興がその居城とし、惣構を完成させた。細川氏の転封後は小笠原氏歴代の居城として明治を迎えた。響灘に注ぐ紫川の河口の自然河川を上手く利用しながら二重、三重に水堀を巡らせる縄張は複雑で、特に惣構の塁線には折を多用し、強く横矢を意識した構造となっている。

天守（写真／松井久）
天守は天保8年（1837）、失火により御殿とともに焼失、以後再建されなかったが、昭和34年（1959）に復興天守が建てられた。

大手門跡
巨石を多用した石垣。

槻門跡
藩主や幕府の役人、家老などの身分の高い者が使用したといわれている。

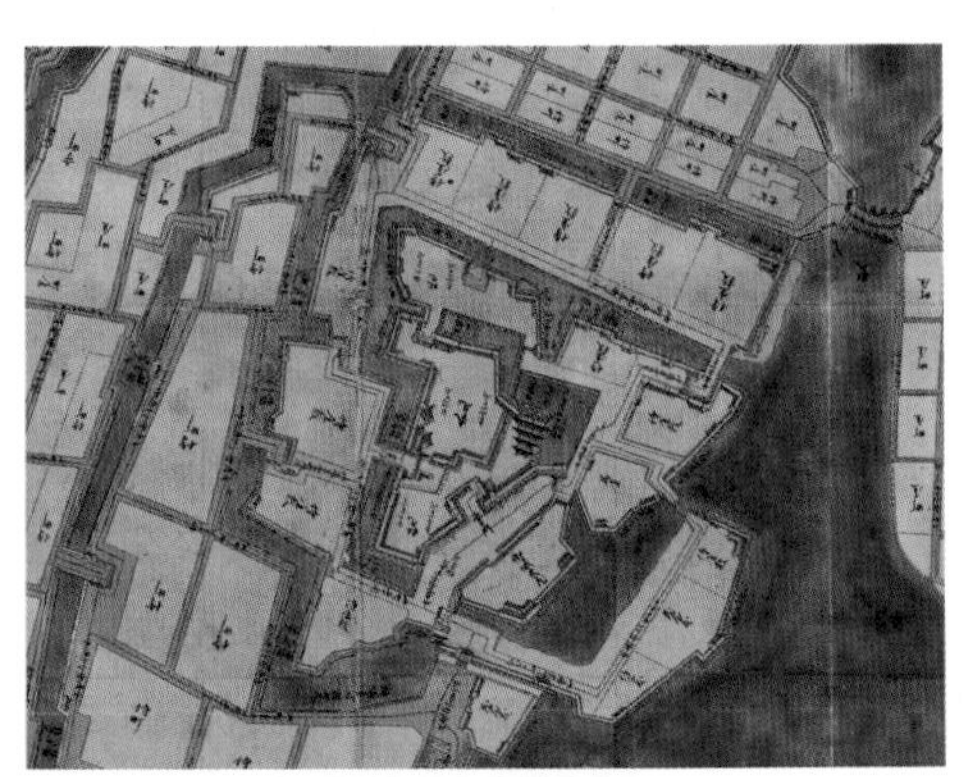
「豊前国小倉城絵図」
（正保城絵図／国立公文書館内閣文庫蔵）

天守

◉見どころ
●大半が市街地となってしまい、わずかに本丸周辺が残されているにすぎない。**天守**は昭和34年（1959）に復興されたもので、元来は飾破風のない四方葺下ろしの**四重五階の層塔型天守**であった。

小倉城空撮（北九州市教育委員会提供）
本丸・松の丸・北の丸などの石垣が現存する。

●**小倉城** Web サイト
所在地／北九州市小倉北区城内 2-1

●築城年／天正15年（1587）　●築城主／森吉成（毛利勝信）
●所在地／福岡県北九州市小倉北区室町
●交　通／ＪＲ鹿児島本線西小倉駅下車。徒歩5分

佐賀県

佐賀城

県史跡［2001］・国重文

五重天守が聳えた鍋島氏累代の城

戦国大名龍造寺隆信の跡を継ぐこととなった鍋島直茂は隆信の居城であった村中城に入り、居城とするために改修工事を行なった。水郷地帯に築かれた平城で、本丸とその外周に鉤の手状に配された二の丸と、その外側に三の丸と西の丸が取り付く梯郭式の縄張で、それらを取り囲む水堀は幅50～70メートルにおよぶ広大なものであった。このうち石垣が使用されたのは本丸北側と西側のみで、ほかは土塁造りであった。

鯱の門・続櫓（国重文）（佐賀県観光連盟提供）
本丸表門にあたる鯱の門（櫓門）と一重二階櫓の続櫓は天保7年（1836）の再建。

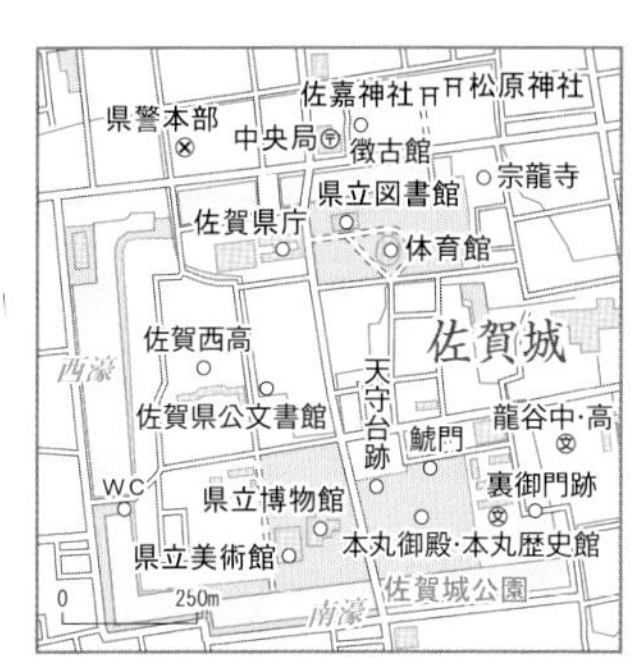

昭和初期撮影の本丸御殿（佐賀県教育委員会蔵）

復元された本丸御殿（佐賀県観光連盟提供）
平成16年（2004）、御玄関、御式台、御料理間、外御書院、御座間などからなる本丸御殿が復元され、佐賀城本丸歴史館として開館した。

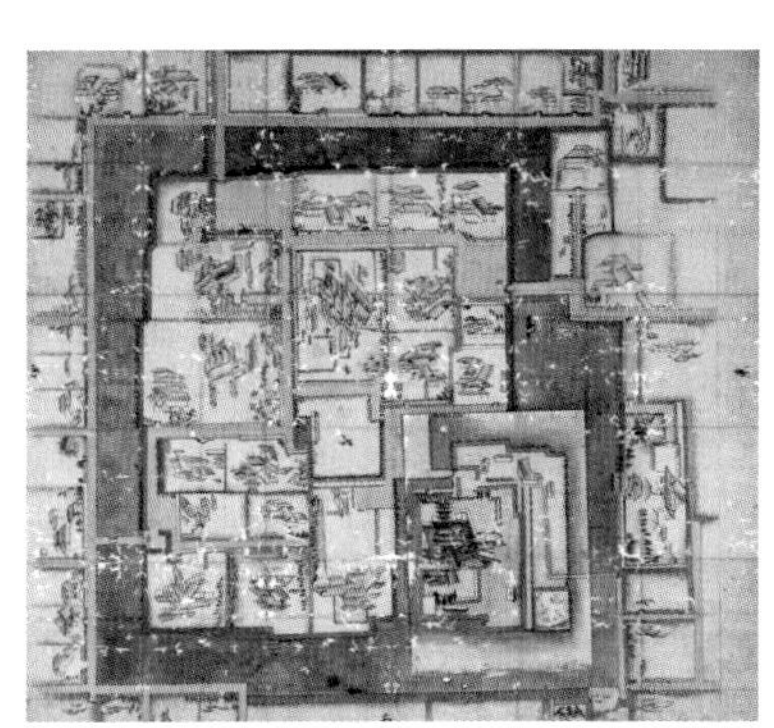

「慶長小城内絵図」
（佐賀県立佐賀城本丸歴史館蔵）

◎見どころ

●本丸の北東部には巨大な**天守台**が残されている。高さ6メートル、初重の平面が15間×13間という巨大なもので、**高さ21間の五重天守**が建てられていたが、その意匠は不明である。

天守台石垣（写真／中井均）

佐賀城空撮（佐賀県立佐賀城本丸歴史館提供）
本丸・二の丸・三の丸・西の丸などの石垣・水堀の大部分や天守台石垣、鯱の門が現存する。

●**佐賀県立佐賀城本丸歴史館** Webサイト
所在地／佐賀市城内2-18-1

●築城年／慶長年間（1596～1615）　●築城主／鍋島直茂
●所在地／佐賀県佐賀市城内
●交　通／ＪＲ長崎本線佐賀駅下車。バス鯱の門下車。徒歩3分

佐賀県

市史跡［2019］

唐津城

唐津湾に望む満島山に築いた平山城

関ヶ原合戦で東軍方についた寺沢広高によって築かれたのが唐津城である。寺沢家断絶後城主は次々と替わり、ようやく文化14年（1817）に小笠原長昌が入り、4代続いて明治を迎えた。城は松浦川の河口にある満島山に築かれた平山城である。丘陵頂に本丸を置き、山麓に二の丸を配し、これらを二の門堀によって平地部と切断して完全に島状に独立させている。三の丸はその外郭に外堀を巡らせて構えられていた。

模擬天守（唐津市教育委員会提供）
五重五階地下一階の模擬天守。は昭和41年（1966）に建てられた。

城跡遠望（唐津市教育委員会提供）
標高約43ｍの満島山に築かれた平山城。山上の本丸には模擬天守が望まれる。

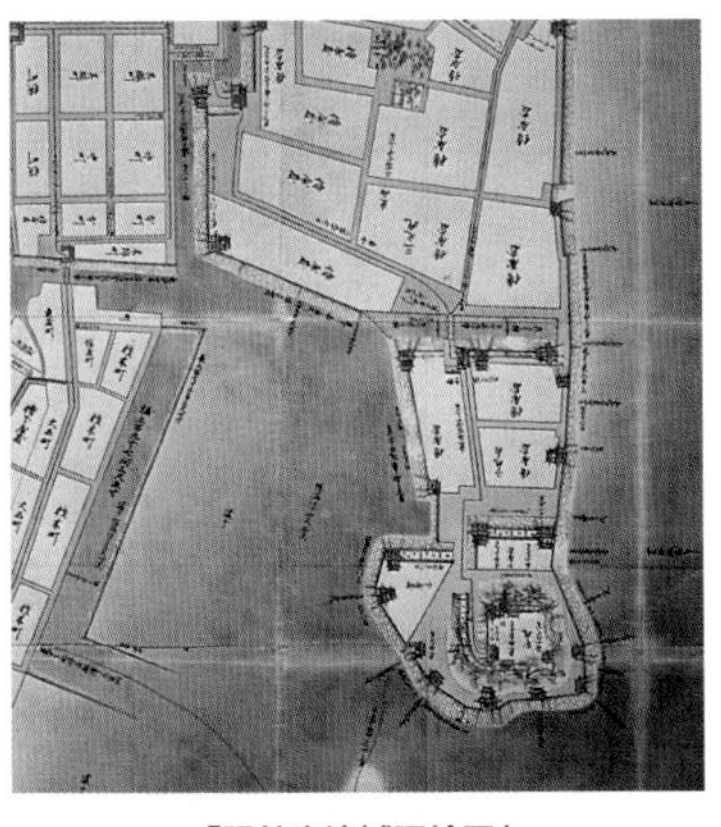

「肥前唐津城廻絵図」
（正保城絵図／国立公文書館内閣文庫蔵）

唐津城空撮（唐津市教育委員会提供）
城跡の本丸周辺は舞鶴公園となっている。

◎見どころ

●本丸の山麓周囲には腰曲輪が構えられ、海沿いに**高石垣**を巡らせ、船入門や水手門が築かれていた。またこの海岸の岩礁にはいたるところに矢穴が認められ、ここから石材を調達したことがわかる。

海岸沿いの高石垣（写真／中井均）

●**唐津城天守閣** Web サイト
所在地／唐津市東城内8-1

●築城年／慶長7年（1602）　●築城主／寺沢広高
●所在地／佐賀県唐津市東城内
●交　通／ＪＲ唐津線唐津駅下車。徒歩15分

国特別史跡［1955］

名護屋城

朝鮮出兵時に秀吉が築いた巨大な城郭

名護屋城は豊臣秀吉の命により明国征服の大本営として築城が開始された。玄海灘に突き出た波戸岬の丘陵上に総石垣によって築かれ、本丸の北西隅には金箔瓦に輝く五重の天守が造営された。また城の周辺には諸将の陣屋が120か所ほど構えられ、約20万人の将兵が駐屯していた。文禄元年（1592）にはこの地より朝鮮への出兵が開始される。慶長3年（1598）の秀吉の死により役は終結し、名護屋城は廃城となった。

名護屋城空撮（佐賀県立名護屋城博物館提供）
本丸を中心に諸将の陣屋が約120ほど点在した巨大城郭であった。

天守台跡
（佐賀県観光連盟提供）

大手門跡（唐津市役所提供）
三の丸南下に位置する大手口から東出丸に向かって直線に大手道が続く。

「名護屋城絵図」
（諸国古城之図／広島市立中央図書館浅野文庫蔵）

◉見どころ

●名護屋城には**石垣**が残されているが、崩落している部分が目に付く。これらは自然に崩落したものではなく、破城による**人為的な破壊**を示している。島原の乱後の古城の徹底破城とも、徳川幕府による朝鮮との国交回復のための破城ともいわれている。

破壊された天守台石垣（写真／中井均）

山里丸の石垣（佐賀県観光連盟提供）

●**佐賀県立名護屋城博物館** Webサイト
所在地／唐津市鎮西町名護屋1931-3

●築城年／天正19年（1591）　●築城主／豊臣秀吉
●所在地／佐賀県唐津市鎮西町大字名護屋
●交　通／JR唐津駅下車。バス城址前下車

島原城

県史跡［2016］

雲仙岳の麓に聳える堅城

大坂の陣の戦功により元和2年（1616）に松倉重政が島原に入封し、当初有馬氏の日野江城に入るが、幕府より新規築城の許可を得て島原城の築城にとりかかった。松倉氏は島原の乱の責任を負い断絶。その後高力氏、松平（深溝）氏、戸田氏、松平（深溝）氏と引き継がれた。島原城の構造は本丸、二の丸、三の丸を一直線上に配した連郭式の単純な縄張で、本丸と二の丸だけを幅の広い内堀で囲み、外郭は石垣を巡らせただけのものであった。

天守（写真／中井均）
元和４年（1618）に完成した松倉重政の天守は惜しくも焼失。その後の寛永２年（1625）に完成した天守があり、明治維新まで存在した。しかし、明治７年（1874）に廃城となり、天守は取り壊されてしまった。現在ある天守は昭和 39 年（1964）に建てられた復興天守である。

内堀（写真／中井均）
本丸を囲む石垣は城内でも最も高く積まれた高石垣である。

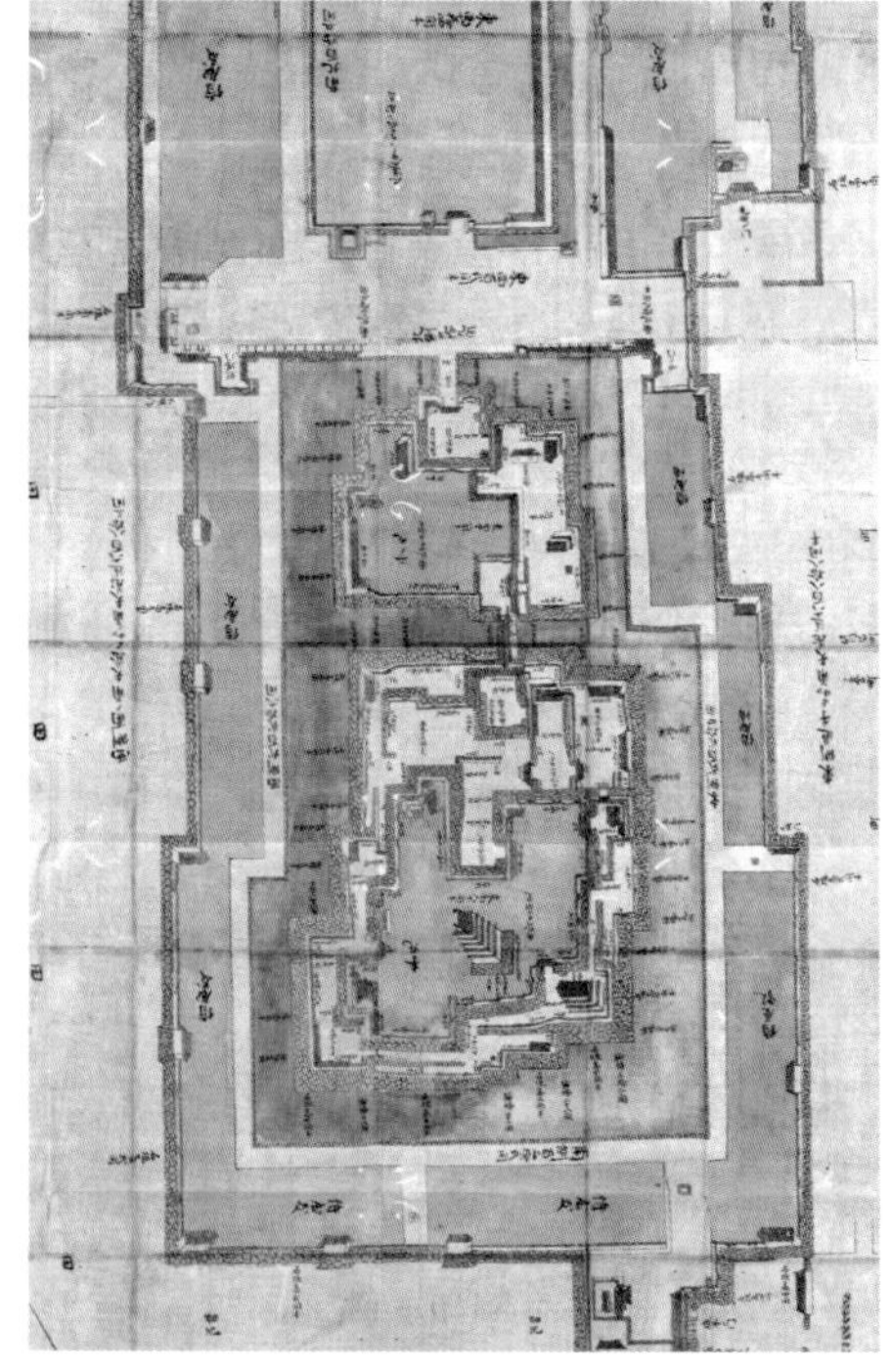

「嶋原之城図」
（『日本古城絵図』所収／国立国会図書館蔵）

島原城本丸古写真（個人蔵）
昭和前期の撮影。明治7年（1874）から明治9年にかけて、天守以下の城内の建物が払い下げ取り壊された。

●築城年／元和４年（1618）●築城主／松倉重政　●所在地／長崎県島原市城内１丁目
●交　通／島原鉄道島原駅下車。徒歩５分

本丸巽三重櫓と天守（写真／中井均）
本丸東面の約 13m の高石垣上に昭和 47 年（1972）巽三重櫓が復興された。櫓は北村西望記念館「巽の櫓」として整備されている。

島原城空撮（島原市役所提供）
城跡の本丸・二の丸は島原城跡公園となり、石垣・堀が現存する。

丑寅三重櫓（写真／竹重満憲）
昭和 55 年（1980）に復興された櫓。櫓は民具資料館として整備されている。

西三重櫓（写真／竹重満憲）
昭和 35 年（1960）に復興された櫓。櫓は民具や絵の資料館として整備されている。

◎見どころ

●本丸と二の丸は堀によって隔てられており、唯一廊下橋によって繋がっていた。万が一の場合はこの橋を落とすと、本丸は完全に独立するようになっていた。

本丸と二の丸間の堀跡（写真／中井均）

●**島原城** Web サイト
所在地／島原市城内 1-1183-1

長崎県

平戸城

松浦湾を望む名門松浦氏累代の城

松浦氏は城主大名であったが、城を持っていなかった。元禄4年（1691）に松浦棟が寺社奉行となると、幕府に願い出て同16年より平戸城の築城が開始された。その縄張は前藩主鎮信と親交があった山鹿素行が行ない、素行の弟義昌が実際の指導を行なった。城は戦国時代に松浦氏の居城日之嶽城があった亀岡山に築かれた。山頂に本丸と、一段低く二の丸を配し、山腹には三の丸が構えられた。亀岡山は三方が海に囲まれ、舟入などが設けられていた。

城跡遠望（平戸市役所提供）
城跡の本丸・二の丸・三の丸は亀岡公園となっている。

模擬天守（長崎県観光連盟提供）
もともと天守はなかったが、昭和37年（1962）に本丸の二重櫓跡に三重天守を復興した。

平戸城空撮（写真／中田眞澄）

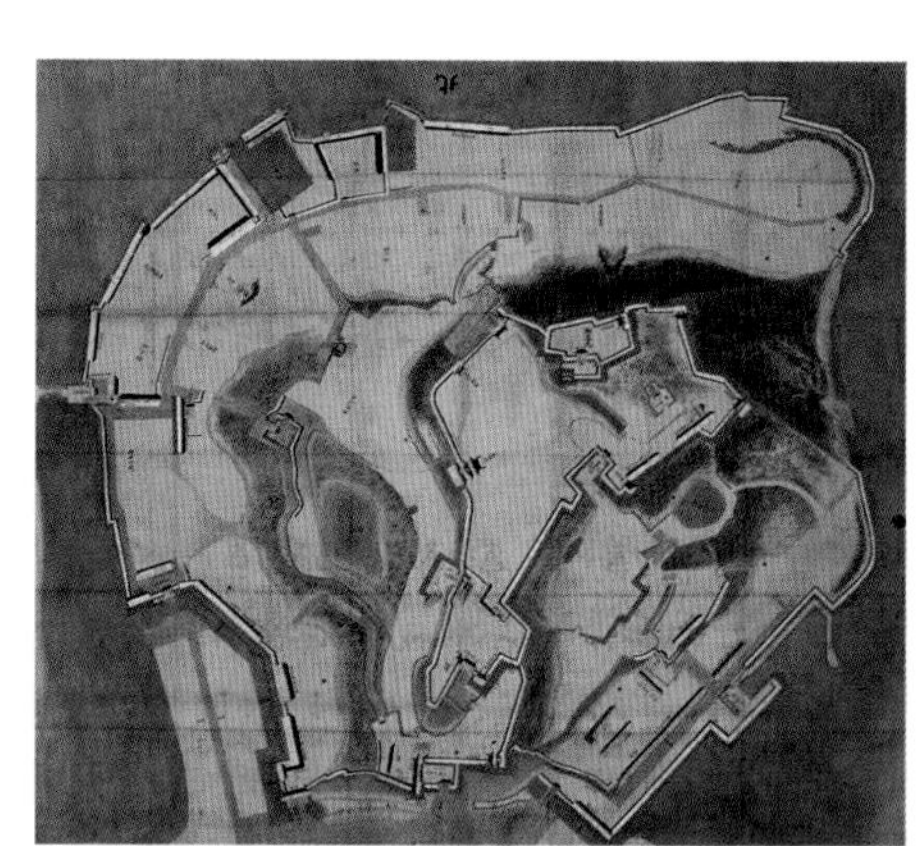

「平戸城分間図」（松浦史料博物館蔵）

石狭間（写真／中井均）

◉見どころ
●本丸から二の丸にかけての北斜面には**登り石垣**が設けられている。北虎口門から本丸へ延びる部分では**土塀と石狭間**が現存しており、山鹿流軍学による築城の実際を見ることができる。

懐柔櫓（写真／竹重満憲）

●**松浦史料博物館** Webサイト
所在地／平戸市鏡川町12

●築城年／元禄16年（1703）　●築城主／松浦棟
●所在地／長崎県平戸市岩ノ上町
●交　通／松浦鉄道西九州線平戸口駅下車。徒歩25分

金石城

国史跡［1995］・国名勝

対馬島主宗氏の居城

金石城は対馬の島主宗氏の居城として築かれた。清水山の南山麓に構えられた城は大手に巨大な桝形を構え、櫓門を設けているが、その形態は城と呼ぶよりもむしろ居館に近い。城内では近年の発掘調査により心字池を持つ庭園が検出されている。宗氏は延宝6年（1678）に桟原城へ居城を移すが、金石城は破却されず、副館的施設として利用されている。なお、背後の清水山には豊臣秀吉の朝鮮出兵にともない秀吉の御座所として清水山城が築かれていた。

大手櫓門（対馬観光物産協会提供）
大正8年（1919）に解体され、取り壊されたが、平成2年（1990）に復元された。

庭園（写真／中井均）
城跡は平成9年（1997）から平成16年にかけて、園池の発掘調査が行われ、その結果、大規模な泉水が造営されていたことが確認された。その後、泉水の修復・整備が行なわれ、江戸時代の庭園が、今日再現されている。

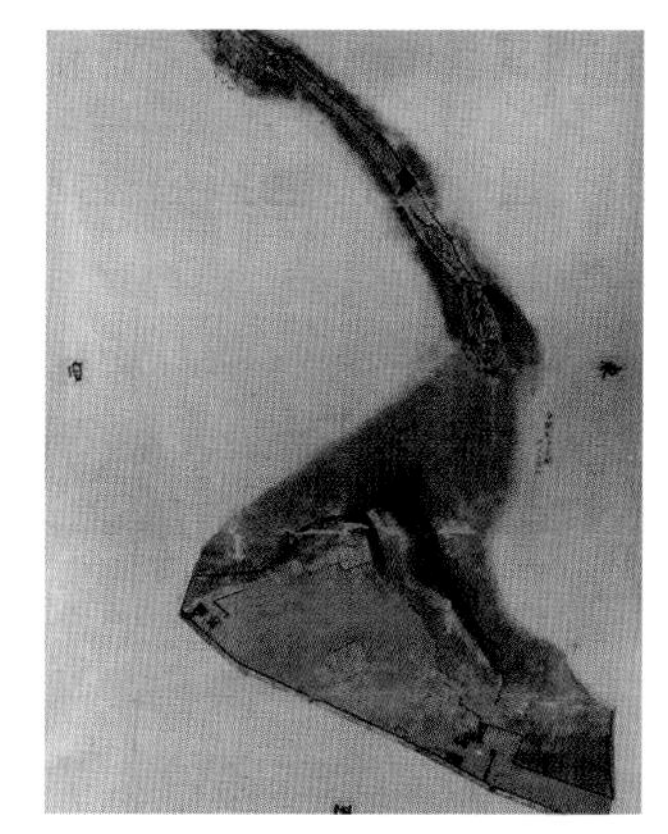

「金石城絵図」
（県立対馬歴史民俗資料館蔵）

清水山城一の丸石垣（写真／中井均）

◉見どころ

●清水山の山頂には一の丸、二の丸、三の丸の石垣がよく残されている。**一の丸の石垣は扁平な石を積み上げる対馬独特の技法**によって築かれ、**二の丸、三の丸は打込接技法**によって築かれている。

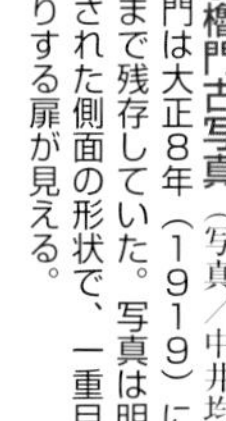

大手櫓門古写真（写真／中井均蔵）
大手門は大正8年（1919）に解体されるまで残存していた。写真は明治末年に写された側面の形状で、一重目に櫓に出入りする扉が見える。

●築城年／享禄元年（1528）　●築城主／宗盛堅　●所在地／長崎県対馬市厳原町今屋敷
●交　通／厳原港より徒歩

長崎県

県史跡［1966］・国名勝

石田城（福江城）

江戸時代末期に築かれた最後の城

五島の島主五島氏は城持大名であったが、慶長19年（1614）に江川城が焼失したため、石田浜に陣屋を構えていた。幕末には異国船が頻繁に出没するにおよんで、海防が急務となり、文化3年（1806）に五島盛運が幕府に築城を請願する。さらに盛繁が再び請願、盛成による再々請願により、幕府は五島氏による新規築城を認めた。嘉永2年（1849）より築城工事が始まり、縄張りは津山藩出身の軍学者正木兵馬があたり、監督には福江藩家老青木晋賜、藤原久与が任じられ、大工には江戸より斎藤安五郎が招かれた。この築城の8年後には五稜郭という洋式築城が導入されていることより福江城（石田城）は日本最後の和式築城と呼ばれている。その構造は方形の本丸を内堀で囲み、その外側に二の丸、三の丸、本屋敷が構えられる輪郭式縄張となっている。城門はほぼすべてが内桝形となり、櫓台には櫓は建てられず、石火矢台場と称して砲台となっていた。この石火矢台場は城内6ヶ所に構えられていた。完成には15年もの歳月が費やされ、出来上がったのは文久3年（1863）のことで、その5年後には明治維新を迎えた。

水門（写真／中井均）
往時はこの水門より海に出ることができた。

外堀（写真／中井均）
築城当時は海だった外堀。現在も海水を引き入れている。

蹴出門（長崎県観光連盟提供）
搦手にある現存門。

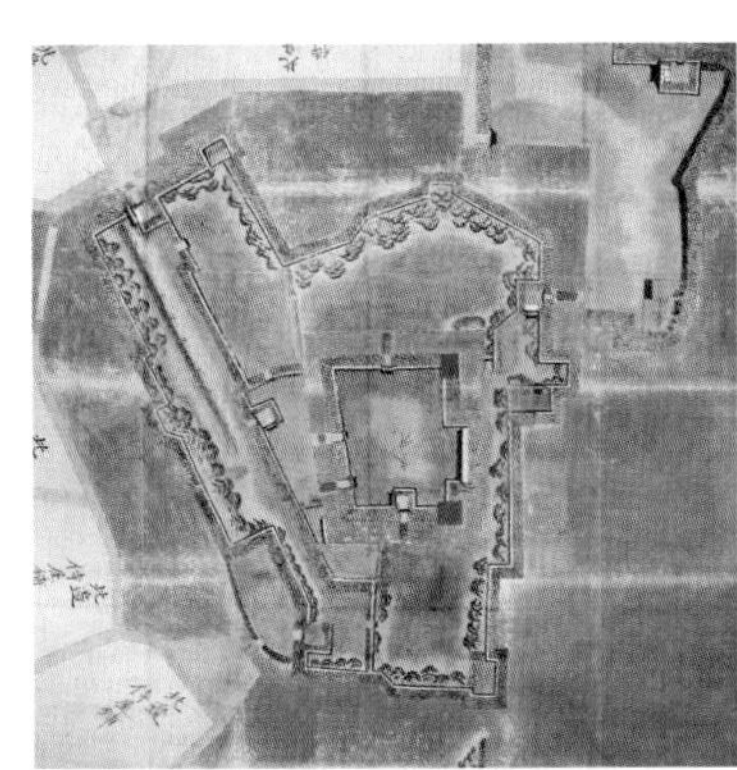

肥前國松浦郡五島福江城絵図面
（長崎歴史文化博物館蔵・長崎県教育委員会提供）

◎見どころ

●福江城の見どころは何と言っても**石垣**であろう。**本丸**は高校に、二の丸には公共施設が建つが**築城当初の石垣と堀は完存**している。**本丸の櫓台の石垣は高さ8メートル**におよぶ高石垣で圧巻。また、水門も残されている。なお、二の丸の一画には**国指定名勝の五島氏庭園と隠殿**があり、近年の修復工事で建造当初の姿によみがえった。

五島氏庭園（写真／中井均）

本丸石垣（写真／中井均）

●**五島観光歴史資料館** Webサイト
所在地／五島市池田町1-4

●築城年／文久三年（1863）●築城主／五島盛成・盛徳
●所在地／長崎県五島市池田1-1
●交　通／福江空港ら車約10分または福江港から徒歩10分。

県史跡［1967］

大村城

三方を海に囲まれた大村氏の海城

キリシタン大名大村純忠は三城城を居城としていたが、その子喜前は慶長3年（1598）に大村城を築き、以後大村氏12代の居城となる。正しくは玖島城と呼ぶ。大村湾に突出した玖島岬の丘陵に築かれた海城で、地続きとなる東側に巨大な空堀を設け、本丸を二の郭、三の郭が取り囲む梯郭式の縄張となる。三の郭の南西部にはドック式の御船蔵が備えられ、さらに南東部には波戸石と呼ばれる防波堤が築かれ、本丸直下にも船が出入りできるようになっていた。

板敷櫓（写真／竹重満憲）
平成4年に復元された。城跡の本丸は大村神社、城跡全体は大村公園となっており、本丸・二の郭・三の郭の石垣・土塁が現存する。

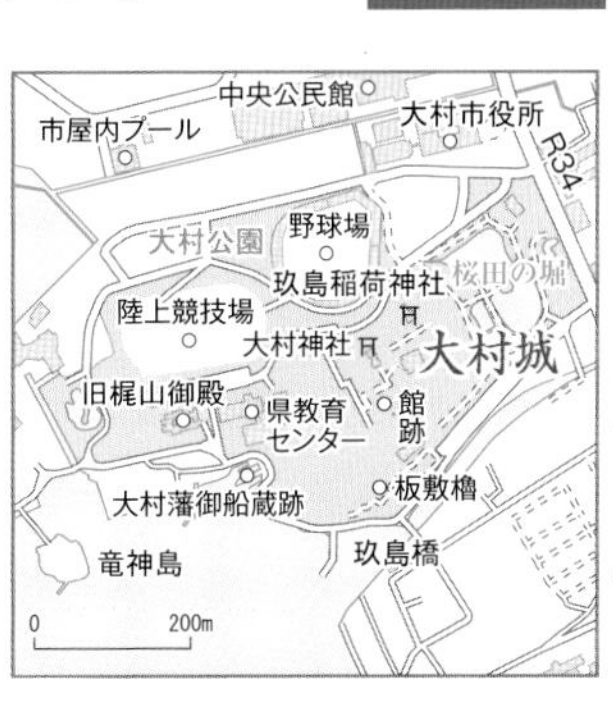

大手口の石垣（大村市教育委員会提供）
複雑な虎口を形成している。

大正期に撮影された大村城
（大村市教育委員会提供）

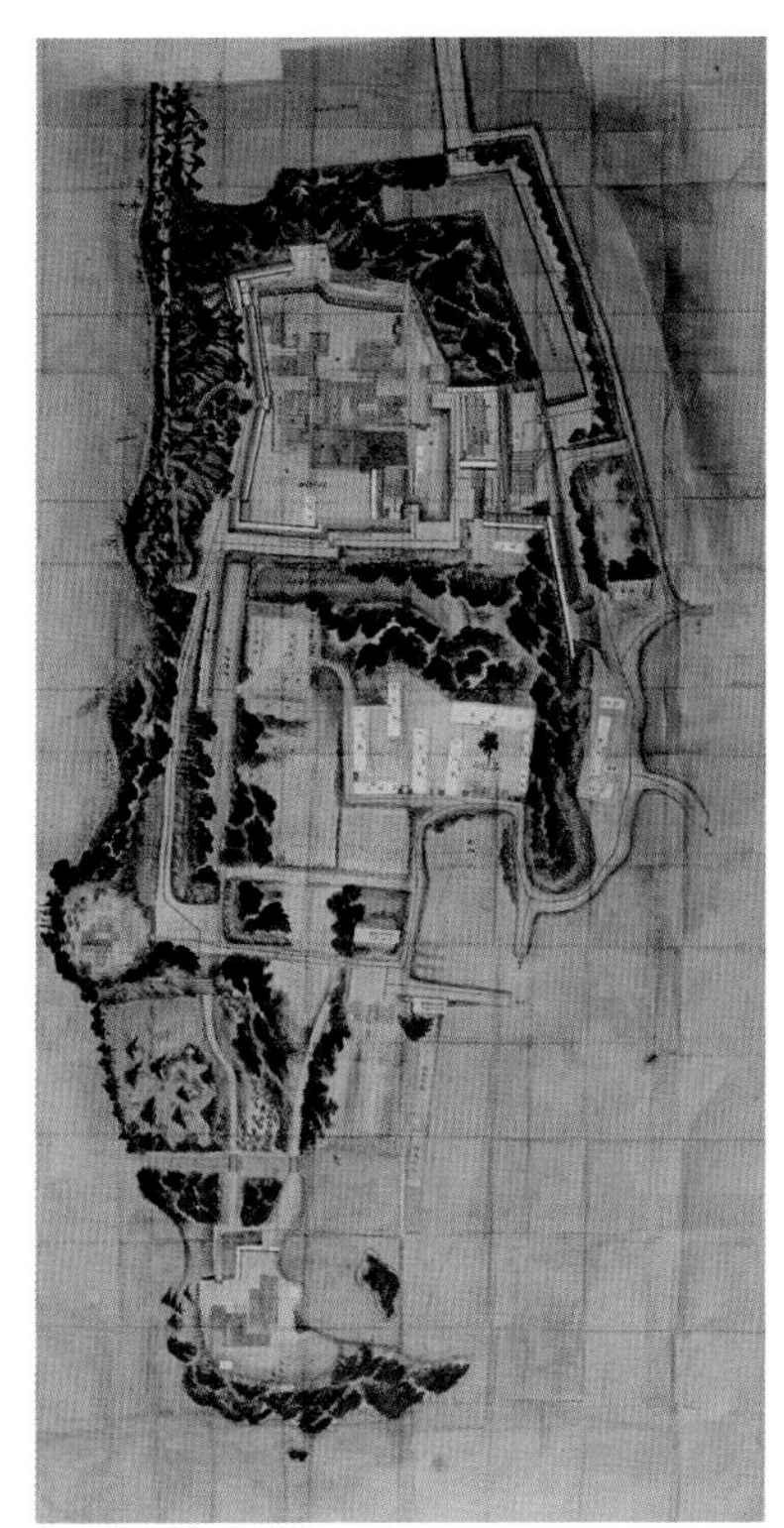

「城郭全図大村縣」
（長崎歴史文化博物館蔵）

◎見どころ

●大手は本丸南下の二の郭に構えられていた。大手は桝形となるが、この桝形に東側から進入できる埋門が設けられていた。南側正面からはこの通路は見えず、**穴門**と呼ぶにふさわしい。

穴門（写真／中井均）

●**大村市歴史資料館** Webサイト
所在地／大村市東本町 481

●築城年／慶長3年（1598）●築城主／大村喜前
●所在地／長崎県大村市玖島
●交　通／ＪＲ大村線大村駅下車。バス大村公園

熊本県

熊本城

国特別史跡［1955］・国重文

築城の名手加藤清正が築いた城郭

天正16年（1588）に肥後半国の大名となった加藤清正は隈本城へ入城し、その北東部に位置する茶臼山に新たに築城を開始する。しかし直後に勃発した文禄・慶長の役により工事は中断し、本格的な工事が行なわれるのは、関ヶ原合戦後に清正が肥後一国の太守になってからのことである。その縄張は築城の名手と謳われた清正自らが行なったもので、舌状台地最高所に本丸を置き、それを取り囲むように平左衛門丸、数奇屋丸が置かれ、さらに南に1段低く飯田丸、東竹の丸が配され、西側には鉤形に西出丸が構えられていた。これら中枢部はすべて高石垣で築かれ、各曲輪には五階櫓、三階櫓などの巨大な重層櫓が設けられ、あたかもそれぞれの曲輪が小城郭の構造を呈していた。また虎口は内・外桝形が多用され、複雑かつ強固な構えとなっていた。

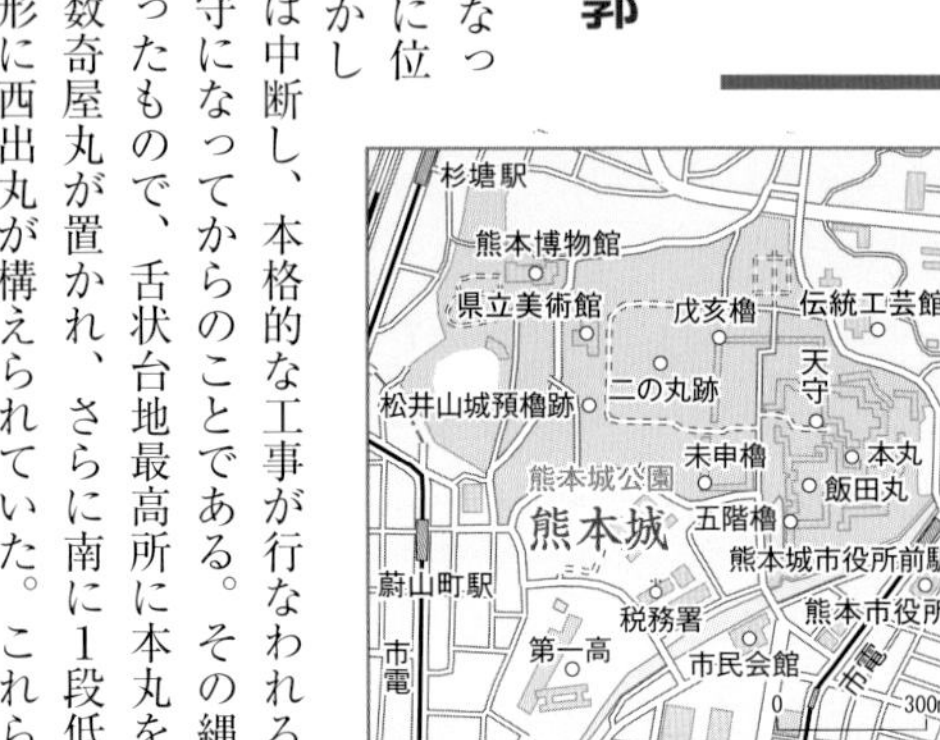

不開門（国重文）
慶応2年（1866）の造営。

監物櫓（国重文）
新堀櫓とも呼ばれる。安政7年（1860）の再建。

外観復元された五重天守と小天守（熊本城総合事務所提供）
明治10年（1877）、西南戦争の直前に原因不明の火災で大小天守以下の建物が焼失し、昭和35年（1960）に大小天守が外観復元された。その後、平成28年（2016）の震災で大小天守は甚大な被害を受けたが、5年の歳月を経て令和3年（2021）に完全復旧している。

●築城年／天正16年（1588）　●築城主／加藤清正　●所在地／熊本県熊本市本丸
●交　通／ＪＲ鹿児島本線熊本駅下車。市電熊本城前下車。徒歩5分

宇土櫓（国重文）
外観三重内部五階・地下一階の五階櫓。慶長6年から12年（1601～07）の造営。

東十八間櫓（国重文）・北十八間櫓（国重文）・五間櫓（国重文）
左奥の東十八間櫓、手前は北十八間櫓、右奥の屋根と下見板張りがわずかに見えるのが五間櫓。いずれも慶長6年から12年（1601～07）の造営。

長塀（国重文）
塀の長さが252mある。慶長6年から12年（1601～07）の造営。

平櫓（国重文）
東竹の丸の櫓。安政7年（1860）の再建。

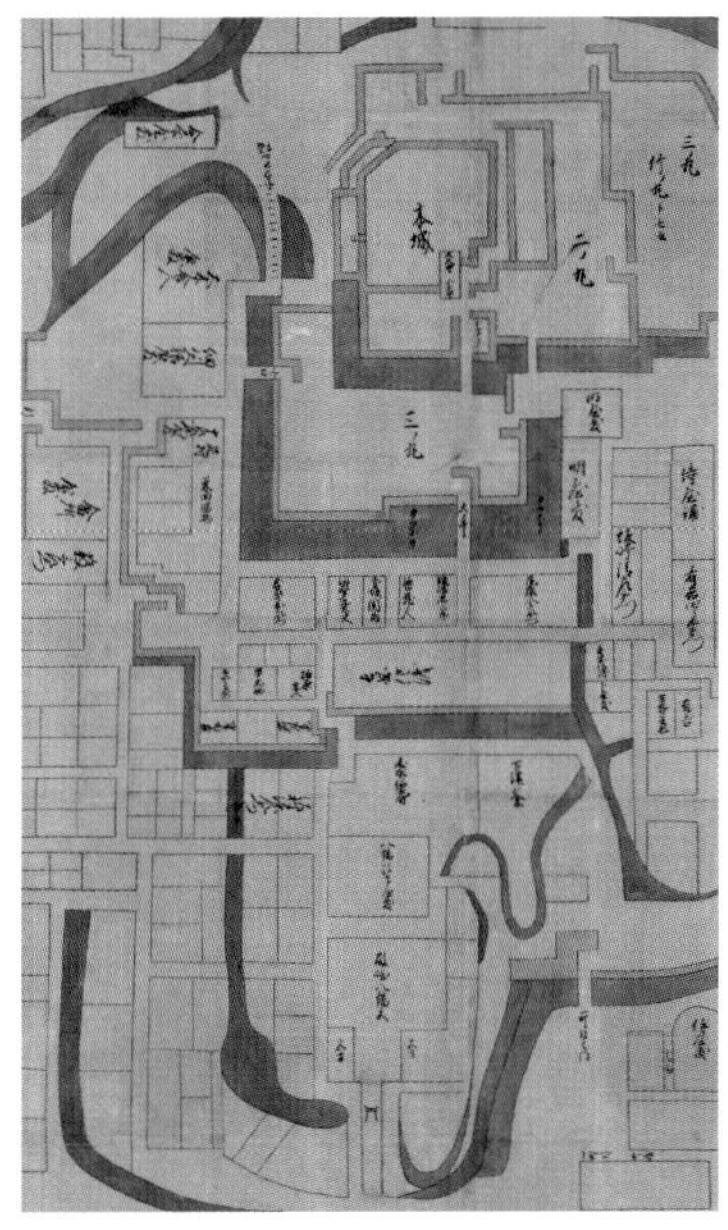

「肥後熊本城之図」
（『日本古城図』／国立国会図書館蔵）

◎見どころ

●熊本城での見所は何といってもその**石垣**である。美しい曲線を描く勾配は**「扇の勾配」**と称され、清正築城の大きな特徴のひとつである。本丸南西隅の石垣は俗に**「二様の石垣」**と呼ばれ、清正時代の石垣と、細川時代の石垣を見ることができる。また、城の立地する舌状台地の南西端部は**古城跡**と呼ばれる。城の先端を防御する重要な地点であり、独立した出城のような構造となっている。現在学校用地となっているが、石垣がほぼ残されている。

二様の石垣（写真／中井均）

古城跡の石垣（写真／中井均）

（P188～189の記名のない写真／中田眞澄）

●**熊本市立熊本博物館分館** Webサイト
所在地／熊本市本丸1-1

熊本城空撮（写真／中田眞澄）
城跡主要部は史跡公園となっており、主要部の石垣はもちろんのこと、宇土櫓をはじめとする現存建物や天守・飯田丸五階櫓などの復元建物が多数ある。

田子櫓（右・国重文）・七間櫓（左・国重文）
東竹の丸の櫓。田子櫓は慶応元年（1865）、七間櫓は安政４年（1857）の再建。

明治７年に撮影された飯田丸五階櫓（長崎大学附属図書館蔵）
飯田丸五階櫓の左に百間櫓と呼ばれる多聞櫓が続く。多聞櫓の屋根の奥に焼失前の大天守が見える。

四間櫓（右・国重文）・源之進櫓（左・国重文）
東竹の丸の櫓。四間櫓は慶応2年（1866）、源之進櫓は慶長6年から 12 年（1601 ～ 07）の造営。

十四間櫓（国重文）
左から田子櫓・七間櫓と並び、十四間櫓と続く。天保 15 年（1844）の再建。

飯田丸五階櫓
外観三重内部五階の櫓。明治時代に取り壊されていたが、平成17年（2005）に復元された。

戌亥櫓
外観二重内部三階、西出丸の北西に位置する隅櫓。明治4年（1871）頃に取り壊された。平成15年（2003）に復元された。

元太鼓櫓
西出丸の西大手に構えられた平櫓。明治4年（1871）に取り壊されていたが、平成15年(2003)に復元された。

未申櫓
外観二重内部三階、西出丸の西南に位置する隅櫓。明治４年（1871）頃に取り壊されていたが、平成 15 年（2003）に復元された。

震災復興後の天守内部

2F 細川時代

3F 近代・4F 現代

6F 展望エリア

1F 加藤時代

B1F 穴蔵

令和３年（2021）４月、熊本地震から約５年ぶりに天守内部が一般公開された。復興を機に各フロアがリニューアルされ、それぞれの階が熊本城の歴史に沿ったテーマを持った造りとなっている。

（P190 ～ 192 の記名のない写真／熊本城総合事務所提供）

熊本県

八代城

国史跡〔2014〕・国名勝

高石垣に守られた要害堅固な城

小西行長が南肥後の拠点として築いた麦島城は元和一国一城令後も存続が許されたが、元和5年（1619）に地震によって倒壊してしまった。そこで新たに築かれたのが八代城であった。加藤氏改易後、肥後に入国した細川忠利の父忠興の死後は、筆頭家老松井氏が代々八代城代となる。城は球磨川の河口部に築かれた平城で、本丸の周囲に二の丸、三の丸、北の丸が巡る輪郭式の縄張であった。

八代城空撮（写真／中田眞澄）
天守台・本丸・北の丸の一部の石垣が現存する。本丸は八代宮境内、北の丸の一部が城跡公園となっている。

本丸欄干橋門跡（八代市教育委員会提供）
本丸の正門に当たる表桝形門の一の門（高麗門）跡。

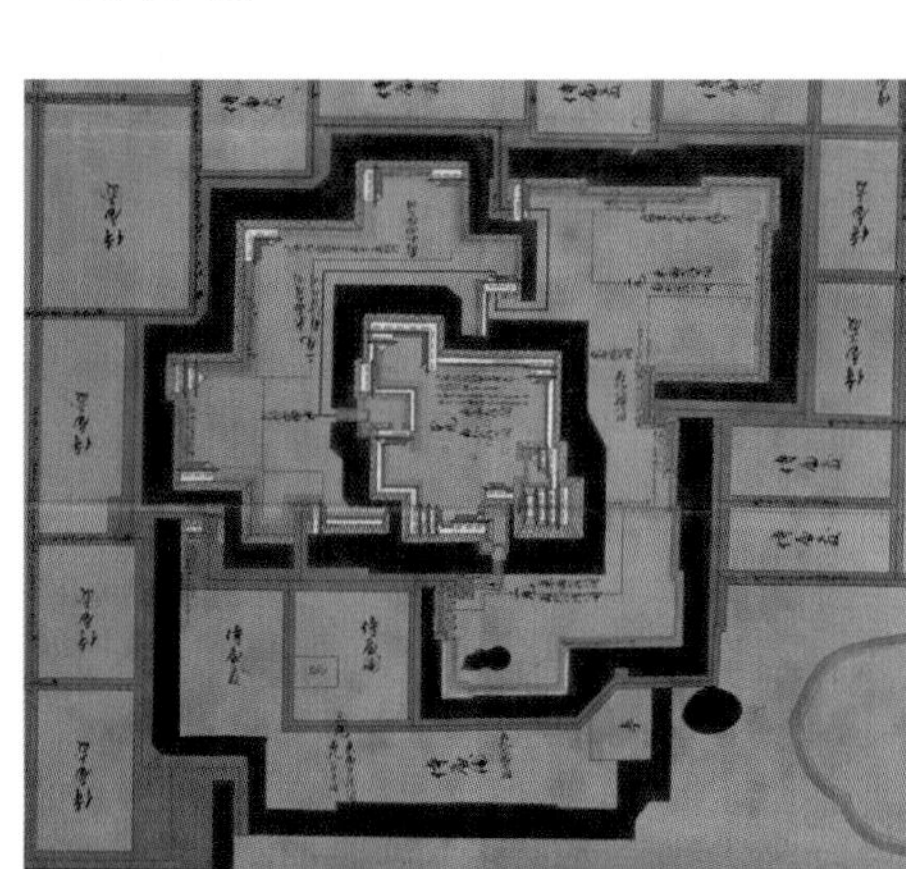

「肥後国八代城廻絵図」
（正保城絵図／国立公文書館内閣文庫蔵）

◉見どころ

●本丸の北西隅に**天守台**が配され、**層塔型の四重天守**が築かれていた。石垣の石材は石灰岩で、築城当時は白く輝いていた。

本丸天守台（写真／中井均）

本丸天守台（八代市教育委員会提供）
天守は寛文12年（1672）、落雷による火事で焼失。以後再建されなかった。

●**八代市立博物館未来の森ミュージアム** Webサイト
所在地／八代市西松江城町12-35

●築城年／元和5年（1619）　●築城主／加藤正方
●所在地／熊本県八代市松江城町
●交　通／JR鹿児島本線八代駅下車。バス八代宮前下車

熊本県

国史跡［1961］

人吉城

約七百年の名門相良氏累代の居城

人吉荘には鎌倉時代に相良氏が下向し、戦国時代前半には人吉城を居城としていたようである。球磨川と胸川の合流点のシラス台地上には南九州型の群郭式の縄張が展開するが、3代相良長毎によって大改修が施され、川に面した外曲輪部分の石垣普請も開始された。群郭式のひとつ、内城が近世には詰城として利用され、本丸、二の丸、三の丸が階段状に配置された。本丸には天守のかわりに護摩堂が造営され、歴代藩主の位牌が安置されていた。

稲荷神社 七日町 下新町 五日町 与謝野晶子歌碑 球磨川下り乗船場 球磨川 清水観音跡 中城町 水ノ手橋 堀合門跡 人吉城跡公園 人吉城歴史館 於津賀社跡 本丸跡 相良護国神社 麓町 三ノ丸跡 人吉城 御館跡庭園 林鹿寺 0 200m

人吉城空撮（人吉市教育委員会提供）
写真左手を流れる球磨川沿いの右一帯が城跡。復元建物のほか主要部の石垣が現存する。

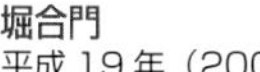

堀合門
平成19年（2007）に復元された御館の北の裏門。

角櫓・長塀・多聞櫓（人吉市教育委員会提供）
明治8年（1875）、城内の建物は払い下げられ、取り壊されたが、平成5年（1993）に角櫓（漆櫓）・長塀・多聞櫓（代物櫓）が復元された。角櫓と多聞櫓は下見板張り、長塀は海鼠壁である。

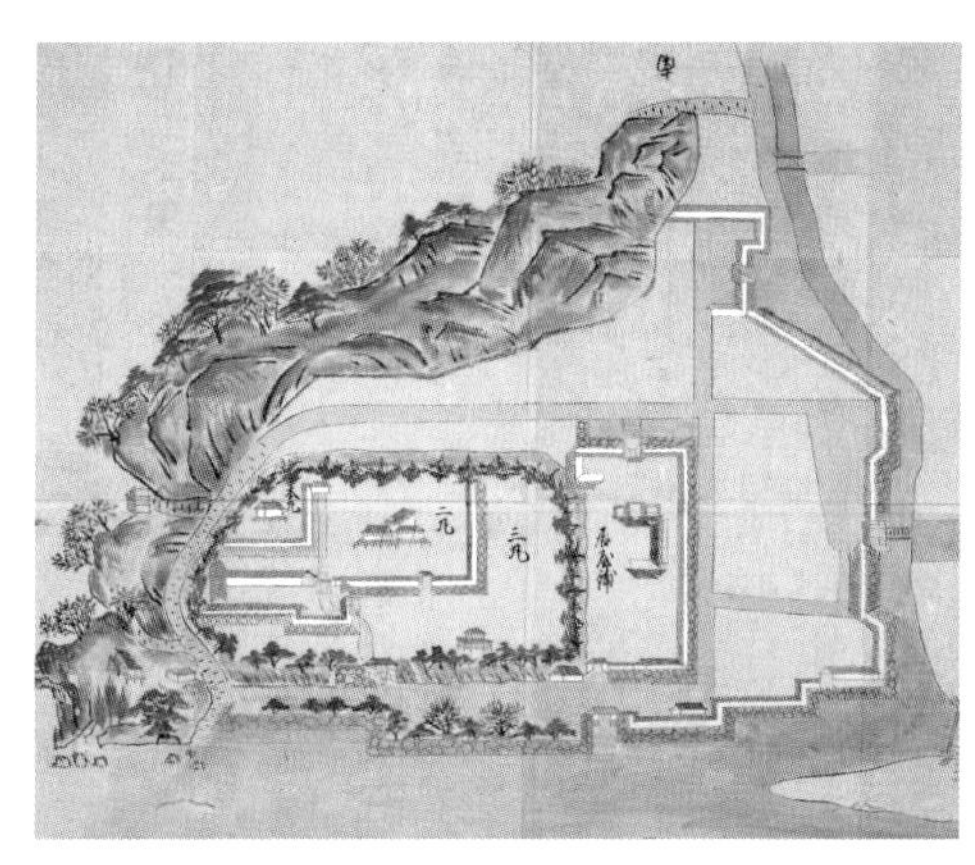

「肥後国球麻城図」
（国立国会図書館蔵）

◉見どころ

●山麓に構えられた御館の石垣は天端石が一石分飛び出す**跳出石垣**となる。これは幕末の火災後に導入された西洋式築城によるものであるが、稜堡式築城以外では日本で唯一の事例である。

●近世人吉城は戦国時代の山城の山麓に巨大な空間を利用して築かれている。一方で戦国時代の山城にも石垣を導入して詰城として利用していた。その山頂の本丸には**天守に代わって護摩堂と呼ばれる建物**が設けられていた。護摩堂内には歴代藩主の位牌が安置されていた。祖先霊を祀ることにより城の守護としたのであろう。現在も堂跡の礎石が残されている。

跳出石垣（写真／中井均）

●**人吉城歴史館** Web サイト
所在地／人吉市麓町 18-4

●築城年／文明2年（1470）頃 ●築城主／相良長続か
●所在地／熊本県人吉市麓町
●交　通／JR肥薩線人吉駅下車。徒歩15分

大分県

府内城

県史跡［1963］・県重文

四重天守が聳えた梯郭式平城

中世以来、大分は府内と呼ばれ、大友氏の守護館が構えられていた。大友氏改易後の慶長2年（1597）に石田三成の娘婿福原直高が府内に入ると、大分川河口の荷落の地に新城を築いた。これが府内城である。関ヶ原合戦後には竹中重利が入城するが、近世城郭としてはほぼ直高時代に完成していたものと考えられる。その構造は大分川に背後を守られた本丸の外側に二の丸を、さらにその外周に二重に堀を構えた、典型的な梯郭式の縄張となる。

大手門（大分市役所提供）
昭和41年（1966）に復元された。

人質櫓（県重文）（大分市役所提供）
文久元年（1861）の再建。写真右に平成8年に復元された廊下橋が見える。

東の丸角櫓（大分市役所提供）
昭和20年に戦災により焼失したが、大手門とともに昭和41年に復元された。

大正期に撮影された東の丸西南角櫓（大分市役所提供）

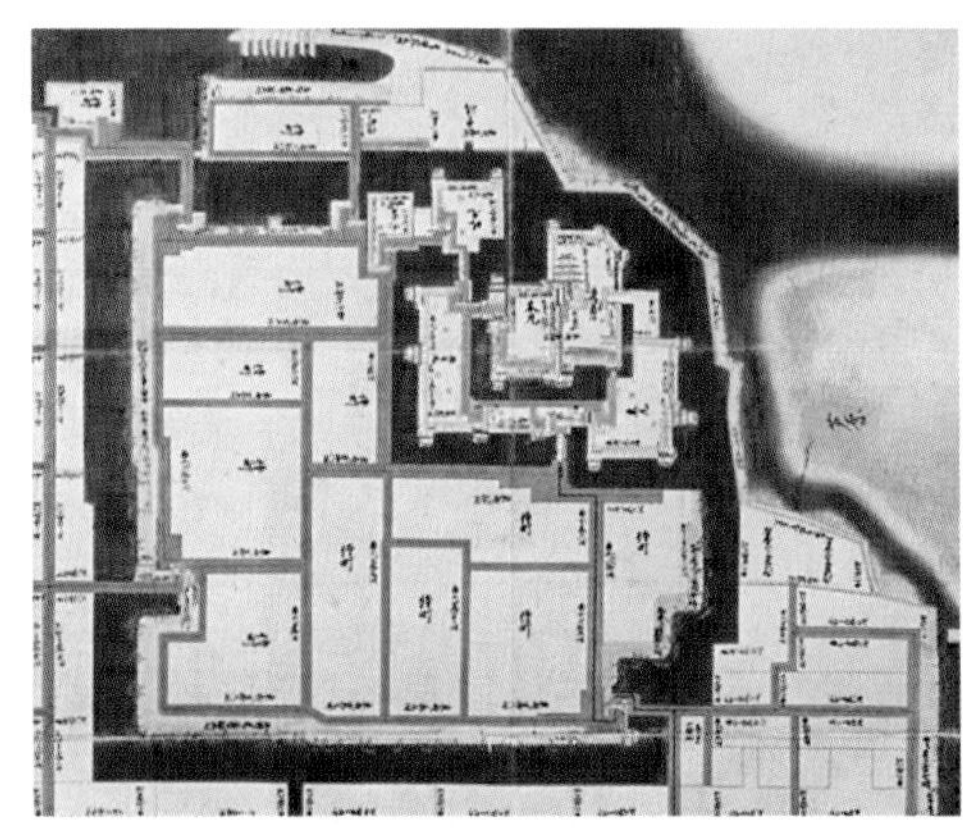

「豊後府内城之絵図」
（正保城絵図／国立公文書館内閣文庫蔵）

宗門櫓（写真／中井均）

◎見どころ

●二の丸（西丸）の南辺に構えられた**宗門櫓**は城の外側からは単層の平櫓に見えるが、内側から見ると、一階平面が櫓台から張り出し、地階ができているため、二重櫓に見える。

府内城空撮（大分市役所提供）
本丸・二の丸曲輪の東の丸が大分城址公園となっている。

●大分市歴史資料館 Webサイト
所在地／大分市大字国分960-1

●築城年／慶長2年（1597）　●築城主／福原直高
●所在地／大分県大分市荷揚町
●交　通／ＪＲ日豊本線大分駅下車。バス大分合同新聞前下車徒歩2分

大分県

日出城

町史跡【1950】

別府湾を望む漆黒の天守を持つ城

関ヶ原合戦の後、木下延俊が3万石で入部し、その居城として築かれたのが日出城である。以後木下氏16代の居城として明治に至っている。城は別府湾に突出した台地の先端を利用して築かれており、南端に本丸を配し、本丸の外側に二の丸が東、北、西の三方から取り囲み、その東側に三の丸が、北側に鉤形に惣構が巡らされる典型的な梯郭式の縄張であった。本丸の東北隅は大きく出隅を欠く鬼門除けとなり、そこに構えられた鬼門櫓自体も東北隅を欠く特異な構造の櫓であった。

本丸石垣と天守台（長崎県庁提供）
本丸東側の石垣。正面奥に見えるのが天守台。天守台には三重の天守が建っていたが、明治7年（1874）、城の建物が払い下げられ、天守以下大部分の建物が取り壊された。

鬼門櫓（写真／中井均）
日出藩廃藩後、民間に払い下げられた鬼門櫓であったが、平成25年（2013）に修復し日出城内へ移築された。

明治期に撮影された鬼門櫓
（小野英治氏蔵）
大正10年（1921）に解体移築された。

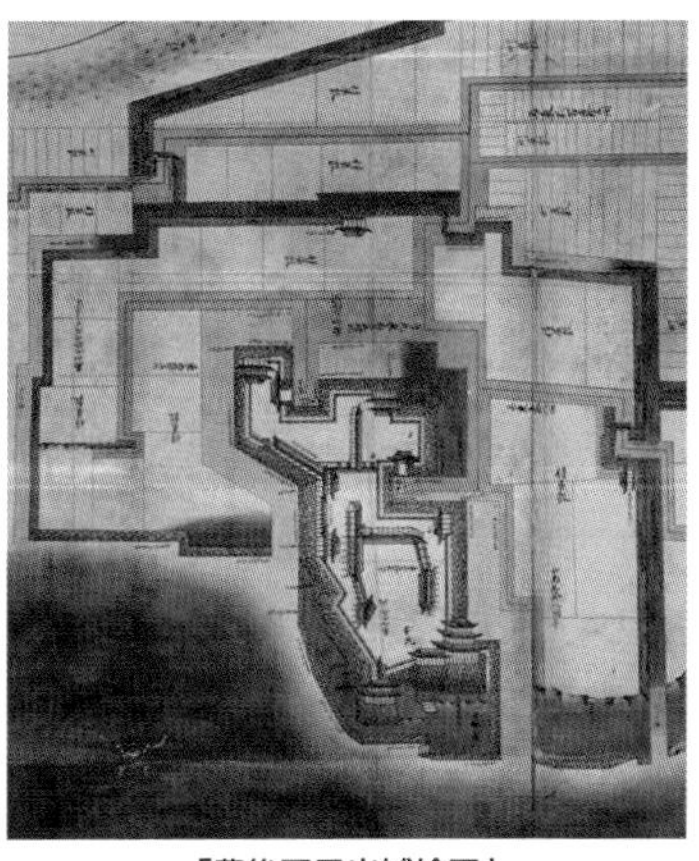

「豊後国日出城絵図」
（正保城絵図／国立公文書館内閣文庫蔵）

日出城空撮（日出町役場提供）
天守台・本丸の大部分の石垣が現存する。

移築された裏門櫓（写真／中井均）
民家に移築されていた裏門櫓は、平成22年（2010）に修復され、現在の場所（二の丸）に移築された。

◉見どころ

●主要部は石垣によって築かれているが、なかでも三の丸から二の丸の北側にかけては**城内で最も高い石垣**が見られる。

●日出城本丸の東北隅には**鬼門櫓**と呼ばれる二重櫓が配されていた。この櫓は大正頃まで残されていたが、その後民家に払い下げられ、城外に移築されたのであるが、近年再び城内に再移築された。残念ながら旧位置には移転できず、本丸の外側二の丸の一角への再移築となった。この櫓は鬼門除けのため東北隅部を欠く極めて珍しい構造である。石垣や土塁だけではなく、建物にまで隅欠きが施された唯一の事例である。

望海櫓の石垣（写真／中井均）

●**鬼門櫓** Webサイト
所在地／速見郡日出町2606-1

●築城年／慶長6年（1601） ●築城主／木下延俊
●所在地／大分県速見郡日出町
●交　通／JR日豊本線暘谷駅下車。徒歩5分

大分県

国史跡［1936］

岡城

断崖絶壁上に築かれた堅固な山城

戦国時代には大友氏の家臣志賀氏の城であったが、大友氏の改易に伴い文禄3年（1594）に中川秀成が7万石で入城し、近世城郭へと整備を行なった。白滝川と稲葉川に挟まれた阿蘇溶岩台地の絶壁上に中枢部となる本丸、二の丸、三の丸を構え、その西側に広大な西の丸が配され、東側には藩主の祖先を祀る御廟などが構えられていた。西の丸には城代屋敷や、家老屋敷が構えられたほか、寛文3年（1663）には西の丸御殿が造営され、以後西の丸が藩政の中心となった。

二の丸高石垣（大分県庁提供）
標高約 325 m、比高約 95 m の山上に築かれた壮大な高石垣は日本屈指の山城と言われる。

大手口から高石垣を望む（写真／中井均）

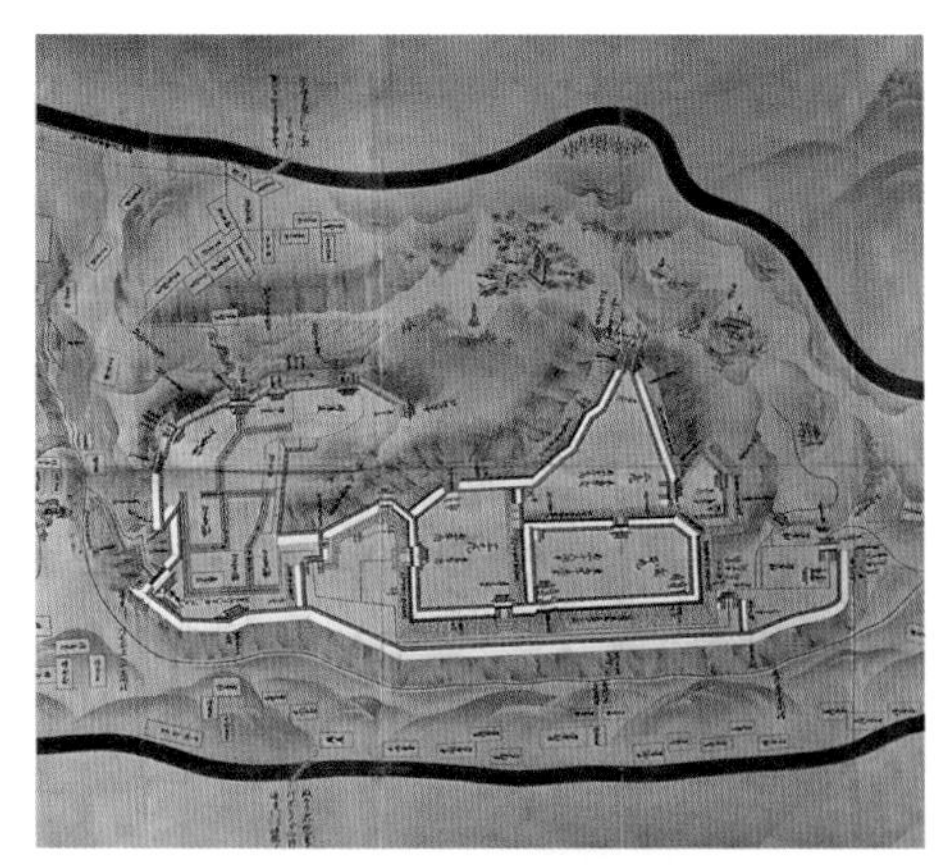

「豊後国直入郡岡城絵図」
（正保城絵図／国立公文書館内閣文庫蔵）

大手門石垣（写真／中井均）

本丸東面石垣（写真／中井均）

●築城年／文禄３年（1594）●築城主／中川秀政　●所在地／大分県竹田市竹田
●交　通／ＪＲ豊肥本線豊後竹田駅下車。バス「岡城入口」下車。徒歩15分

高石垣遠望（大分県庁提供）
中川覚左衛門屋敷跡方面を望む。天然の要害ともいえる台地を幾重もの石垣で固めた景観は、訪れた者を圧倒する。

下原門石垣（写真／中井均）
中川氏が入城した文禄３年（1594）までは十川が城下町で、ここが正門であった。

岡城古写真（竹田市教育委員会蔵）
明治初期に撮影された岡城。写真中央の本丸に天守を思わせる御三階櫓、左下に三の丸。明治４年（1871）から５年にかけて御三階櫓以下の建物が払い下げられ、取り壊された。

◉見どころ

●主要部は石垣によって築かれているが、なかでも三の丸から二の丸の北側にかけては城内で最も**高い石垣**が見られる。

二の丸高石垣（写真／中井均）

岡城空撮（竹田市教育委員会提供）

●**竹田市歴史文化館・由学館** Web サイト
所在地／竹田市大字竹田 2083

大分県

国史跡［2020］

杵築城

島津家久軍を撃退した堅固な城

杵築は古くは木付と呼ばれ、木付氏が城を構えていた。豊臣時代に豊後は蔵入地となり杵築には杉原長房が入れ置かれ、台山北山麓に居館が構えられた。慶長5年（１６００）には細川忠興領となり、重臣松井康之が城代を務めた。元和の一国一城令で一旦廃城となるが宝永9年（１６３３）に小笠原忠知が入城するが、山城ではなく山麓居館を整備し、藩主御殿とした。城は台山頂部に本丸、二の丸を一直線上に配置する連郭式構造となる。本丸には現在模擬天守が建つが、近年の発掘で桝形虎口や天守台の石垣が検出されている。

ふるさと産業館
杵築小
民俗資料館事務所
杵築中
R213
勘定場の坂
レトロ館
青筵神社
三ノ丸跡
WC
法務局支所
中央病院
城山公園
二ノ丸跡
生涯学習館
杵築城
天守閣
0　100m
八坂川

模擬天守遠望（大分県杵築市観光協会）
八坂川河口にある台山上に築かれた杵築城。八坂川と守江湾に囲まれた天然の要害であった。

模擬天守
（大分県杵築市観光協会）
昭和45年（1970）に本丸内の天守台跡に建てられた三層三階の模擬天守。

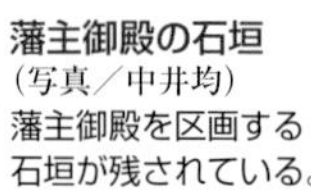

藩主御殿の石垣
（写真／中井均）
藩主御殿を区画する石垣が残されている。

「豊後国木付城」
（『日本古城絵図』／国立国会図書館蔵）

杵築城空撮（写真／中田眞澄）

◉見どころ

●**藩主御殿**は小笠原忠知によって平城とも呼び得る新たな堀が掘られ石垣が築かれた。その平面は稜堡的な折も設けている。この外郭線の石垣がほぼ残されていることは知られていない。また、**庭園**の一部も残されている。

藩主御殿の庭園（写真／中井均）
三の丸北側に位置する藩主御殿の庭園。

●**きつき城下町資料館** Webサイト
所在地／杵築市南杵築193-1

●築城年／ 明徳5年（1394） ●築城主／木付頼直 ●所在地／大分県杵築市大字杵築16-1 ●交　通／ＪＲ日豊本線杵築駅からバスで杵築城下車。

臼杵城

県史跡［1966］

臼杵湾に突出した丹生島の要塞

杵築川の河口に浮かぶ丹生島に城を築いたのは大友宗麟である。天正14年（1586）の島津氏との戦いではポルトガルより入手した国崩しと呼ばれる大砲を城内より敵陣に撃ち込んだ。大友氏改易後に入城した太田一吉によって近世城郭へと改修され、さらに関ヶ原合戦後に城主となった稲葉貞通によって大手や三の丸が整備された。城は丹生島全域を城とする海城で、周囲は断崖絶壁となり、要所ごとに櫓が配置されていた。

二の丸畳櫓（写真／竹重満憲）
二の丸南西隅に位置する現存の櫓。往時には三層四階の天守と25基の櫓が築かれていたが、明治6年（1873）に天守以下の建物が払い下げられ、取り壊された。現在、本丸と二の丸が臼杵公園となっている。畳櫓のほか本丸南東隅に卯寅口門脇櫓が現存する。

明治初期撮影の二の丸（臼杵市教育委員会蔵）

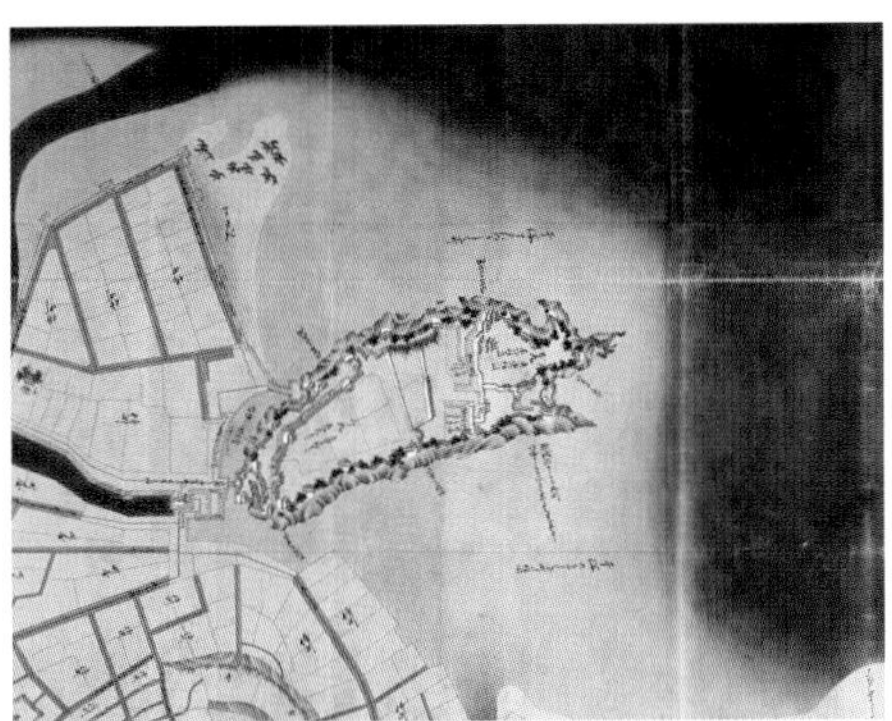

「豊後之内臼杵之城絵図」（正保城絵図／国立公文書館内閣文庫蔵）

大門櫓（写真／竹重満憲）
平成13年（2001）に復元された二の丸の櫓門。

◎見どころ

空堀と土橋（写真／中井均）

●丹生島は空堀によって二分され、海側が本丸となっていた。この空堀は石垣によって築かれており、本丸側では石垣塁線を突出させて天守台が構えられており、その痕跡が残されている。

卯寅口門脇櫓（写真／竹重満憲）
嘉永7年（1854）建造の二層三階の櫓。17世紀の絵図にも描かれていることから何度か再建されたと考えられている。

●臼杵市歴史資料館 Webサイト
所在地／臼杵市大字市浜808-1

●築城年／永禄4年（1561）●築城主／大友義鎮（宗麟）
●所在地／大分県臼杵市大字臼杵
●交　通／ＪＲ日豊本線臼杵駅下車。徒歩5分

大分県

佐伯城

市史跡［2019］・県重文

毛利高政が築いた総石垣の山城

関ヶ原合戦によって佐伯に移された毛利高政は八幡山の山頂に居城を築いた。これが佐伯城である。関ヶ原合戦後の新規築城で山城が築かれたのは極めて珍しい。毛利氏は一度の転封もなく、12代続いて明治を迎えた。非常に狭い山頂部に本丸、二の丸、西出丸、北出丸をほぼ一直線上に配置する連郭式縄張で、寛永14年（1637）には南東山麓に三の丸が増築され、三の丸御殿が造営され、以後の藩政の中心となった。

三の丸櫓門（県有形文化財）（佐伯市教育委員会提供）
寛永14年（1637）の造営。三の丸御殿の大手門として築かれる。

三の丸櫓門の古写真
（佐伯市教育委員会蔵）
明治40年（1907）頃の撮影。奥に三の丸御殿の屋根が見える。

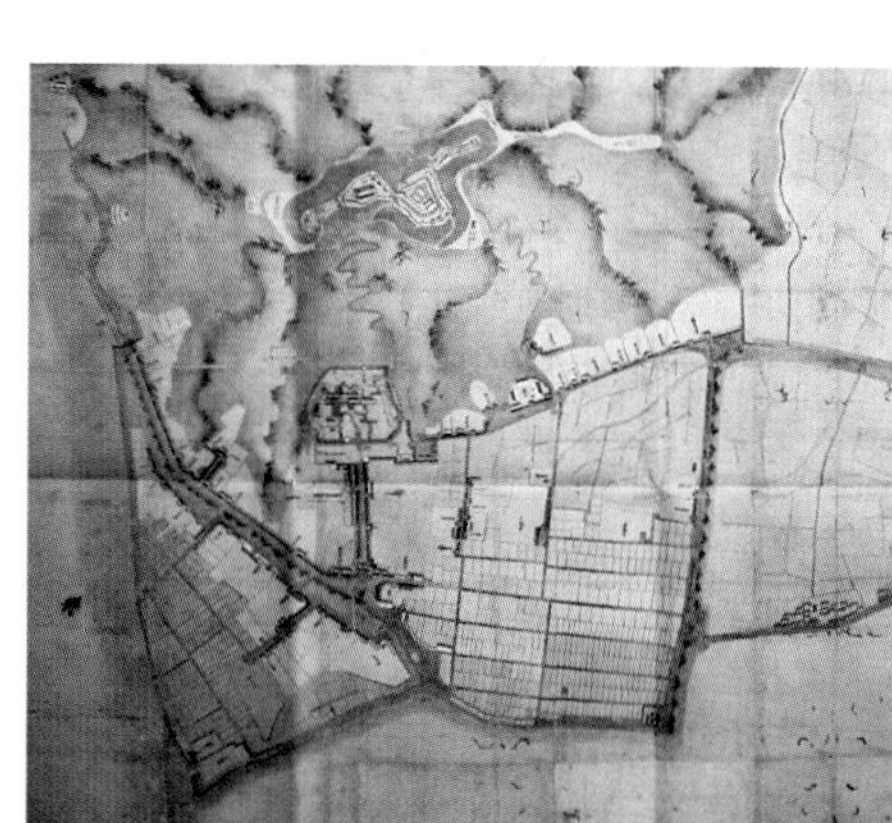

「御城並御城下絵図」
（佐伯市教育委員会蔵）

本丸と二の丸間の堀切
（写真／石田多加幸）

◎見どころ

●北出丸と二の丸間の谷筋には2段にわたって谷を堰止め**貯水池**が設けられ、飲料水の確保に努められていた。**雄池**、**雌池**と呼ばれるこの貯水池は周囲を石垣によって築いている。

●近世の山城は戦国時代からの山城を引き継いだものであるが、佐伯城だけは慶長5年（1600）の関ヶ原合戦後にそれまで城が築かれたことのない山に築かれた唯一の山城である。また、近世城郭ではほとんど採用されなくなった**堀切**が本丸と二の丸間に設けられている。その規模は極めて小さいが、両岸を石垣としている。その規模から効力は期待できないものの、セオリー通りに築いた姿は微笑ましくもある。

雄池（写真／中井　均）

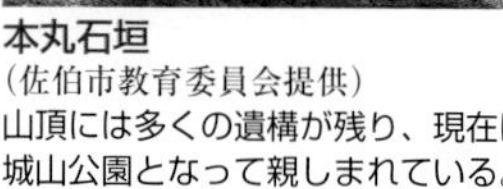

本丸石垣
（佐伯市教育委員会提供）
山頂には多くの遺構が残り、現在は城山公園となって親しまれている。

●**佐伯市歴史資料館** Webサイト
所在地／佐伯市大手町1-2-25

●築城年／慶長7年（1602）　●築城主／毛利高政
●所在地／大分県佐伯市西谷町
●交　通／JR日豊本線佐伯駅下車。バス

宮崎県

高鍋城

町史跡［1977］

平安時代から残る平山城

高鍋城は戦国時代には財部城と呼ばれ、日向伊東氏の家臣落合氏歴代の居城であった。豊臣秀吉による九州平定により、筑前秋月氏が日向に移され財部城も秋月氏のものとなった。関ヶ原合戦後、秋月種長は居城を櫛間から財部へ移し、近世城郭へと改修を行なった。延宝元年（1673）には名が高鍋城と改められた。戦国時代の山城を利用しており、詰丸、本丸、二の丸が階段状に築かれており、山城部分にはほとんど石垣が用いられていない。

二の丸岩坂門跡（高鍋町教育委員会提供）
三の丸から二の丸に向かう門の石段。

高鍋藩家老屋敷黒水家住宅
総合福祉センター
明倫堂書庫（高鍋城移築蔵）
天守跡
高鍋城
舞鶴神社
県立高鍋農高
町立図書館
舞鶴公園
二の丸跡
護国神社
高鍋町歴史総合資料館
町立美術館
新宮田橋
宮田神社
0 200m

堀と石垣（高鍋町教育委員会提供）
城堀公園に残る高鍋城の堀と石垣。

本丸跡（写真／石田多加幸）
かつては政庁と奥御殿があった。

詰丸跡（写真／中井均）
奥に詰丸最高所への石段が見える。

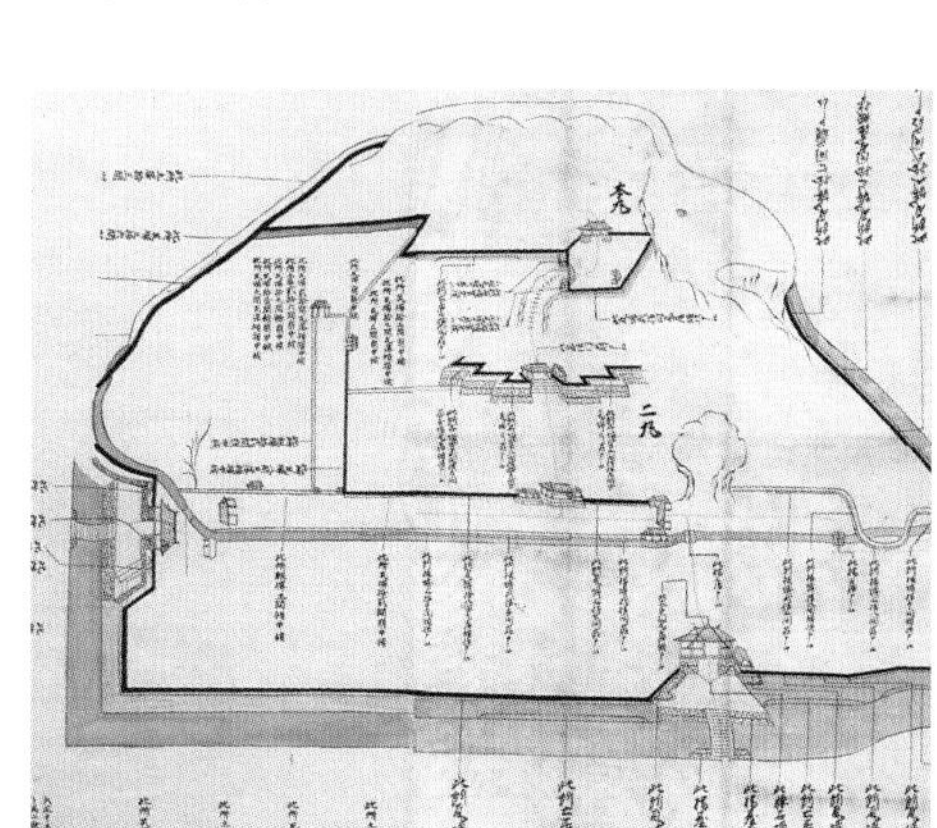

「高鍋城破損覚書絵図」
（個人蔵）

◉見どころ

●詰丸南面には矢穴技法で割られた割石を用いた**打込接の高石垣**が残る。慶長12年（1607）の築城によるものであろう。一方二の丸の石垣は切石積で江戸時代に補修されたものと考えられる。

詰丸の高石垣（写真／中井均）

高鍋城空撮（宮崎県埋蔵文化財センター提供）
写真中央の小高い森が高鍋城跡で、現在は舞鶴公園として整備されている。

●**高鍋町歴史総合資料館** Web サイト
所在地／児湯郡高鍋町大字南高鍋 6937-2

●築城年／慶長12年（1607） ●築城主／秋月種長
●所在地／宮崎県児湯郡高鍋町
●交　通／JR日豊本線高鍋駅下車。バス

飫肥城

県史跡［1991］

日向・大隈国境の重要拠点

飫肥は日向、大隅の境目に位置しており、戦国時代には伊東氏と島津氏の争奪の場となり、飫肥城が築かれた。豊臣秀吉による九州平定により飫肥城は伊東祐兵に与えられ、以後明治に至るまで伊東氏の居城となった。その構造は戦国時代に築かれた南九州型の群郭式の縄張をそのまま利用した。しかし近世城郭としては不向きなため、南山麓に方形に区画した本丸を新たに設けて藩邸とした。

大手門（日南市教育委員会提供）
空堀に架かる橋を渡って門に入る。

大手門桝形（日南市教育委員会提供）
昭和 53 年（1978）に復元された。

北門
旧本丸に復元された木造門。

中の丸の虎口と歴史資料館
（日南市教育委員会提供）
昭和 53 年（1978）に中の丸内に歴史資料館が開設された。

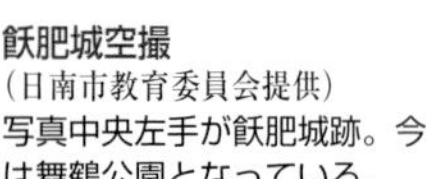

飫肥城空撮
（日南市教育委員会提供）
写真中央左手が飫肥城跡。今は舞鶴公園となっている。

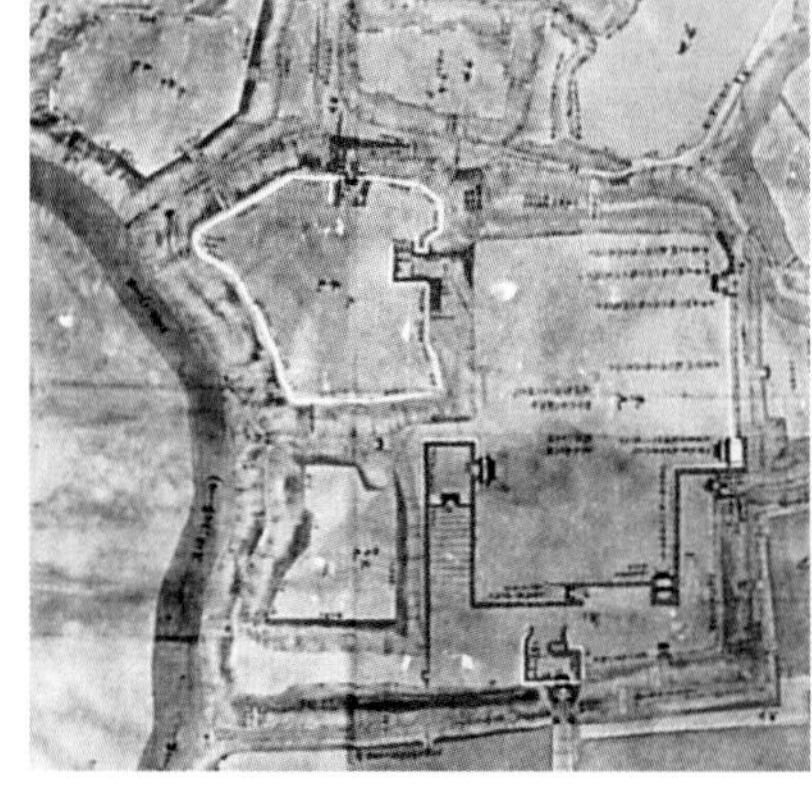

「飫肥城図」
（日南市教育委員会蔵）

◉見どころ

●近世に構えられた本丸の正面に配置された**大手門は内桝形**となり、**石垣は亀甲の切石を間知に積む**。穴太頭と呼ばれた普請奉行によって正徳3年（1713）に築かれたものである。

大手門石垣（写真／中井均）

昭和初期の飫肥城（日南市教育委員会蔵）

●**飫肥城歴史資料館** Web サイト
所在地／日南市飫肥 10-1-2

●築城年／長禄 2 年（1458）頃　●築城主／島津氏
●所在地／宮崎県日南市飫肥
●交　通／ＪＲ日南線飫肥駅下車。バス飫肥城下下車

鹿児島城

県史跡［1953］

城山麓に築かれた島津氏の居城

鹿児島城は関ヶ原合戦後に島津氏の本城として築城が開始された。城は鶴丸城と呼ばれ、以後明治に至るまで島津氏の居城となった。その構造はいたって単純で、城山の山麓部に方形の本丸と二の丸を連結して構え、本丸の周囲に水堀を巡らせただけのものであった。天守や櫓は設けられなかったが、本丸内には広大な本丸御殿が構えられており、城郭というよりもむしろ居館と呼ぶべき施設であった。なお、絵図類には背後の城山を本丸、二の丸と記しており、城山は詰城として意識されていたようである。

御楼門（鹿児島県観光連盟提供）
かつての門は明治６年（1873）の火災で焼失。令和２年（2020）に復元された。

鹿児島城古写真（写真／個人蔵）
本丸東面。左より御角櫓（御角屋蔵）・御楼門・兵具所多聞。

本丸跡（鹿児島県立埋蔵文化財センター提供）
元禄９年（１６９６）の鹿児島大火で本丸以下焼失し、再建された城も明治６年（１８７３）の大火で焼失。写真は本丸の発掘調査中のものであるが、現在は鹿児島県立歴史・美術センター黎明館が建っている。

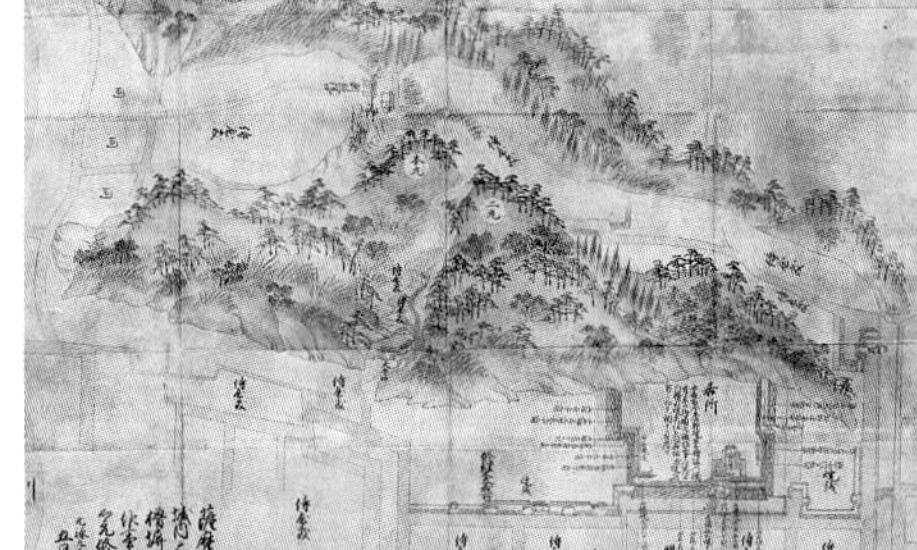

「鹿児島城絵図扣」元禄９年（1696）
（東京大学史料編纂所蔵）

◉見どころ

●**本丸の石垣は切石を用いた整層積**であるが、その東北隅は出隅を欠き、**鬼門除け**としている。城郭では少なからず鬼門除けを見ることができるが、そうした事例のなかでも鹿児島城の鬼門除けは最も見事なものである。

鬼門除けの石垣（写真／中井均）

正門跡（鹿児島市役所提供）
御楼門を抜けた先にある正門跡。

●**鹿児島県歴史・美術センター黎明館** Webサイト
所在地／鹿児島市城山 7-2

●築城年／慶長７年（1602）　●築城主／島津家久
●所在地／鹿児島県鹿児島市城山町
●交　通／ＪＲ鹿児島本線西鹿児島駅下車。市電鹿児島市役所前下車。徒歩２分

沖縄県

首里城

国史跡［1972］・世界遺産・県重文

琉球王国を象徴する石城壁の城

14世紀の琉球では按司と呼ばれる領主がグスクを構えて激しく争っていた。いわゆる三山鼎立時代である。この争乱に終止符を打ったのが中山王尚巴志で、1429年に琉球を統一した。その居城が首里城で、以後琉球王国の王府となった。東西に延びる琉球凝灰岩の丘陵の崖縁に石塁によって築かれた城壁は、急崖となる南西部は一重に、緩斜面部分は二重となる。城の中心となるのが正殿で、百浦添御殿とも呼ばれる沖縄最大の建築物であった。その前面の空間は御庭と呼ばれ、正月に行なわれる朝拝御規式など重要な儀式が執り行なわれたところである。

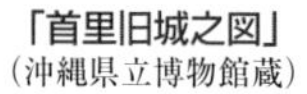
「首里旧城之図」
（沖縄県立博物館蔵）

首里城空撮（国営沖縄記念公園事務所提供）
太平洋戦争における沖縄戦で首里城の城壁や建物は破壊されたが、平成４年（1992）に首里城公園として開園以降、整備が続行され、正殿をはじめ、さまざまな建物が復元された。しかし、令和元年（2019）10月の火災により、正殿を含む隣接する北殿と南殿、書院・鎖之間、黄金御殿、二階御殿、奉神門の７棟の建物も延焼した。現在、2026年の正殿の完成を見込む復元計画を進めている。

正殿２階御差床（国営沖縄記念公園事務所提供）
琉球国王と親族以外は、身分の高い女性に限られた、男子禁制の空間。

●築城年／不明　●築城主／不明　●所在地／沖縄県那覇市首里当蔵町
●交　通／那覇空港よりバス首里公園前・首里城公園入り口下車

正殿（国営沖縄記念公園事務所提供）
首里城でもっとも重要な建物。二重三階の入母屋造り。平成４年（1992）に復元された、焼失前の正殿。

大正期に撮影された御庭（那覇市教育委員会蔵）
左から正殿、南殿、番所。この当時のものは戦災で焼失している。

守礼門（県重文）（国営沖縄記念公園事務所提供）
首里城外第２の楼門。1529 年頃創建の門であったが戦災で焼失、昭和 33 年（1958）に復元された。

◉見どころ

●**瑞泉門**は内郭に構えられた８つの門のうちのひとつで、アーチ門とはならず、城壁が分断された部分に**木造の櫓の載る櫓門**である。この瑞泉門へ上る石階段の下に清冽な**湧水**が流れ出ている。このため瑞泉門は「ひかわ御門」と呼ばれた。湧水は**龍樋**と呼ばれる樋口から流れ出ており、城内の生活用水として、さらに中国からの冊封使が訪れた際、その宿舎まで届けられた。この龍樋は石製で１５２３年に中国から船載されたもので、首里城に設置された彫刻物のなかで、唯一当時のものである。

龍樋の入り口から瑞泉門を見上げる（写真／中井均）

●**世誇殿・復興展示室** Web サイト
所在地／那覇市首里金城町 1-2

久慶門
15世紀末ごろに建てられ、主に女性が使用したといわれる門。戦災で焼失後、昭和58年（１９８３）に復元された。

歓会門
15 世紀末ごろに造られ、戦災で焼失。現在の門は昭和 49 年（1974）に復元されたもの。

瑞泉門（国営沖縄記念公園事務所提供）
創建は 1470 年頃の門で首里城の重要な城門の一つ。沖縄戦で焼失したが平成4年（1992）に復元された。

漏刻門（国営沖縄記念公園事務所提供）
王国時代、乗り物で登城してきた人は、漏刻門前で下乗した。門は昭和初期に取り壊されていたが、平成4年（1992）に復元された。

継世門
1544 年に建てられたといわれる東側の門。平成 10 年（1998）に復元された。

沖縄県

糸数城

国史跡［1972］・世界遺産

琉球石灰岩の壮大な城壁が続く城

糸数城の築城年代は明らかではないが、伝承によると三山鼎立時代に玉城按司が西方への守りとして3男を糸数按司に任じて築かせたという。城は琉球石灰岩台地の先端を利用して築かれており、台地続きの東側から北側には高さ6メートルにおよぶ石塁を築いて城壁としている。この東側石塁に開口して正門が構えられている。切石積の立派なもので、上部には木造の櫓門が架けられていた。

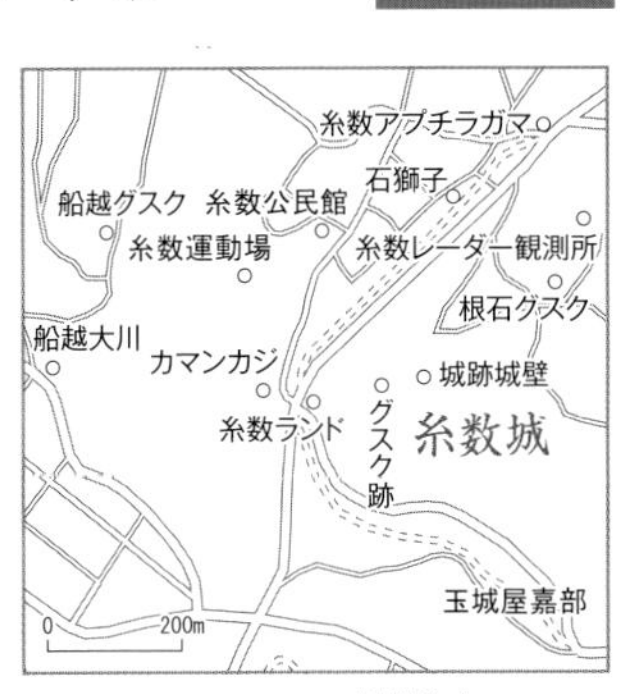

糸数城空撮（南城市教育委員会提供）

正門石塁（南城市教育委員会提供）
往時には木造の櫓門が設けられていた。

正門から北のアザナ石塁（南城市教育委員会提供）

北のアザナ石塁（南城市教育委員会提供）

◉見どころ

●南のアザナ（物見台）は野面積の東辺石塁に築かれている。切石積によって方形のテラスを突出させており、中国の城壁に見られる「馬面」の影響を受けたものと考えられる。

南のアザナ石塁（写真／石田多加幸）

糸数按司の墓（写真／石田多加幸）

●築城年／14世紀頃　●築城主／糸数按司か　●所在地／沖縄県南城市玉城字糸数
●交　通／那覇空港より車で約40分

沖縄県

国史跡［1972］・世界遺産

勝連城

自然の断崖を利用した堅城

勝連城は阿麻和利の居城として知られている。人望の厚い阿麻和利は中山王尚泰久によって滅ぼされ、勝連城も使われなくなった。城は勝連半島の2つの台地に北城と南城が築かれ、その間の平地も城壁に囲まれる構造で、琉球屈指の大グスクであった。現在は北城がほぼ往時の姿に復元整備されている。その構造は頂部より一の郭、二の郭、三の郭を階段状に連郭に配したもので、絶壁に連なる石塁は圧巻である。

勝連城空撮（うるま市教育委員会提供）

四の郭から見た三の郭・二の郭・一の郭（うるま市教育委員会提供）

明治期に撮影された勝連城（琉球大学附属図書館蔵）

三の郭から二の郭、一の郭を望む（うるま市教育委員会提供）

三の郭城門（四脚門）跡（写真／中井均）

二の郭から一の郭遠望（うるま市教育委員会提供）

一の郭石塁（うるま市教育委員会提供）

◉見どころ

●頂部の一の郭からは瓦が出土しており、瓦葺建物が存在したことがうかがえる。二の郭では7間×6間の総柱の**礎石建物**が検出されている。その規模から正殿に相当する建物であったと考えられる。

二の郭殿舎跡の礎石群（写真／中井均）

●築城年／13世紀末〜14世紀初め頃　●築城主／不明　●所在地／沖縄県うるま市勝連南風原
●交　通／名護バスターミナルよりバス西原下車。徒歩15分

沖縄県

中城城

国史跡【1972】・世界遺産

護佐丸築城を伝える城

中城城は琉球の築城家として著名な護佐丸によって勝連城の阿麻和利に対する備えとして築かれたと伝えられる。第2尚氏時代には琉球王の直轄地となり、王子の居城として利用された。城は中城湾を望む標高150メートルの丘陵に位置しており、南の郭、一の郭、二の郭、三の郭を一直線上に配する連郭式構造となる。いずれの曲輪も虎口となるアーチ門（石造拱門）の両脇の城壁がカーブして合横矢がかかるようになっており、軍事的に発達したグスクの虎口構造として注目される。

北中城若松病院
中城北中城消防本部
大城
普天間自動車学校
中城ダム
西の郭
大井戸
裏門
正門跡
三の郭
館跡
南の郭
一の郭
二の郭
中城城跡公園
中城城
鍛冶屋跡
福泉寺
0
250m

三の郭と北の郭へのアーチ式裏門（写真／中井均）

三の郭への石段（中城村教育委員会提供）
右の高石塁はアザナ（物見台）の石塁。

二の郭から一の郭への門（写真／中井均）

一の郭の観月台（写真／中井均）

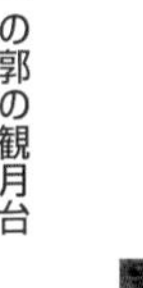

一の郭の城壁（写真／中城村教育委員会提供）

中城城空撮（中城村教育委員会提供）
城跡一帯は自然、歴史、文化をテーマとした中城城跡公園として整備が進められている。

◎見どころ

●大手は西側に設けられ南の曲輪の城壁がカーブして横矢がかかるが、ここには**火矢（狭間）**が設けられている。この狭間は弓矢用ではなく、13世紀に中国で製作された三眼銃と呼ばれる銃口が3つあり、連射が可能な銃用であった。

南の郭石垣の火矢（写真／中井均）

一の郭から南郭への門（写真／中井均）

●築城年／15世紀　●築城主／護佐丸　●所在地／沖縄県中城村
●交　通／那覇空港よりモノレール旭橋駅下車。バス中城小学校前下車

城郭の国宝・国指定重要文化財

(姫路市役所提供)

◎国宝

松本城　天守・乾小天守・渡櫓・辰巳附櫓・月見櫓

犬山城　天守

彦根城　天守・附櫓及び多聞櫓

姫路城　大天守・乾小天守・西小天守・東小天守・イ、ロ、ハ、ニの渡櫓

二条城　二の丸御殿遠侍及び車寄・二の丸御殿式台・二の丸御殿大広間・二の丸御殿蘇鉄之間・二の丸御殿黒書院(小広間)・二の丸御殿白書院(御座の間)

松江城　天守

◎国指定重要文化財

福山(松前)城　本丸御門

弘前城　天守・二の丸辰巳櫓・二の丸未申櫓・二の丸丑寅櫓・二の丸南門・二の丸東門・三の丸追手門・北の郭北門・三の丸東門

江戸城　旧江戸城外桜田門(外桜田門・櫓門)・旧江戸城清水門(清水門・櫓門)・旧江戸城田安門(田安門・櫓門)

新発田城　表門・旧二の丸隅櫓

金沢城　三十間長屋・石川門(表門・表門北方太鼓塀・表門南方太鼓塀・櫓門・続櫓・櫓・附属左方太鼓塀・附属右方太鼓塀)・土蔵(鶴丸倉庫)

丸岡城　天守

小諸城　大手門・三之門

名古屋城　西南隅櫓・東南隅櫓・西北隅櫓・表二の門・旧二之丸東二之門・

二之丸大手二之門

彦根城　西の丸三重櫓及び続櫓・太鼓門及び続櫓・天秤櫓・二の丸佐和口多聞櫓・馬屋

二条城　二の丸御殿台所・二の丸御殿御清所・東大手門・北大手門・西門　東南隅櫓・東南隅櫓北方多門塀・西南隅櫓・土蔵（米蔵）・土蔵（北）（米蔵）・土蔵（南）（米蔵）・鳴子門・桃山門・北中仕切門・南中仕切門・本丸櫓門・本丸御殿玄関・二の丸御殿築地・本丸御殿御書院・本丸御殿御常御殿・本丸御殿台所及び雁之間・二の丸御殿唐門

大坂城　大手門・塀・塀・塀・多聞櫓・千貫櫓・乾櫓・一番櫓・六番櫓・焔硝蔵・金蔵・金明水井戸屋形・桜門

姫路城　イの渡櫓・ロの渡櫓・ハの渡櫓・ニの渡櫓・ホの櫓・への渡櫓・トの櫓・チの櫓・リの一渡櫓・リの二渡櫓・折廻り櫓・井郭櫓・帯の櫓・帯郭櫓・太鼓櫓・ニの櫓・ロの櫓・化粧櫓・カの渡櫓・ヌの櫓・ヨの渡櫓・ルの櫓・タの渡櫓・ヲの櫓・レの渡櫓・ワの櫓・カの櫓・菱の門・いの門・ろの門・はの門・にの門・への門・との一門・との二門・との四門・ちの門・りの門・ぬの門・水の一門・水の二門・備前門・との四門東方土塀・との四門西方土塀・との二門東方土塀・との一門東方土塀・への門東方土塀・への門西方土塀・水の一門北方築地塀・水の一門西方土塀・ニの櫓南方土塀・水の五門南方土塀・イの渡櫓南方土塀・にの門東方上土塀・にの門東方下土塀・ロの櫓東方土塀・ロの櫓西方土塀・はの門東方土塀・はの門西方土塀・はの門南方土塀・ろの門東方土塀・ろの門西南方土塀・化粧櫓南方土塀・ワの櫓東方土塀・カの櫓北方土塀・菱の門西方土塀・菱の門南方土塀・菱の門東方土塀・いの門東方土塀・太鼓櫓南方土塀・太鼓櫓北方土塀・帯郭櫓北方土塀・井郭櫓南方土塀・トの櫓南方土塀

明石城　巽櫓・坤櫓

和歌山城　岡口門

岡山城　月見櫓・西丸西手櫓

松山城　天守・二重櫓・三の平櫓東土塀

福山城　伏見櫓・筋鉄御門

丸亀城　天守・大手一の門・大手二の門

高松城　北之丸月見櫓・北之丸水手御門・北之丸渡櫓・旧東之丸艮櫓

宇和島城　天守

松山城　天守・三ノ門南櫓・二ノ門南櫓・一ノ門南櫓・乾櫓・野原櫓・仕切門・三ノ門・二ノ門・一ノ門・紫竹門・隠門・隠門続櫓・戸無門・仕切門内塀・三ノ門東塀・筋鉄門東塀・二ノ門東塀・一ノ門東塀・紫竹門東塀・紫竹門西塀

大洲城　台所櫓・高欄櫓・苧綿櫓・三の丸南隅櫓

高知城　天守・懐徳館・納戸蔵・黒鉄門・西多聞・東多聞・詰門・廊下門・追手門・天守東南矢狭間塀・天守西北矢狭間塀・黒鉄門西北矢狭間塀・黒鉄門東南矢狭間塀・追手門西南矢狭間塀・追手門東北矢狭間塀

福岡城　南丸多聞櫓（西隅櫓含む）

佐賀城　鯱の門及び続櫓

熊本城　宇土櫓・源之進櫓・四間櫓・十四間櫓・七間櫓・田子櫓・東十八間櫓・北十八間櫓・五間櫓・不開門・平櫓・監物櫓（新堀櫓）・長塀

国宝・国指定重要文化財城郭一覧

「天守」

写真／松本城天守（松本城）

城名	建築年	外観／重・階	備考
松本城天守	元和初年頃	五重六階、本瓦葺	国宝／昭和二十七年三月二十九日
犬山城天守	慶長六年（一六〇一）	三重四階・地下二階付、本瓦葺	国宝／昭和二十七年三月二十九日
彦根城天守	慶長十一年（一六〇六）	三重三階・地下階段室・玄関付、本瓦葺	国宝／昭和二十七年三月二十九日
姫路城大天守	慶長十三年（一六〇八）	五重六階、地下一階付、本瓦葺	国宝／昭和二十六年六月九日
松江城天守	慶長十六年（一六一一）	四重五階、地下一階付、本瓦葺	国宝／平成二十七年七月八日
弘前城天守	文化七年（一八一〇）	三重三階櫓、銅瓦葺	重文／昭和十二年七月二十九日
丸岡城天守	天正四年（一五七六）	二重三階天守、石製本瓦葺	重文／昭和九年一月三十日
松山城（備中）天守	天和元～三年（一六八一～一六八三）	二重二階櫓、本瓦葺	重文／昭和十六年五月八日
丸亀城天守	寛永二十～万治三年（一六四三～一六六〇）	三重三階櫓、本瓦葺	重文／昭和十八年六月九日
宇和島城天守	寛文四～五年（一六六四～一六六五）	三重三階天守、本瓦葺	重文／昭和九年一月三十日
松山城（伊予）天守	文化～安政（一八〇四～一八五九）	三重三階天守、地下一階付、本瓦葺	重文／昭和十年五月十三日
高知城天守	延享四（一七四七）	四重五階天守、本瓦葺	重文／昭和九年一月三十日

［凡例］国指定重要文化財の天守・櫓・門を一覧にした。櫓・門の形式のために二度明記しているものもある。ただし、城外へ移築された文化財は除いている。

国指定重要文化財城郭一覧

「櫓」

城名	名称	形式	建築年代	備考
三重櫓				
弘前城	二の丸辰巳櫓	三重三階櫓、とち葺形銅板葺	慶長十六年（一六一一）	重文／昭和十二年七月二十九日
弘前城	二の丸未申櫓	三重三階櫓、とち葺形銅板葺	慶長十六年（一六一一）	重文／昭和十二年七月二十九日
弘前城	二の丸丑寅櫓	三重三階櫓、とち葺形銅板葺	慶長十六年（一六一一）	重文／昭和十二年七月二十九日
名古屋城	西北隅櫓（御深井丸戌亥櫓）	三重三階、本瓦葺	元和五年（一六一九）	重文／昭和五年十二月十一日
彦根城	西の丸三重櫓	三重櫓　三重三階櫓、本瓦葺	慶長十一年（一六〇六）頃	重文／昭和二十六年九月二十二日
明石城	巽櫓	三重三階櫓、本瓦葺	元和三年（一六一七）頃	重文／昭和三十二年六月十八日

伏見櫓（福山城）

宇土櫓（熊本城）

明石城	坤櫓	三重三階櫓、本瓦葺	元和三年（一六一七）頃	重文／昭和三十二年六月十八日
福山城	伏見櫓	三重三階櫓、本瓦葺	十七世紀初期創建、元和八年（一六二二）頃移築	伏見城より移築。重文／昭和八年一月二十三日
高松城	北の丸（北新曲輪）月見櫓	三重三階隅櫓、入母屋造、本瓦葺	延宝四年（一六七六）	続櫓が付属。重文／昭和二十二年二月二十六日
高松城	旧東の丸艮櫓	三重三階隅櫓、入母屋造、本瓦葺	延宝五年（一六七七）	桜の馬場太鼓櫓跡へ移築。重文／昭和二十二年二月二十六日
熊本城	宇土櫓（別名・三の天守）	三重五階櫓、地下一階付、続櫓一重櫓、一部二階、総本瓦葺	慶長六～十二年（一六〇一～〇七）	重文／昭和八年一月二十三日
二重櫓				
新発田城	旧二の丸隅櫓	二重二階隅櫓、入母屋造、本瓦葺	江戸時代中期（一六六一～一七五〇）	本丸鉄砲櫓跡へ移築。重文／昭和三十二年六月十八日
金沢城	石川門菱櫓	二重二階隅櫓、鉛瓦葺	天明八年（一七八八）	重文／昭和十年五月十三日
名古屋城	東南隅櫓	二重三階、本瓦葺	慶長十七年（一六一二）頃	別名本丸巽櫓。重文／昭和五年十二月十一日
名古屋城	西南隅櫓	二重三階、本瓦葺	慶長十七年（一六一二）頃	別名本丸坤櫓。重文／昭和五年十二月十一日
彦根城	天秤櫓	両端に二重二階の隅櫓、本瓦葺	慶長十一年（一六〇六）頃	中央に櫓門。重文／昭和二十六年九月二十二日
二条城	二の丸東南隅櫓	二重二階櫓、入母屋造、本瓦葺	寛永二～三年（一六二五～二六）	重文／昭和十四年十月二十八日
二条城	二の丸西南隅櫓	二重二階櫓、入母屋造、本瓦葺	寛永二～三年（一六二五～二六）	重文／昭和十四年十月二十八日
大坂城	千貫櫓	二重二階、本瓦葺	元和六年（一六二〇）	重文／昭和二十八年六月十三日
大坂城	乾櫓	矩折二重二階、本瓦葺	元和六年（一六二〇）	重文／昭和二十八年六月十三日
大坂城	一番櫓	二重二階、本瓦葺	寛永七年（一六三〇）	重文／昭和二十八年六月十三日
大坂城	六番櫓	二重二階、本瓦葺	寛永五年（一六二八）	重文／昭和二十八年六月十三日
姫路城	「ホ」の櫓	二重二階櫓、本瓦葺	慶長十四年（一六〇九）頃	重文／昭和六年十二月十四日
姫路城	「チ」の櫓	二重二階隅櫓、本瓦葺	慶長十四年（一六〇九）頃	重文／昭和六年十二月十四日
姫路城	化粧櫓	一部一重櫓、一部二重二階櫓、本瓦葺	江戸時代前期	一部一重一階、「カ」の渡櫓に接続。重文／昭和六年十二月十四日
姫路城	「ワ」の櫓	二重二階隅櫓、本瓦葺	江戸時代前期	重文／昭和六年十二月十四日
姫路城	「カ」の櫓	二重二階隅櫓、本瓦葺	江戸時代前期	重文／昭和六年十二月十四日
岡山城	本丸月見櫓	二重二階隅櫓、一部地階、本瓦葺	元和元年～寛永九年（一六一五～三二）	重文／昭和八年一月二十三日

二の丸辰巳櫓（弘前城）

坤櫓（福山城）

本丸月見櫓（岡山城）

千貫櫓（大坂城）

城名	名称	形式	建築年代	備考
岡山城	西の丸西手櫓	二重二階隅櫓、本瓦葺	慶長八年～元和元年（一六〇三～一五）	重文／昭和八年一月二十三日
松山城（備中）	二重櫓	二重二階櫓、本瓦葺	天和三年（一六八三）	重文／昭和十六年五月八日
松山城（伊予）	乾櫓	矩折二重二階隅櫓、一部一重、本瓦葺	江戸時代前期	重文／昭和十年五月十三日
松山城（伊予）	野原櫓	二重二階隅櫓、一部一重、本瓦葺	江戸時代前期	重文／昭和十年五月十三日
大洲城	本丸台所櫓	二重二階櫓、本瓦葺	安政六年（一八五九）	重文／昭和三十二年六月十八日
大洲城	本丸高欄櫓	二重二階櫓、本瓦葺	文久元年（一八六一）	重文／昭和三十二年六月十八日
大洲城	二の丸苧綿櫓	二重二階櫓、本瓦葺	天保十四年（一八四三）	重文／昭和三十二年六月十八日
大洲城	三の丸南隅櫓	二重二階櫓、本瓦葺	明和三年（一七六六）	重文／昭和三十二年六月十八日
平櫓				
姫路城	「イ」の渡櫓	一重渡櫓、本瓦葺	慶長十四年（一六〇九）頃	重文／昭和六年十二月十四日
姫路城	「ロ」の渡櫓	一重渡櫓、本瓦葺	慶長十四年（一六〇九）頃	重文／昭和六年十二月十四日
姫路城	「ト」の櫓	一重櫓、本瓦葺	慶長十四年（一六〇九）頃	重文／昭和六年十二月十四日
姫路城	井郭櫓	一重櫓、本瓦葺	慶長十四年（一六〇九）頃	重文／昭和六年十二月十四日
姫路城	太鼓櫓	折曲り一重櫓、本瓦葺	慶長十四年（一六〇九）頃	重文／昭和六年十二月十四日
姫路城	「ニ」の櫓	折曲り一重櫓、本瓦葺	慶長十四年（一六〇九）頃	重文／昭和六年十二月十四日
姫路城	「ロ」の櫓	折曲り一重櫓、本瓦葺	慶長十四年（一六〇九）頃	重文／昭和六年十二月十四日
高松城	北の丸（北新曲輪）渡櫓	一重櫓、入母屋造、本瓦葺	延宝四年（一六七六）	重文／昭和二十二年二月二十六日
松山城（伊予）	隠門続櫓	一重櫓、本瓦葺	江戸時代前期	重文／昭和十年五月十日
松山城（伊予）	一の門南櫓	一重櫓、本瓦葺	嘉永三年（一八五〇）頃	重文／昭和十年五月十三日
松山城（伊予）	二の門南櫓	一重櫓、本瓦葺	嘉永三年（一八五〇）頃	重文／昭和十年五月十三日
松山城（伊予）	三の門南櫓	一重櫓、本瓦葺	嘉永三年（一八五〇）頃	重文／昭和十年五月十三日

本丸高欄櫓（大洲城）

太鼓櫓（姫路城）

「ニ」の櫓（姫路城）

艮櫓（高松城）

多聞櫓				
彦根城	二の丸佐和口多聞櫓	矩折一重櫓、東南端二重二階櫓、本瓦葺	明和八年（一七七一）	東半分が欠失。端部二重二階。重文／昭和二十六年九月二十二日
大坂城	大手門多聞櫓	矩折一重（一部櫓門）、本瓦葺	嘉永元年（一八四八）	大手門の続櫓。重文／昭和二十八年六月十三日
姫路城	「ハ」の渡櫓	一重渡櫓、本瓦葺	慶長十四年（一六〇九）頃	重文／昭和六年十二月十四日
姫路城	「ニ」の渡櫓	一重渡櫓、本瓦葺	慶長十四年（一六〇九）頃	重文／昭和六年十二月十四日
姫路城	「へ」の渡櫓	折曲り一重渡櫓、本瓦葺	慶長十四年（一六〇九）頃	重文／昭和六年十二月十四日
姫路城	「リ」の一渡櫓	二重二階渡櫓、本瓦葺	慶長十四年（一六〇九）頃	重文／昭和六年十二月十四日
姫路城	「リ」の二渡櫓	二重二階渡櫓、西北端折曲、本瓦葺	慶長十四年（一六〇九）頃	重文／昭和六年十二月十四日
姫路城	折廻り櫓	二重二階櫓、本瓦葺	慶長十四年（一六〇九）頃	重文／昭和六年十二月十四日
姫路城	帯の櫓	折曲り一重櫓、本瓦葺	慶長十四年（一六〇九）頃	重文／昭和六年十二月十四日
姫路城	帯郭櫓	一重櫓、本瓦葺	慶長十四年（一六〇九）頃	城内側は二重二階。重文／昭和六年十二月十四日
姫路城	「カ」の櫓	一重渡櫓、本瓦葺	江戸時代前期	重文／昭和六年十二月十四日
姫路城	「ヌ」の櫓	一重渡櫓、本瓦葺	江戸時代前期	重文／昭和六年十二月十四日
姫路城	「ヨ」の渡櫓	南北二棟より成り一間廊下で連接、ともに一重渡櫓、本瓦葺	江戸時代前期	重文／昭和六年十二月十四日
姫路城	「ル」の櫓	二重二階櫓、本瓦葺	江戸時代前期	重文／昭和六年十二月十四日
姫路城	「タ」の渡櫓	一重渡櫓、本瓦葺	江戸時代前期	重文／昭和六年十二月十四日
姫路城	「ヲ」の櫓	二重二階櫓、本瓦葺	江戸時代前期	重文／昭和六年十二月十四日
姫路城	「レ」の櫓	一重渡櫓、西北端一部二重二階、本瓦葺	江戸時代前期	重文／昭和六年十二月十四日
高知城	本丸納戸蔵	八畳三室、四畳及び縁側、一重、入母屋造、本瓦葺	寛延二年（一七四九）	重文／昭和九年一月三十日
高知城	本丸西多聞	一重櫓、本瓦葺	享保十五年（一七三〇）頃	重文／昭和九年一月三十日
高知城	本丸東多聞	一重櫓、本瓦葺	享和年間（一八〇一〜〇四）	重文／昭和九年一月三十日
福岡城	南丸多聞櫓	一重櫓、南端二重二階隅櫓、本瓦葺	嘉永七年（一八五四）	北端二重櫓は復元。南端は二重二階。重文／昭和四十六年十二月二十八日
熊本城	源之進櫓	矩折、折曲り一重櫓、本瓦葺	慶長六〜十二年（一六〇一〜〇七）	重文／昭和八年一月二十三日
熊本城	四間櫓	一重櫓、本瓦葺	慶応二年（一八六六）	重文／昭和八年一月二十三日
熊本城	十四間櫓	一重櫓、本瓦葺	天保十五年（一八四四）	重文／昭和八年一月二十三日

国指定重要文化財城郭一覧

「門」

佐和口多聞櫓（彦根城）

城名	名称	形式	建築年代	備考
熊本城	七間櫓	一重櫓、本瓦葺	安政四年（一八五七）	重文／昭和八年一月二十三日
熊本城	田子櫓	一重櫓、本瓦葺	慶応元年（一八六五）	重文／昭和八年一月二十三日
熊本城	東十八間櫓	一重櫓、本瓦葺	慶長六～十二年（一六〇一～〇七）	重文／昭和八年一月二十三日
熊本城	北十八間櫓	折曲り一重櫓、本瓦葺	慶長六～十二年（一六〇一～〇七）	重文／昭和八年一月二十三日
熊本城	五間櫓	一重櫓、本瓦葺	慶長六～十二年（一六〇一～〇七）	重文／昭和八年一月二十三日
熊本城	平櫓	一重櫓、前面一部庇付、本瓦葺	安政七年（一八六〇）	重文／昭和八年一月二十三日
熊本城	監物櫓（新堀櫓）	一重櫓、本瓦葺	安政七年（一八六〇）	重文／昭和八年一月二十三日
金沢城	三十間長屋	二重二階多聞櫓、南面入母屋造、北面切妻造、鉛瓦	万延元年（一八六〇）	重文／昭和三十二年六月十八日
櫓門				
松前城	本丸御門	櫓門、切妻造、銅板葺	嘉永六年（一八五三）	重文／昭和十六年五月八日
弘前城	二の丸南門	脇戸付櫓門、入母屋造、銅板葺	慶長十六年（一六一一）	重文／昭和十二年七月二十九日
弘前城	二の丸東門	脇戸付櫓門、入母屋造、銅瓦葺	慶長十六年（一六一一）	重文／昭和十二年七月二十九日
弘前城	三の丸追手門	脇戸付櫓門、入母屋造、銅瓦葺	慶長十六年（一六一一）	重文／昭和十二年七月二十九日
弘前城	三の丸東門	櫓門、入母屋造、銅板葺	慶長十六年（一六一一）	重文／昭和二十八年十一月十四日
弘前城	北の郭北門（亀甲門）	脇戸付櫓門、入母屋造、銅瓦葺	慶長十六年（一六一一）	重文／昭和十二年七月二十九日
江戸城	田安門	高麗門、入母屋造、本瓦葺	寛永十三年（一六三六）	櫓部は復元。重文／昭和三十六年六月七日
江戸城	清水門	高麗門、入母屋造、本瓦葺	万治元年（一六五八）	櫓部は復元。重文／昭和三十六年六月七日
江戸城	外桜田門	高麗門、入母屋造、本瓦葺	寛文三年（一六六三）頃	櫓部は復元。重文／昭和三十六年六月七日
新発田城	本丸表門	脇戸付櫓門、入母屋造、本瓦葺	江戸時代中期（一六八一～一七五〇）	重文／昭和三十二年六月十八日
金沢城	石川門	高麗門、入母屋造、鉛瓦葺	天明八年（一七八八）	重文／昭和十年五月十三日
小諸城	大手門	五間櫓門、入母屋造、本瓦葺	慶長十七年（一六一二）	重文／平成五年十二月九日
小諸城	三之門	三間櫓門、寄棟造、桟瓦葺、左右袖塀付属	明和三年（一七六六）	重文／平成五年十二月五日

大手門（小諸城）

二の丸東大手門（二条城）

追手門（高知城）

彦根城	太鼓門	一重櫓門、入母屋造、本瓦葺	慶長十一年（一六〇六）頃	続櫓が付属。 重文／昭和二十六年九月二十二日
彦根城	天秤櫓	一重櫓門、両下造	慶長十一年（一六〇六）頃	両端に続櫓（二重二階）が付属。 重文／昭和二十六年九月二十二日
二条城	本丸櫓門	櫓門、入母屋造、本瓦葺	寛永二～三年（一六二五～二六）	もとは廊下櫓が接続。 重文／昭和十四年十月二十八日
二条城	二の丸東大手門	櫓門、入母屋造、本瓦葺	寛文二年（一六六二）	重文／昭和十四年十月二十八日
二条城	二の丸北大手門	櫓門、入母屋造、本瓦葺	寛永二～三年（一六二五～二六）	重文／昭和十四年十月二十八日
大坂城	二の丸大手門	矩折一重（一部櫓門）、本瓦葺	嘉永元年（一八四八）	重文／昭和二十八年六月十三日
和歌山城	岡口門	櫓門、切妻造（現状）、本瓦葺	元和七年（一六二一）	元は両下造。 重文／昭和三十二年六月十八日
姫路城	菱の門	櫓門、入母屋造、本瓦葺	慶長十四年（一六〇九）頃	重文／昭和六年十二月十四日
姫路城	「は」の門	櫓門、切妻造、本瓦葺	慶長十四年（一六〇九）頃	重文／昭和六年十二月十四日
姫路城	「に」の門	隅櫓式櫓門、本瓦葺	慶長十四年（一六〇九）頃	隅櫓（二重二階）が付属。 重文／昭和六年十二月十四日
姫路城	「と」の一門	櫓門、切妻造、本瓦葺	慶長十四年（一六〇九）頃	重文／昭和六年十二月十四日
姫路城	「ぬ」の門	二重二階、本瓦葺	慶長十四年（一六〇九）頃	「り」の二渡櫓に接続。 重文／昭和六年十二月十四日
姫路城	備前門	櫓門、南端切妻造、本瓦葺	慶長十四年（一六〇九）頃	櫓部は復元。 重文／昭和六年十二月十四日
福山城	本丸筋鉄御門	脇戸附櫓門、入母屋造、本瓦葺	元和八年（一六二二）頃	伏見城より移築と伝わる。 重文／昭和八年一月二十三日
丸亀城	大手一の門	櫓門、入母屋造、本瓦葺	寛文十年（一六七〇）頃	重文／昭和三十二年六月十八日
松山城（伊予）	隠門	櫓門、本瓦葺	江戸時代前期（一六一五～六〇）	重文／昭和十年五月十三日
高知城	追手門	櫓門、入母屋造、本瓦葺	享和元年（一八〇一）	重文／昭和九年一月三十日
高知城	廊下門	櫓門、入母屋造、本瓦葺	享和二年（一八〇二）頃	重文／昭和九年一月三十日
高知城	詰門	櫓門、北面入母屋造、本瓦葺	享和二年（一八〇二）	重文／昭和九年一月三十日
高知城	黒鉄門	櫓門、入母屋造、本瓦葺	享保十五年（一七三〇）	重文／昭和九年一月三十日
佐賀城	鯱の門	櫓門、入母屋造、本瓦葺	天保七年（一八三六）	重文／昭和三十二年六月十八日
熊本城	不開門	櫓門、左端入母屋造、右端切妻造、本瓦葺	慶応二年（一八六六）	重文／昭和八年一月二十三日

清水門（江戸城）

石川門（金沢城）

桜門（大坂城）

「へ」の門（姫路城）

城名	名称	形式	建築年代	備考
高麗門				
江戸城	田安門	高麗門、本瓦葺	寛永十三年（一六三六）	重文／昭和三十六年六月七日
江戸城	清水門	高麗門、本瓦葺	万治元年（一六五八）	重文／昭和三十六年六月七日
江戸城	外桜田門	高麗門、本瓦葺	寛文三年（一六六三）頃	重文／昭和三十六年六月七日
金沢城	石川門	高麗門、鉛瓦葺	天明八年（一七八八）	重文／昭和十年五月十三日
名古屋城	本丸表二の門	高麗門、本瓦葺	慶長十七年（一六一二）頃	枡形門の外門。重文／昭和五年十二月十一日
名古屋城	二の丸大手二の門（西鉄門）	高麗門、本瓦葺	慶長十七年（一六一二）頃	枡形門の外門。重文／昭和五十年六月二十三日
名古屋城	旧二の丸東二の門（東鉄門）	高麗門、本瓦葺	慶長十七年（一六一二）頃	枡形門の外門。重文／昭和五十年六月二十三日
大坂城	二の丸大手門	高麗門、本瓦葺	嘉永元年（一八四八）	重文／昭和二十八年六月十三日
大坂城	桜門	高麗門、本瓦葺	明治二十年（一八八七）	重文／昭和二十八年六月十三日
姫路城	「い」の門	脇戸付高麗門、本瓦葺	慶長十四年（一六〇九）頃	重文／昭和六年十二月十四日
姫路城	「ろ」の門	脇戸付高麗門、本瓦葺	慶長十四年（一六〇九）頃	重文／昭和六年十二月十四日
姫路城	「へ」の門	高麗門、本瓦葺	慶長十四年（一六〇九）頃	重文／昭和六年十二月十四日
姫路城	「と」の二門	脇戸付高麗門、本瓦葺	慶長十四年（一六〇九）頃	重文／昭和六年十二月十四日
姫路城	「と」の四門	脇戸付高麗門、本瓦葺	慶長十四年（一六〇九）頃	重文／昭和六年十二月十四日
姫路城	「り」の門	脇戸付高麗門、本瓦葺	慶長十四年（一六〇九）頃	重文／昭和六年十二月十四日
丸亀城	大手二の門	高麗門、本瓦葺	寛文十年（一六七〇）頃	重文／昭和三十二年六月十八日
松山城（伊予）	戸無門	高麗門、本瓦葺	寛政十二年（一八〇〇）	重文／昭和十年五月十三日
松山城（伊予）	紫竹門	脇戸付高麗門、本瓦葺	文化～安政年間（一八〇四～八〇）	重文／昭和十年五月十三日
松山城（伊予）	一の門	脇戸付高麗門、本瓦葺	文化～安政年間（一八〇四～八〇）	重文／昭和十年五月十三日
松山城（伊予）	三の門	高麗門、本瓦葺	文化～安政年間（一八〇四～八〇）	重文／昭和十年五月十三日
松山城（伊予）	仕切門	脇戸付高麗門、本瓦葺	文化～安政年間（一八〇四～六〇）	重文／昭和十年五月十三日

二の丸北仕切門（二条城）

二の丸南仕切門（二条城）

二の丸桃山門（二条城）

二の丸御殿唐門（二条城）

城	名称	構造	年代	指定
薬医門				
二条城	二の丸鳴子門	脇戸付一間門、一重、切妻造、本瓦葺	慶長七～八年（一六〇二～三）及び寛永二～三年（一六二五～六）	重文／昭和十四年十月二十八日
高松城	水手御門　両下造	一間薬医門、切妻造、本瓦葺	江戸時代末期	重文／昭和二十二年二月二十六日
松山城（伊予）	二の門	脇戸付薬医門、本瓦葺	文化～安政年間（一八〇四～六〇）	重文／昭和十年五月十三日
長屋門				
二条城	二の丸桃山門	五間一戸、入母屋造、本瓦葺	慶長七～八年（一六〇二～三）及び寛永二～三年（一六二五～六）	重文／昭和十四年十月二十八日
埋門				
二条城	二の丸西門	埋門、本瓦葺	寛永二～三年（一六二五～二六）	重文／昭和十四年十月二十八日
二条城	二の丸北中仕切門	一間門、招造庇付、本瓦葺	慶長七～八年（一六〇二～三）及び寛永二～三年（一六二五～六）	重文／昭和十四年十月二十八日
二条城	二の丸南中仕切門	一間門、招造庇付、本瓦葺	慶長七～八年（一六〇二～三）及び寛永二～三年（一六二五～六）	重文／昭和十四年十月二十八日
姫路城	「ほ」の門	片流造	慶長十四年（一六〇九）頃	重文／昭和六年十二月十四日
姫路城	水の三門（二の櫓南方土塀に付属）	片流造	慶長十四年（一六〇九）頃	重文／昭和六年十二月十四日
姫路城	水の四門	切妻造	慶長十四年（一六〇九）頃	重文／昭和六年十二月十四日
棟門				
姫路城	「ち」の門	二間棟門、本瓦葺	慶長十四年（一六〇九）頃	重文／昭和六年十二月十四日
姫路城	水の一門	一間棟門、本瓦葺	慶長十四年（一六〇九）頃	重文／昭和六年十二月十四日
姫路城	水の二門	一間棟門、本瓦葺	慶長十四年（一六〇九）頃	重文／昭和六年十二月十四日
唐門				
二条城	二の丸御殿唐門	四脚門、切妻造、前後軒唐破風付、檜皮葺	慶長七～八年（一六〇二～三）及び寛永二～三年（一六二五～六）	重文／昭和十四年十月二十八日

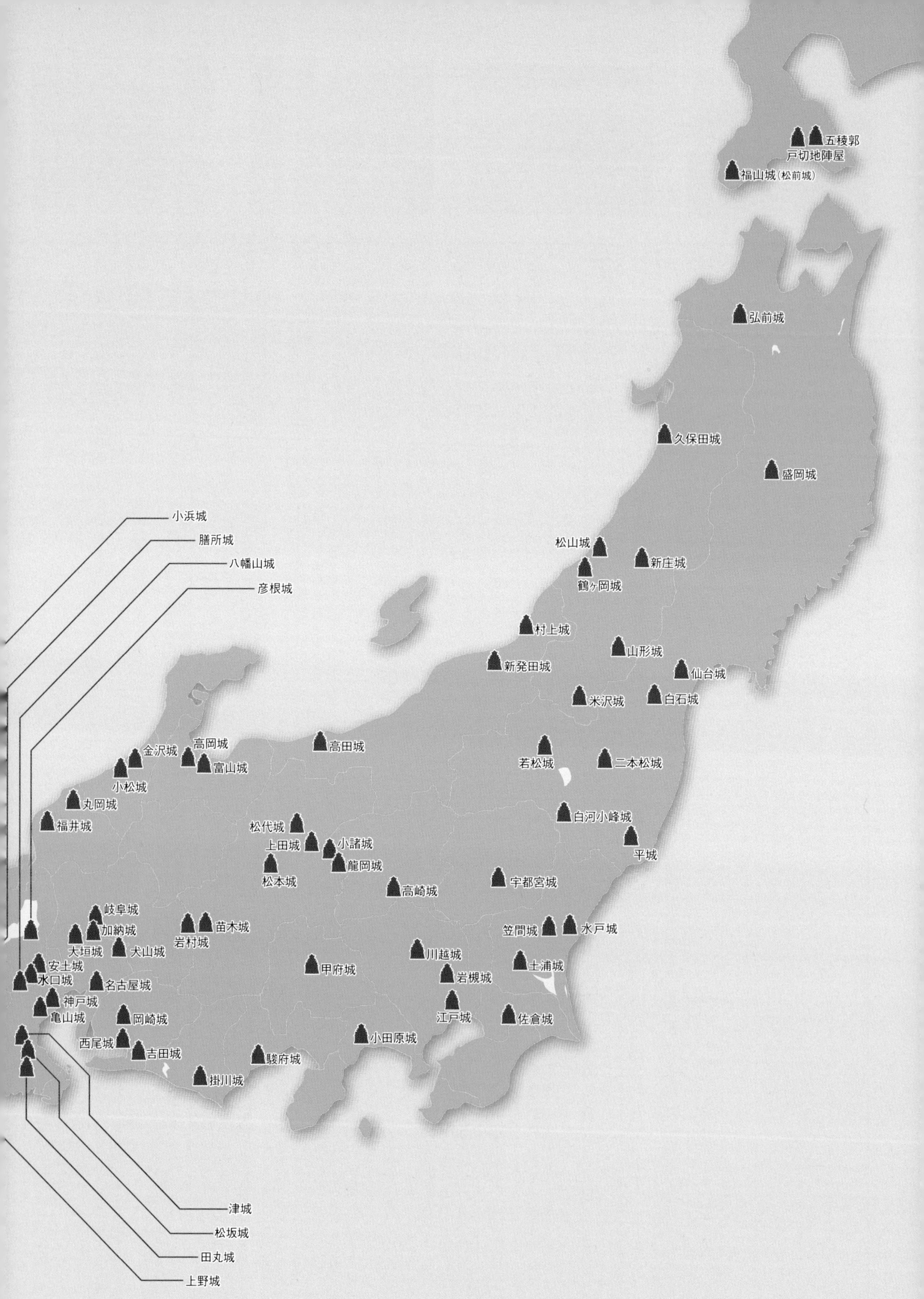

五稜郭
戸切地陣屋
福山城（松前城）
弘前城
久保田城
盛岡城
松山城
新庄城
鶴ヶ岡城
村上城
山形城
新発田城
仙台城
米沢城
白石城
高田城
若松城
二本松城
白河小峰城
平城
宇都宮城
笠間城
水戸城
土浦城
川越城
岩槻城
江戸城
佐倉城
小田原城
甲府城
高崎城
松代城
上田城
小諸城
龍岡城
松本城
金沢城
高岡城
富山城
小松城
丸岡城
福井城
岐阜城
加納城
大垣城
犬山城
苗木城
岩村城
安土城
水口城
名古屋城
神戸城
亀山城
岡崎城
西尾城
吉田城
駿府城
掛川城
小浜城
膳所城
八幡山城
彦根城
津城
松坂城
田丸城
上野城

◆収録した城郭分布図

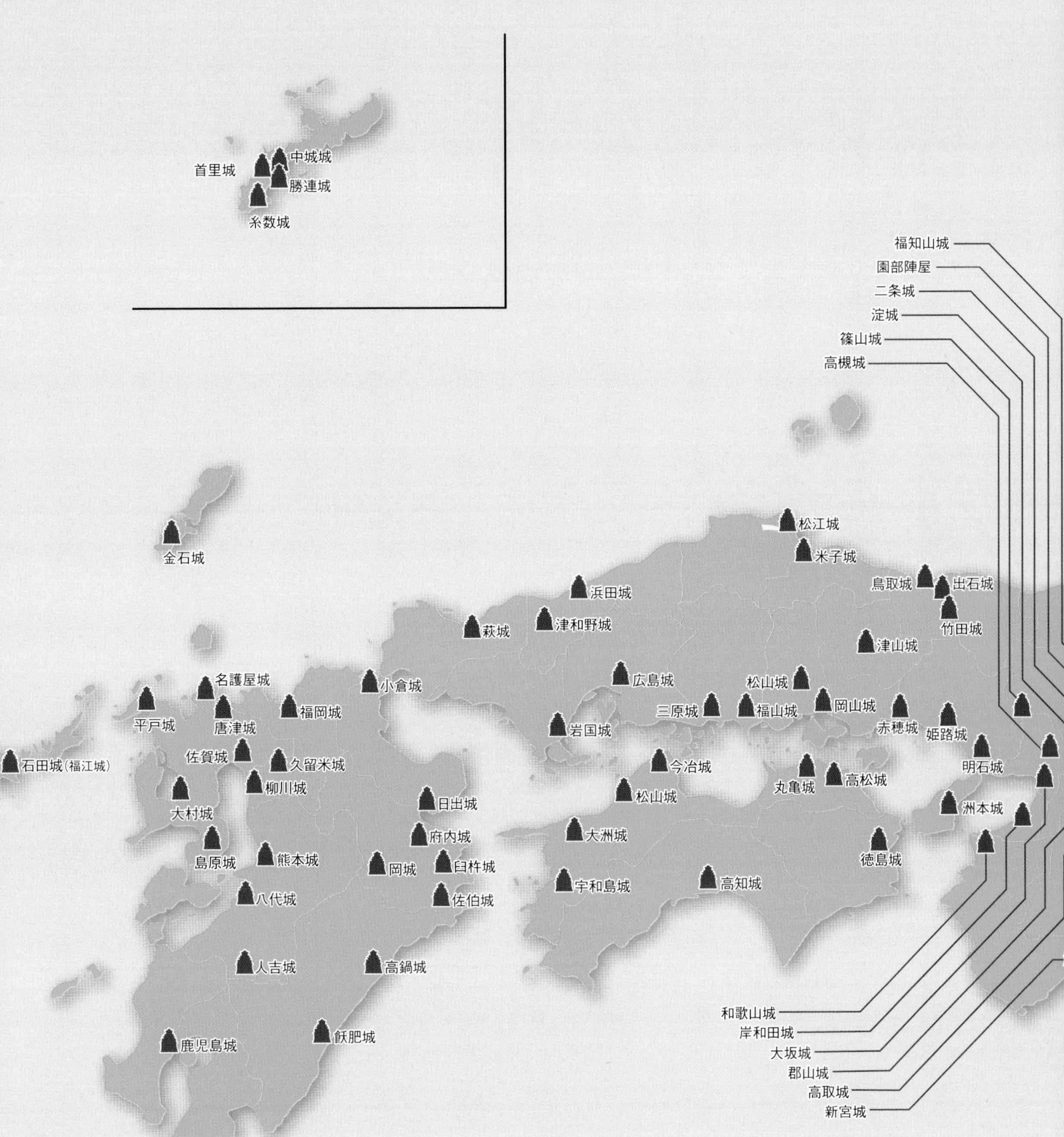
首里城
中城城
勝連城
糸数城
福知山城
園部陣屋
二条城
淀城
篠山城
高槻城
金石城
松江城
米子城
鳥取城
出石城
竹田城
浜田城
津和野城
萩城
津山城
名護屋城
小倉城
広島城
松山城
平戸城
唐津城
福岡城
三原城
福山城
岡山城
赤穂城
姫路城
岩国城
石田城（福江城）
佐賀城
久留米城
今治城
丸亀城
高松城
明石城
柳川城
松山城
大村城
日出城
洲本城
府内城
大洲城
徳島城
島原城
熊本城
岡城
臼杵城
宇和島城
高知城
八代城
佐伯城
人吉城
高鍋城
和歌山城
岸和田城
鹿児島城
飫肥城
大坂城
郡山城
高取城
新宮城

■写真協力（順不同）

函館市中央図書館
箱館奉行所
五稜郭タワー
北斗市教育委員会
北海道大学附属図書館
松前町教育委員会
弘前市役所
弘前市教育委員会
盛岡市中央公民館
宮城県図書館
青葉城資料展示館
白石市教育委員会
秋田県公文書館
秋田市立佐竹史料館
山形市役所
鶴岡市郷土資料館
鶴岡市役所
鶴岡市立図書館
山形県立博物館
酒田市松山文化伝承館
新庄市役所
米沢市上杉博物館
米沢市役所
米沢市立米沢図書館
二本松市教育委員会
福島県立博物館
会津若松市役所
白河市歴史民俗資料館
白河市教育委員会
棚倉町教育委員会
いわき市役所
水戸市役所
土浦市立博物館
笠間市市教育委員会
笠間市役所
宇都宮市教育委員会
高崎市役所
高崎市教育委員会
川越市立中央図書館
川越市立博物館
さいたま市立博物館
さいたま市役所
佐倉市教育委員会
西尾市教育委員会
東京都立中央図書館
小田原城天守閣
小田原市役所
新発田市教育委員会
上越市立高田図書館
高田市役所
村山市教育委員会
富山県立図書館
高岡市立博物館
石川県金沢城調査研究所
金沢市役所
金沢市立玉川図書館
金沢城・兼六園管理事務所
石川県観光連盟
長崎大学附属図書館
リゲル社
小松市役所
小浜市教育委員会
福井県庁
福井県立図書館
福井市郷土歴史博物館
福井県観光連盟
山梨県埋蔵文化財センター
松本城管理事務所
佐久市教育委員会
長野県立歴史館
長野市教育委員会
上田市立博物館
宮内庁書陵部
岐阜市教育委員会
名古屋市蓬左文庫
恵那市教育委員
岐阜県観光連盟
中津川市苗木遠山史料館
岐阜市役所
東京大学史料編纂所
大垣市役所
大垣市立図書館
静岡観光コンベンション協会
筑波大学附属図書館
浜松北高校
浜松観光コンベンションビューロー
岡崎市教育委員会
岡崎市美術博物館
株式会社竹中工務店
名古屋城総合事務所
豊橋市役所
豊橋中央図書館
愛知県庁
犬山城白帝文庫
犬山市観光協会
津市役所
三重県史編纂室グループ
亀山市歴史博物館
三重フォトギャラリー
名張市教育委員会
伊賀文化産業協会
鈴鹿市教育委員会
玉城町教育委員会
松阪市役所
松阪市教育委員会
彦根市役所
彦根城博物館
彦根市立図書館
滋賀県庁
大津市役所
大津市歴史博物館
滋賀県立図書館
丹波市立柏原歴史民俗資料館
近江八幡市役所
近江八幡市立図書館
甲賀市水口歴史民俗資料館
甲賀市役所
元離宮二条城事務所
京都大学付属図書館
国際日本文化研究センター
宮内庁宮内公文書
南丹市文化博物館
京都府総合資料館
宮内庁
高槻市立しろあと歴史館
岸和田市教育委員会
姫路市役所
姫路市立城郭研究室
ひょうご観光
明石市役所
篠山城大書院
池田家文庫
岡山大学附属図書館
篠山市教育委員会
朝来市役所
豊岡市教育委員会
豊岡市役所
洲本市役所

国文学研究資料館
大和郡山教育委員会
大和郡山市役所
奈良産業大学
高取町教育委員会
和歌山城整備企画課
和歌山県立図書館
新宮市役所
新宮市教育委員会
米子市教育委員会
鳥取県立博物館
山陰歴史館
鳥取市教育委員会
松江市役所
島根県観光連盟
浜田市教育委員会
島根県観光連盟
津和野町役場
岡山市教育委員会
岡山県庁
津山市教育委員会
津山郷土博物館
高梁市教育委員会
岡山県庁
広島市文化財団広島城
福山市役所
三原市役所
三原歴史民俗資料館

岩国徴古館
山口県文書館
萩博物館
萩市役所
香川県観光協会
丸亀市役所
高松市役所
高松市歴史資料館
香川県観光協会
徳島市市史編纂室
伊予史談会
愛媛県庁
松山市役所
松山城総合事務所
宇和島伊達文化保存会
宇和島市教育委員会
佐川印刷
今治史談会
今治市役所
大洲市立博物館
大洲市役所
愛媛県観光物産協会
高知県観光コンベンション協会
高知城管理事務所
福岡市役所
福岡市博物館
福岡市教育委員会
久留米市教育委員会

立花史料館
柳川古文書
柳川市役所
北九州市教育委員会
佐賀県観光連盟
佐賀県教育委員会
鍋島報效会
佐賀城歴史館
唐津市教育委員会
佐賀県立名護屋城博物館
唐津市役所
島原市役所
平戸市役所
長崎県観光連盟
松浦史料博物館
対馬観光物産協会
県立津島歴史民俗資料館
長崎県観光連盟
長崎県教育委員会
長崎歴史文化博物館
大村市教育委員会
熊本城総合事務所
八代市教育委員会
人吉市教育委員会
大分市役所
長崎県庁
日出町役場
大分県庁

竹田市教育委員会
大分県杵築市観光協会
臼杵市教育委員会
佐伯市教育委員会
高鍋町教育委員会
宮崎県埋蔵文化財センター
日南市教育委員会
鹿児島県観光連盟
鹿児島県立埋蔵文化財センター
鹿児島市役所
沖縄県立博物館
国立沖縄記念公園事務所
那覇市教育委員会
南城市教育委員会
うるま市教育委員会
琉球大学附属図書館
中城村教育委員会
国立公文書館内閣文庫
国立国会図書館
日本カメラ博物館
清養院
阿部恒三
石井敏夫
深井正昭
岡村久敬
大田正孝
井田晴彦
松平文庫

露木弘光
岩淵四季
関七郎
深井政秀
樋口清砂
福井健二
寿福滋
花岳寺
吉田利栄
小畠軍治
園尾裕
小野英治
來本雅之
竹重満憲
中井均
石田多加幸
中田眞澄
加藤理文
松井久
攻城団
秋保良

■編著者紹介

■著者略歴
中井　均（なかい　ひとし）
滋賀県立大学名誉教授。1955年大阪府生れ。龍谷大学文学部史学科卒業。（財）滋賀県文化財保護協会、米原市教育委員会、長浜城歴史博物館館長を歴任。NPO法人城郭遺産による街づくり協議会理事長として、全国のまちづくりにも関わる。専門は日本考古学で、特に中・近世城郭の研究、近世大名墓の研究。主な著書に、『山川MOOK　日本の城』『城館調査の手引き』（山川出版社）、『中世城館の実像』（高志書院）、『織田・豊臣城郭の構造と展開上』（戎光祥出版）、『信長と家臣団の城』（KADOKAWA）、『図解 近畿の城郭Ⅰ・Ⅱ・Ⅲ』（監修／戎光祥出版）、『中世城郭の考古学』（編著／高志書院）、『歴史家の城歩き』（共著／高志書院）

■装丁：グラフ

■本文デザイン：株式会社リゲル社・グラフ

■地図：ソネタフィニッシュワーク

■図版：道倉健二郎

■編集：株式会社リゲル社

新編（しんぺん） 日本（にほん）の城（しろ）

2021年8月20日　第1版第1刷印刷　2021年8月30日　第1版第1刷発行

著　者　中井（なかい）　均（ひとし）
発行者　野澤武史
発行所　株式会社 山川出版社
〒101-0047　東京都千代田区内神田 1-13-13
電話　03(3293)8131（営業）　03(3293)1802（編集）
https://www.yamakawa.co.jp/
振替　00120-9-43993
印刷所　半七写真印刷工業株式会社
製本所　牧製本印刷株式会社

　ISBN 978-4-634-15187-1